한국의 사회변동과 탈물질주의

이 책의 출간은 2010년도 정부재원(교육과학기술부 인문사회연구역량강화사업비)으로 한국연구재단의 지원을 받아 이루어졌습니다.(NRF-2010-330-B00142)

경상대학교 인권사회발전연구총서 ④

한국의 사회변동과 탈물질주의

강수택 · 박재흥 엮음

Social Change and Postmaterialism in Korea

Edited by
Sootaek KANG & Jae Heung PARK

ORUEM Publishing House
Seoul, Korea
2012

머리말

경상대학교 인권·사회발전연구소 산하 사회정책 연구팀은 한국연구재단의 재정 지원 아래 2010년 9월부터 한국사회과학연구지원사업(SSK) 장기 과제를 수행하고 있다. 본 연구팀이 10년 기간에 걸쳐 수행할 연구 의제는 '사회통합 기반 한국형 신사회정책 모델 개발'인데, 이 중 처음 3년 동안 집중적으로 연구할 제1단계 연구과제는 '한국의 사회변동과 탈물질주의 사회정책'이다. 2010~11년도에는 그 첫 번째 과제인 '고전적 사회정책 모델의 한계와 대안적 논의'에 관한 연구에 착수하여 국제학술대회를 개최했고 그 결과물을 『사회정책과 새로운 패러다임』이라는 단행본으로 출간한 바 있다. 작년 하반기부터는 그 두 번째 과제인 '한국의 사회변동과 탈물질주의 경향'에 관한 연구를 진행하여 올해 5월 국제학술대회를 개최했고 그 결과물을 다시 단행본으로 엮어 발간하게 되었다. 이 사업의 주체는 경상대학교 인권·사회발전연구소의 SSK 한국형 신사회정책 연구팀이며, 연구진은 박재흥 교수(경상대 사회학과, 연구책임자), 강수택 교수(경상대 사회학과), 심창학 교수(경상대 사회복지학과), 조영훈 교수(동의대 사회복지학과)로 구성되어 있다.

최근 들어 학계, 정계, 시민사회를 막론하고 또한 입장이나 경향의 차이를 불문하고 사회정책은 한국사회의 각계각층에서 커다란 관심의 대상이 되고 있다. 이러한 관심은 2012년 4월 국회의원 총선 국면에서 뜨겁게 달아올랐으며 12월 대통령선거를 전후하여 관심이 더욱 증폭되었다. 다른 한편 이러한 논의를 부분적으로 반영하여 학계 일각에서는 한국사회에 적합한 사회정책 모델을 개발하는 작업도 조용히 진행되고 있다. 본 연구진의 장기 연구의제와 작업도 크게 보면 그러한 범주에 속할 것이다.

이 책은 특별히 탈물질주의 가치와 사회·정치변동 간의 관계에 초점을 맞추고 있다. 탈물질주의는 탈산업화, 탈근대화, 전 지구화, 지식정보화 등과 함께 현대사회의 변화추세를 표현하는 가장 중요한 개념의 하나로 사회과학에서 널리 주목받아 왔다. 하지만 한국 사회과학계에서는 그동안 탈물질주의 개념에 많은 관심을 기울이지 않은 편이다. 그 이유로는 여러 가지를 추측할 수 있지만 탈물질주의라는 번역어가 오해를 불러일으킬 수 있다는 점도 배경이 되었다고 본다. 원어 postmaterialism은 물질로부터의 독립을 추구하는 경향이 아니라 물질적 필요의 충족을 전제로 하되 이에 머물지 않고 물질 이상의 필요까지 충족시키려는 경향을 가리킨다.

이런 관점에서 본다면, 본 연구팀이 제1단계 연구과제로 주목하는 탈물질주의 사회정책도 물질적 욕구에 더하여 요구되는 또 다른 매우 중요한 욕구 충족을 추구하는 사회정책을 뜻한다. 그런데 문제는 또 다른 중요한 욕구란 무엇이며 그것이 어느 정도 강한 것인가 하는 점이다. 물론 이러한 욕구의 구체적인 내용과 세기는 사회변동과 밀접히 연관되어 있다. 그래서 이 책은 한국사회에서 요구되는 탈물질주의 사회정책을 탐색하기 위한 기초 작업으로서 현대사회, 특히 한국의 사회변동과 탈물질주의 경향 사이의 관계에 주목하게 된 것이다. 하지만 이 작업이 궁극적으로는 탈물질주의라는 시대 흐름 속에서 한국 사회현실에 적합한 사회정책 모형을 모색하고자 하는 문제의식에서 비롯되었다는 점을 재차 밝혀두고자 한다.

이 책에는 국제학술대회에서 발표한 총 여섯 편의 논문이 실려 있다. 제1부 '전 지구적 변동과 탈물질주의: 이론적·경험적 맥락에서'는 롤란드 베네딕터 교수, 정철희 교수, 첸 루훼이 교수와 첸 잉난(박사과정)의 논문 세 편으로 구성되어 있다. 제2부 '한국 사회의 변동과 탈물질주의'에서는 박재홍 교수, 김 욱 교수, 강수택 교수의 논문 세 편이 실려 있다(이상 논문 게재순). 각 장의 내용들을 간략하게 소개하면 다음과 같다.

제1장 롤란드 베네딕터(Roland Benedikter) 교수의 "전 지구적인 변동과 탈물질주의 가치 변화"는 오늘날 지구화 과정 속에서의 탈물질주의 상황을 묘사하면서 탈물질주의가 다가올 사회변동을 이끌 광범위하고도 통합적인 개념으로 재정의될 수 있는 가능성을 모색한 글이다. 필자는, 아시아 신흥국가에서는 탈물질주의가 다소 혁명적인 의미를 지닌 "순수한" 개념으로서 여전히 받아들여지지만 서구사회에서는 최근에 좌우익 양쪽의 급진적 입장들을 일부 통합하면서 개념의 범위를 넓히고 있다고 본다. 그 결과 오늘날 탈물질주의는 고도로 복합적이며 매우 모호한 개념이 되어 있다고 한다. 이런 이유 때문에 필자는 탈물질주의에 대한 미시적이며 응용적인 분석에 머무는 대신, 개념의 시의적절한 갱신을 염두에 두고서 체계이론과 행위이론의 성과를 통합하는 다학문적 접근방법이 필요하다는 점을 강조한다.

제2장 정철희 교수의 "탈물질주의, 자유취향, 지식인"은 프랑스 사회학의 거장 삐에르 부르디외의 눈을 통해 잉글하트의 탈물질주의론과 지식인론을 비판적으로 검토한 장이다. 이 장에서 저자는 부르디외의 필요취향·자유취향의 개념을 빌려 후자의 우위를 강조하는 잉글하트의 시각이 기존 체계를 정당화하고 옹호하는 엘리트주의에 입각하고 있음을 지적하였으며, 잉글하트의 '인지적 동원' 개념을 문화자본의 한 유형으로 파악함으로써 그 개념

이 민중계급의 정치적 배제를 시사한다는 점에 주목한다. 또한 탈물질주의 가치 수준이 계급적 위치의 반영이라는 점을 자각하지 못할 때 지배질서의 재생산이라는 함정에 빠질 수 있음을 경고한다. 나아가서 필자는 부르디외와 잉글하트의 시각을 상호보완적으로 볼 수 있다는 점에 주목하면서 이론적 종합화의 가능성을 탐색한다. 탈물질주의에 대한 이론적 논의가 크게 부족한 한국 사회과학계의 현실에서 이 장은 해당 분야 연구자들에게 신선한 자극이 될 수 있으리라 기대해 본다.

제3장 첸 루훼인(Lu-huei Chen) 교수와 첸 잉난(Ying-nan Chen)의 "대만과 중국에서의 탈물질주의와 정치적 지지"는 탈물질주의 가치가 정치적 지지에 어떠한 영향을 미치는지를 대만과 중국의 2005~2007년 세계가치조사(World Values Survey: WVS) 자료를 활용하여 양국의 사례를 비교·분석한 장이다. 탈물질주의 가치는 잉글하트의 척도를 빌려 측정했고, 정치적 지지는 제도적 신뢰와 국민적 자긍심 지표를 가지고 측정했다. 우선 탈물질주의자의 비율은 중국에 비하여 대만에서 특히 낮게 나타났다. 또한 제도적 신뢰 정도와 국민적 자긍심 수준은 대만에 비해 중국에서 높게 나타났는데 이를 정치체제의 차이에 기인한 것으로 해석했다. 제도적 신뢰 정도는 대만과 중국 양국에서 공히 물질주의 가치를 지닌 사람들에게서 높게 나타났다. 탈물질주의 가치와 국민적 자긍심 간 관계를 분석한 결과, 국민적 자긍심 역시 탈물질주의자나 혼합형 가치 소유자에 비하여 물질주의자들에게서 높게 나타난다고 보고하였다.

제4장 박재흥 교수의 "한국의 세대 변화와 탈물질주의: 코호트 분석"은 세계가치조사 자료를 활용하여 탈물질주의 가치의 변화 추이를 출생코호트별로 분석한 장이다. 주요 분석결과를 보면, 한국에서는 탈물질주의가 아직 널리 확산되지 않았으며 특히 1990년대 중반 이래 그 가치가 위축되기 시작했다. 코호트별로 나누어 보면, 1955년 이후 출생 코호트는 1990년 조사에

서 탈물질주의 비율을 높이는 데 기여했으나 그 이후 조사에서는 비율의 급격한 감소에 기여했다. 또한 전체적으로 볼 때 1990년 이래 탈물질주의와 물질주의 비율은 모두 감소하고 그 감소분만큼 혼합형이 증가했다. 코호트 분석의 장점은 연구표본 전체로 볼 때 드러나지 않았던 코호트별 변화추이의 유형을 식별할 수 있다는 점이다. 나이든 코호트의 경우, 물질주의 가치가 약화되는 한편, 탈물질주의 가치도 부분적으로 수용하고 있다는 분석결과는 특히 주목할 만하다.

제5장 김 욱 교수의 "탈물질주의와 한국의 정치 변동"은 한국 사회에서 탈물질주의 가치 확산이 한국 정치에 어떠한 영향을 미치는지의 문제를 정치참여 양식 및 갈등구조 변화라는 두 차원에서 이론적·경험적으로 검토한 장이다. 경험적 조사 자료로는 1990년~2001년 세계가치조사 자료와 더불어 한국에서 실시한 2009년, 2012년 설문조사를 함께 활용했다. 우선 정치 참여 양식에 미치는 영향과 관련하여, 탈물질주의 가치는 투표참여와 같은 엘리트주도형 참여보다는 시위나 파업과 같은 시민주도형 참여 혹은 어려운 정치참여에 영향을 미친다는 점을 분석했다. 또한 갈등구조와 관련해 보면, 기존의 지역갈등 외에 세대갈등과 이념갈등이 2000년대 초 새롭게 부상하였는데 이러한 변화의 기저에는 탈물질주의 가치 확신이 존재한다고 주장한다. 이 연구에서 필자는 탈물질주의 가치의 확산이 '어려운 정치참여' 활성화와 갈등구조 다변화 등 긍정적 결과를 창출했다는 점에 주목한다.

제6장 강수택 교수의 "한국 사회운동의 변화와 탈물질주의"는 현대 한국 사회운동의 변화과정에서 탈물질주의 가치가 끼친 영향을 분석한 글이다. 필자가 주로 사용한 자료는 세계가치조사의 일환으로 1990년 이후에 한국에서 실시된 네 차례의 조사결과와 시민사회단체의 설립경향에 관한 통계자료이다. 이들 자료를 바탕으로 필자는 사회운동 쟁점의 변화, 사회운동 참여자의 가치변화, 그리고 사회운동 참여자의 정치적 행위 방식의 변화라는 세

측면에서 탈물질주의 가치의 영향을 분석하였다. 그 결과 탈물질주의적인 쟁점이 한국 사회운동의 확산에 큰 영향을 끼쳤으며, 사회운동 참여자에게서 탈물질주의 가치성향이 전반적으로 강화되어온 것으로 드러났다. 또한 저항적 정치행위에의 참여도가 물질주의자보다 탈물질주의자에게서 훨씬 뚜렷한 것으로 드러남으로써 필자는 이들 탈물질주의자들이 한국의 사회운동에서 적극적인 역할을 수행했을 것으로 본다.

지금까지 간략하게 정리했듯이 각 장의 내용은 해당 분야에서의 독창적인 연구결과를 제시했을 뿐만 아니라 국내외의 최신 연구 동향도 잘 짚어주고 있다. 이들 여섯 장 가운데 제2장, 제4장, 제6장은 각각 같은 제목으로 학술지 『사회와 이론』(제21집), 『한국사회학』(제46집 제4호), 『Oughtopia』(제26집 제3호)에 게재된 바 있음을 밝혀둔다.

끝으로, 지난 5월 국제학술대회에서 귀중한 발표를 해 주시고 논문을 기고해 주신 필진 여러분들께 이 지면을 빌어 깊은 감사의 말씀을 올린다. 그리고 두 외국인 학자들의 영어 논문을 꼼꼼하게 번역한 경상대학교 대학원 사회학과의 이정희, 국제학술대회 준비와 원고 교정 및 편집 등의 힘든 작업을 아무런 불평 없이 깔끔하게 수행한 대학원 사회복지학과의 박경빈, 윤영섭, 최재웅과 사회학과의 김권주에게 감사의 마음을 전한다. 이들의 세심한 준비와 손길이 미치지 않았다면 국제학술회의를 원만하게 마치기도 어려웠을 테고 두툼한 원고를 책으로 만드는 일 역시 쉽지 않았을 것이다. 마지막으로, 출판사 입장에서는 전문 학술도서 출판이 그리 반가운 일이 아닐 텐데도 출판하기로 흔쾌히 결정하여 한 권의 단행본으로 엮어주신 '도서출판 오름'의 부성옥 대표와 직원 여러분들께 심심한 감사의 말씀을 전한다.

2012년 11월
엮은이 강수택·박재홍 씀

차 례

:: 머리말 • 5

제1부 ◆ 전 지구적 변동과 탈물질주의: 이론적·경험적 맥락에서

제1장 | 전 지구적 변동과 탈물질주의 가치 변화:
탈물질주의의 현재 "황혼기" 국면, 그리고
잠재적 영향   롤란드 베네딕터

I. 현재의 변화를 이해하는 일곱 차원의 다학문적·범학문적 방법 • 23
II. 오늘날의 전 지구적인 변동에 대한 연구는 무엇을 의미하는가? • 25
III. 현재 "전 지구적인 체계 변화"의 기본 유형 • 27
IV. 영향들 • 30
V. 아시아에 끼친 영향들 • 32
VI. "경쟁하는 근대성들" 시대의 도래로 탈물질주의 시대는
   종말을 향해 가고 있는가? • 36
VII. "전 지구적인 체계 변화"의 현재 국면에서의 탈물질주의 • 37
VIII. 선별적 함의와 잠재적 전망 • 40

| 제2장 | 탈물질주의, 자유취향, 지식인　　　　　　　　정철희

    Ⅰ. 들어가며　　　　　　　　　　　　　　　　　　•　45
    Ⅱ. 두 입장의 역사철학　　　　　　　　　　　　　•　47
    Ⅲ. 지식인, 인지동원, 재귀성　　　　　　　　　　•　53
    Ⅳ. 결론　　　　　　　　　　　　　　　　　　　　•　62

| 제3장 | 대만과 중국의 탈물질주의와 정치적 지지　　첸 루훼이·첸 잉난

    Ⅰ. 들어가며　　　　　　　　　　　　　　　　　　•　69
    Ⅱ. 정치적 지지와 탈물질주의　　　　　　　　　　•　70
    Ⅲ. 중국과 대만의 정치적 지지 측정　　　　　　　•　74
    Ⅳ. 정치적 지지와 탈물질주의 간의 관계 분석　　•　76
    Ⅴ. 결론　　　　　　　　　　　　　　　　　　　　•　82

제2부 한국 사회의 변동과 탈물질주의

| 제4장 | 한국의 세대 변화와 탈물질주의: 코호트 분석　　　　박재흥

　　Ⅰ. 잉글하트의 가설과 세대간 가치변화 이론　　　•91
　　Ⅱ. 한국에서의 탈물질주의 연구 경향　　　•94
　　Ⅲ. 탈물질주의 가치의 형성과 확산　　　•99
　　Ⅳ. 탈물질주의 가치의 세대별 변화 추이　　　•108
　　Ⅴ. 논의 및 결론　　　•119

| 제5장 | 탈물질주의와 한국의 정치 변동   김 욱

    Ⅰ. 서론 • 127
    Ⅱ. 탈물질주의, 정치문화 변동, 그리고 정치 변동 • 128
    Ⅲ. 한국에서 탈물질주의의 부상 • 136
    Ⅳ. 탈물질주의와 정치 변동에 대한 경험적 분석 • 141
    Ⅴ. 시사점 및 논의 • 151

| 제6장 | 한국 사회운동의 변화와 탈물질주의   강수택

    Ⅰ. 사회운동과 탈물질주의론 • 157
    Ⅱ. 한국의 사회운동 쟁점의 변화와 탈물질주의 • 161
    Ⅲ. 사회운동 참여자의 변화와 탈물질주의 • 170
    Ⅳ. 사회운동 방법의 변화와 탈물질주의 • 178
    Ⅴ. 맺음말 • 184

부록

〈부록 1〉 롤란드 베네딕터 논문의 영문본 •193
〈부록 2〉 첸 루훼이·첸 잉난 논문의 영문본 •213

:: 색인 •229
:: 필자 소개(원고 게재 순) •235

Contents

Part 1 — Global Change and Postmaterialism: Theoretical and Empirical Context

| Chapter 1 | Global Change and the Shift in Postmaterialist Values: The Current 'Twilight' Phase of Postmaterialism and the Potential Effects • 23   Roland Benedikter

| Chapter 2 | The New Class, Postmaterialism, and the Tastes of Freedom • 45   Chulhee Chung

| Chapter 3 | Postmaterialism and Political Support in Taiwan and China • 69   Lu-Huei Chen & Ying-Nan Chen

Part 2 — Social Change and Postmaterialism in Korea

| Chapter 4 | Intergenerational Change and Postmaterialism in Korea • 91
Jae Heung Park

| Chapter 5 | Postmaterialism and Political Change in Korea • 127
Wook Kim

| Chapter 6 | The Change of Korean Social Movements and Postmaterialist Values • 157
Sootaek Kang

Appendix

· Appendix A: Global Change and the Shift in Postmaterialist Values:
The Current 'Twilight' Phase of Postmaterialism and
the Potential Effects • 193
Roland Benedikter

· Appendix B: Postmaterialism and Political Support in Taiwan and China • 213
Lu-Huei Chen & Ying-Nan Chen

∷ Index • 229
∷ Notes on Contributors • 235

| 제1부 |

전 지구적 변동과 탈물질주의:
이론적·경험적 맥락에서

- 제1장 | 전 지구적 변동과 탈물질주의 가치 변화 _롤란드 베네딕터
- 제2장 | 탈물질주의, 자유취향, 지식인 _정철희
- 제3장 | 대만과 중국의 탈물질주의와 정치적 지지 _첸 루훼이·첸 잉난

제1장

전 지구적 변동과 탈물질주의 가치 변화:
탈물질주의의 현재 "황혼기" 국면, 그리고 잠재적 영향

롤란드 베네딕터(Roland Benedikter)

> "우리는 그 어느 때보다, 다른 차원의 사회와 경제, 거버넌스와 공공정책의 의미를 이해하는 새로운 세대의 지도자를 필요로 한다."
>
> 코피 아난(Kofi Annan, UN 전 사무총장)
> 2011년 옥스퍼드 블라바트니크학교 취임사에서

I. 현재의 변화를 이해하는 일곱 차원의 다학문적·범학문적 방법: 체계행위이론

1970년대 이후 고도로 발전된 사회에서 특징적으로 나타났던 일련의 가치지향 사회운동의 특정한 형태인 탈물질주의의 현재 상태, 의미와 전망에 관한 기본 패턴을 파악하기 위해 현재의 전 지구적인 체계 변화를 연구하고자 한다면, 재구성, 분석, 전망의 일곱 차원 방법을 채택할 수 있다. 체계행위이론이라고 불리는 이 방법은 여섯 가지 기본 담론체계—다르게 말하면, 여섯 가지 거시사회적 합리성 유형—의 실험적 요소들을 포함한다. 즉, 1) 경제학(합리성 유형: 객관화), 2)정치학(상호관계), 3)문화(상호주관성, "타자"의 가치), 4)종교(최후의 정당한 가치), 5)과학기술(기능성, 형이상학), 6) 인구학(메타휴머니티)으로 구성되어 있으며, 이는 다학문적으로, 복잡하게 상호 연관된 그림을 그리고 있다.

여섯 차원은 그 자체 변증법적으로 구조화된 것으로 간주되어야 한다; 서로에 맞서서 영구적으로 변화하고, 상이한 정세, 상황, 역사징후학(historic symptomatologies)에 따라 주도적인 역할을 계속해서 바꾸고, 어느 정도 범위에서는 주도권을 잡기 위해 서로 경쟁하기도 한다. 현재의 주요 현상인 글로벌리제이션의 "네 번째" 또는 "탈제국(post-empire)" 국면은 단지 하나 또는 두 개의 차원(즉, 고전적 관점에서 경제-정치 복합체)으로 집중되는 것이 아니라, 더 다차원적인 구조 논리에 관여되어 있다. 이는 원칙적으로 여섯 차원 이상에 동시적으로 근거하고 있다는 가정에서 우리는 출발한다(참고로, 경제학과 정치학 담론의 경쟁, 지배적인 전 지구적 정치요인으로의 문화의 부상, 전 지구적인 종교의 귀환, 소프트파워(soft power)와 전 지구적 이주의 시대에 과학기술과 인구학의 영향 증대).

결과적으로 전 지구적인 변화 현상은 여섯 차원 사이의 상호작용으로 인한 a)고도복합성(hyper-complexity)과 b)"깊은 모호성"의 증대라는 특징을 갖고 있다. 사실 오늘날 여섯 체계의 차원을 하나의 과정(정적이지 않은)인 전체와 연결시키는 내부 법칙은 "기능적 위계에 바탕을 두면서도 이를 구성함으로써 하나의 구조적 등가물"로서 기능한다는 점에서 하나의 역설이다.

오늘날 전 지구적인 변동으로 일어나는 전체 과정은 일곱 번째 차원, 즉, 부분의 합 이상인 포괄적인 차원으로 간주될 수 있다. 따라서 이것은 그 차원을 구성하는 일부 요소 또는 특정한 차이(특정한 형태의 내부 변증법과 갈등을 포함하는)로 축소될 수 없으며, 오히려 이들의 상호 침투 및 간섭으로 이해되어야 한다. 현재의 변동에 관한 여섯 가지 기본 논리의 상호관련성을 가치와 이데올로기의 변화를 포함한 "징후적인" 경우에 적용하여 분석할 때, 현 단계의 글로벌리제이션의 커튼 뒤에서 작동하고 있는 기제와 잠재적인 법칙에 관한 질문을 제기할 수 있을 것이다.

II. 오늘날의 전 지구적인 변동에 대한 연구는 무엇을 의미하는가?

가장 기본적인 의미에서 "전 지구적인 체계 변화"는 우리 시대 전 지구적인 변동의 여섯 차원 사이의 상호관련을 의미한다. 즉, 정적인 관계가 아니라 완전히 "유동하는" 과정으로서 카멜레온 같은 정세를 낳는 어떤 구체적인 내용을 의미한다. 각각 미시적, 중간적, 거시적 변화로부터 오는 전체적으로 "중층적인 이미지"는 더 이상 일시적이지 않고 지속적으로 변화하고 있다("위축하는 현재(Shrinking Present)" 이론).

그래서 가설적인 일곱 차원은 오직 지금의 전 지구적인 변화의 체계유형을 나타낼 뿐 전 시대에 적용되는 것이 아니다. 20세기 전체 혹은 20세기 후반에 해당되는 것이 아니라, 좀 더 구체적으로 "탈이데올로기적인(post-ideological)" 복잡한 국면에 해당된다. 그것은 우선 9월 11일 뉴욕 세계무역센터에 행해진 공격 이후 전개되어온 정세에 대한 이미지이다. 그리고 이 정세는 1989년 베를린 장벽의 붕괴와 1991년 공산주의 붕괴 이후 전개된 더 큰 유형에서 나왔다.

그 다음으로, 이 정세는 2007~11년 금융 및 경제 위기 이후의 서구의 "탈제국" 불황과 2011년 이후 서구의 채무위기를 포함한다(2011년 11월 프랑스 총리 프랑수아 피용(Francois Fillon): "이번 위기는 확실히 서양에서 동양으로의 전 지구적인 권력이동을 신성하게 만들고 있다"). 그리고 더 일반적으로 버락 오바마(Barack Obama) 시대의 개막에서부터 시작되었다. 버락 오바마는 역사상 처음으로 반자유주의와 독재사회에 대항한 개방적 민주주의 사회—이는 확실히 21세기의 위대한 전투가 될 것이다—의 전략적 미래전망과 전 지구적인 패권전략의 중심을 대서양에서 태평양으로 이동하도록 미국을 이끌었다(오바마: "나는 첫 번째 태평양—유럽 대신—미국 대통령이다").

요약하자면, 연구방법으로서 "전 지구적인 체계 변화"를 연구하는 체계행위이론은 실험적, 다차원적, 학제적·범학문적, 유형론적, 통합적 접근으로 볼 수 있다. 체계행위이론은 현 상황의 커튼 뒤에서 작용한다고 여겨지는 a)체계적, b)구조적, c)담론적 요소와 합리성과 질서의 패턴을 파악함으로써 현재 변화의 복잡한 "중층적인 양상"을 이해하고자 한다.

이들 세 가지 유형의 요소는 함께 고도로 복잡하고, 포괄적인 "체계 합리성"의 표현인 동시에 공동 구성물이다. 체계 합리성은 다양한 하위 합리성들로 구성되어 있으며, 특정하고도 시의적절한 담론으로 스스로를 표현한다. 그리고 그 이상으로 체계 합리성은 (문자 그대로) "이들 담론에 내재되어 있는" 것처럼 보인다. 이러한 담론은 보통 "혼합되어 있다". 즉, 이들 담론은 다양한 사회적 합리성의 주류와 발자취들을 점점 초국가적, 범문화적인 방식으로 포함한다.

이때, "경쟁하는 근대성들"과 근대화들로 이루어진 부상하는 글로벌 문화의 범위 내에서 글로벌화된 맥락의 정치와 관념의 역사의 요소들을 포함한다. 그리고 "다중적" 심층이해를 위한 시도 전체를 더 복잡하고, 도전적이고, (다행히) 더 모험적으로 만드는 것은, 유용한 경험적 증거들이 보여주듯이, 최근의 거시적 변화의 효과인 여섯 가지 기본 차원과 담론 유형들이 모두 그들 내부에서 그리고 상호작용하는 가운데 매우 불안정하고, 비선형적이며, 취약한 것처럼 보인다는 점이다.

III. 현재 "전 지구적인 체계 변화"의 기본 유형: 우리 시대의 세 가지 종말

전반적으로 볼 때, 1989년 이후(더 강렬한 것은 2001년 9월 11일 이후) 전세계적 발전은 더 이상 경제학과 정치학의 전통적 개념에만 의존하지 않는다; 이는 점차 문명의 소위 "문화적 전환"과 전 지구적인 "종교 르네상스"에 의해 모습을 드러냈다. 그러므로 현재 우리는 구조적으로 여섯 겹으로 포개진 체계 변화, 즉 세계 질서구조의 조직과 패러다임 유형의 기본적인 변화에 대해 말할 수 있다. 이 변화는 정확히 경제학, 정치학, 문화, 종교, 과학기술, 인구학이라는 여섯 가지로 유형화된 거시 영역 간의 세계적 규모의 상호작용에서 발생하는 것으로 여겨진다.

"전 지구적인 체계 변화"는 우리 시대의 특징으로 보이는 세 가지 시대적 위기로부터 출발한다.

1. "신자유주의"라는 지배 담론의 위기(경제학의 영역)
2. "신세계질서"라는 지배 담론의 위기(정치학의 영역)
3. (해체적) "포스트모더니즘"이라는 지배 담론의 위기(문화의 영역)

많은 사람들은 이 세 가지 위기가 패러다임 리더십의 각기 다른 세 가지 종말을 가져올 것이라고 주장한다. 위기이거나 종말이거나, 이들은 다음과 같은 것들을 동반한다.

4. 전 지구적인 "종교 르네상스"(종교의 영역)
5. 전통적(민족적) 문화에 대한 보편적인 대체물로서의 과학기술의 부상 (따라서 추세에 따라 문화는 여섯 가지 기본 차원에서 서서히 가장 약한 것이 되며, 점점 더 전 지구적인 기술문화로 대체된다.)
6. 인구학에 대한 권력이동의 의존성 증가 (오늘날 서구의 가장 큰 희망은

중국이 민주주의 국가가 되는 것이다. 왜냐하면 민주주의 국가는 서로를 겨냥하는 전쟁에 참여하지 않기 때문이다; 오늘날 서구의 가장 큰 두려움은 중국이 민주주의 국가가 되는 것이다. 왜냐하면, 이 경우에 인구학적 요인이 결정적인 것이 되기 때문이다. 오늘날 미국에서는 3억 명의 시민 모두가 자유롭게 창의성을 발휘할 수 있는 반면, 반자유주의적인 중국의 경우 창의성을 발휘할 수 있는 사람은 4~5천만 명이고, 다른 나머지는 인위적으로 잠재력을 발휘하지 못하고 있다)

이 여섯 가지 발전 모두는 점점 더 상호적으로 작용하며, 전체 과정에 영향을 미치고 있다.

"신자유주의"의 위기가 다양한 개혁과 사회적, 대안적 경제 및 금융 모델들에 자리를 내주고 있다면, "신세계질서"의 위기는 다극적 세계질서의 탄생을 증언하고 있다. 동남아시아와 같은 새로운 지정학적 동맹뿐만 아니라 소위 베이식 국가들(BASIC nations: 브라질, 남아프리카공화국, 인도, 중국)과 같은 개발도상국들이 복잡하게 상호 연관되어서 많은 경우 예측하기 어려운 많은 중심들이 있는 세계를 구성하고 있다. 또한 새로운 경계는 문화와 전통 사이보다는 민주주의와 반자유주의 동맹 사이에 존재한다(최근 2012년 4-6월에 남중국해에서 미국과 필리핀에 대항해서 중국과 러시아가 실시한 합동 군사훈련의 예를 보라). 그리고 "포스트모더니즘"의 위기는 광범위하면서도 모순된 형태로, 항상 패러다임의 위치도 아니었고 종종 단명하기도 했던, 다양한 새로운 관념론, 현실주의, 본질주의를 만들어냈다. 포스트모더니즘은 20세기 중부유럽 역사의 영향과 1960년대와 70년 자유주의 "혁명"의 망상적 결과로 인해 서구에서 등장한 급진적·편향적 유명론(nominalism)의 세속적 지배 패러다임이었다. 이와 동시에 전 지구적인 "종교의 귀환"은 점차 민족국가의 패러다임에 영향을 주고 있다(중국에서는 유교, 도교를 한 민족 동화의 매개물로 사용하고 있는 것처럼 인도는 힌두교를 통해 부분적으로 무장하고 있다. 뿐만 아니라 미국에서는 공화당 후보들과 티파티(Tea

Party)와 같은 우익 포퓰리즘 운동에서 새로운 근본주의가 나타나고 있다. 유럽에서는 가톨릭 교황 요셉 라칭거(Joseph Ratzinger)에 의해 선포된 "유럽의 새로운 복음화" 프로그램 또는 앵글로-개신교 교회 내부의 분열과 함께, 영국 총리 데이비드 캐머런(David Cameron)에 의해 추진되는 유럽 대륙에서의 영국의 고립정책에 분명히 반대하면서, 추종자들 대부분은 더 큰 유럽과 대서양의 "탈제국" 상황에 대한 전례 없는 정치적 효과를 거둘 수 있는 가톨릭과의 재결합을 선호하고 있다). 마지막으로, 마찬가지로 중요한 것은, 경제적·정치적으로 뿐만 아니라 점점 더 문화적으로(특히 스티브 잡스(Steve Jobs) 같은 아이콘을 통해서) 글로벌리제이션을 지배하는 힘이 되고 있는 과학기술의 부상은 이미 입증된 정체성 유형을 부분적으로 대체하고 있으며 미래 사이보그인 "과학기술적 인간 존재"를 창조하는 과정에 있다. 이 미래 사이보그는 많은 주도적 과학자와 철학자들에 의해 "트랜스휴머니즘(Transhumanism)"의 형태인 다음 단계의 인간 존재로 그려진다(닉 보스트롬(Nick Bostrom), 옥스퍼드 대학교 제임스 마틴 21세기 학교의 인류 미래 연구소). 결국 지구에 사는 인구의 급속한 증가 — 2011년 10월 70억 명에 달한다 — 는 아프리카와 북반구(캐나다, 러시아, 중국, 미국, 북유럽 국가들)에서의 자원 전쟁 등 정치적 전망의 중심 문제로 떠오르고 있다.

이러한 모든 요소들은 서로 다른 전문적인 과학에서 다소 잘 알려져 있지만, 이들에 대한 분석은 광범위하게 고립된 채로 남아 있다. 왜냐하면 이런 분석들이 "종합 작품"에 의한 하나의 거시적인 묘사 — 또는 "일관성 있는 통일체" — 로 만족스럽게 통합되지 못했기 때문이다(Nick Bostrom). 하지만 전체 과정의 결과를 예측하고 이를 적절하게 다룰 수 있는 가능성은 종합적인 거시적인 묘사를 발전시킬 가능성에 달려있다고 가정할 수 있다. 이 거시적인 묘사는 매우 다른 각각의 현상 뒤에 있는 핵심적인 발전을 설명할 수 있어야 한다.

따라서 현재 글로벌리제이션에 관한 적절한 이론(대체적으로 아직 복합 타당성의 충분한 수준까지 도달하지 못했지만, 광범위하게 만들어지고 있는)이 해야 하는 것은 경제, 정치, 문화, 종교, 과학기술, 인구학적 담론 유형과 징후들 간의 상호연관성이 증가하는 가운데 "전 지구적인 체계 변화"의 매우 다양하지만, 하나로 합쳐져 있는 뿌리와 흐름을 탐구함으로써 이러한 핵심 요소들을 확인하는 것이다. 이 탐구는 기초가 되는 방법론적 주문인 "구조적 등가성과 결합된 기능적 위계"의 관점에서 여섯 차원 모두의 변동을 포함해야 한다. 이것이 의미하는 바는 다음과 같다.

1. 매슬로우(Maslow)의 욕구(필요) 피라미드와 다르지 않게, 여섯 차원은 서로 위에서 구축되어, 상대가 없이는 존재할 수 없다. 경제는 가장 기본적인 차원이 되며, 정치는 그 위에, 문화는 다른 둘 위에, 종교는 가장 높은 곳(즉, 가장 복잡하며, 또한 양적으로 기본 피라미드의 맨 위에서 가장 밀집된 곳)에 세워진다. 그리고 과학기술과 인구학은 "위계서열의 바깥에" 위치하거나 또는 "자유롭게 떠다니는" 차원이다("기능적 위계서열").
2. 그럼에도 불구하고 적절한 탐구와 "좋은", 즉 분화된 사회발전을 위해, 특히 개방적, 다차원적, 자유주의적, 다면적, 다원적인 담론과 다원적인 합리성에 의한 사회를 만들려고 한다면, 여섯 차원 모두가 원칙상 "구조적으로 등가"적인 것으로 간주되어야 한다(민주화의 쟁점).

IV. 영향들: 탈물질주의는 "황혼의 시대"에 도달했는가?

최근의 역사징후학은 현재의 변화가 하나의 독특한 특징을 나타낸다는 점을 보여주었다: 전 지구적 발전을 유형화한 여섯 차원의 모든 변화는 같은 시기에, 즉 동시에 일어나고 있다 — 이러한 광범위한 공시적인 방식의 변화는 근대 역사에서 아마도 처음일 것이다. 이러한 동시대적인 심오한 변화는 미국과 유럽을 비롯한 세계의 많은 부분에서 두려움과 불안정을 불러일으키고 있는데 그것은 탈물질주의의 전통적인 적에 대한 두려움이다. (경제 분야에서) 최근 몇 년간 급증한 금융 및 경제위기, (정치 분야에서) 자유주의와 반자유주의 사회 간의 불균형과 균열의 증가로 인한 정치적 불안정의 증가, 대량 살상무기의 확산뿐만 아니라 "외로운 초강대국"의 쇠퇴와 중국·인도 같은 신흥 선두국가의 출현, (문화 분야에서) 서구문화의 지배 패러다임이었던 세속적 유명론인 "포스트모더니즘"의 깊은 위기나 또는 더 이상 후진국뿐만 아니라 합리성이 주도하는 서구의 열린사회도 점차 장악해가고 있는 "전 지구적인 종교의 귀환"이 그 예이다: 상호작용하는 이 모든 발전들은 우리가 이미 알고 있듯이, 탈물질주의의 상태, 현상학, 징후학과 전망에 점점 더 강한 충격을 주고 있다. 여기서 두 가지 중요한 고려사항이 있다.

1. 의심의 여지없이, 탈물질주의는 그 자체 역사에서 설혹 결정적인 국면은 아니더라도 중요한 국면을 통과하고 있다. 탈물질주의는 중심을 향해 다양한 방식으로 경쟁하고 있는 여섯 차원 전체에 영향을 받아 함께 형성되고 있으며, 또한 우리 시대의 "세 가지 종말"에 깊이 배태되고 영향을 받고 있다.
2. 동양과 서양의 탈물질주의 형태는 점점 더 분리되는 것처럼 보이는데, 이는 여러 면에서 자명하지만, 여전히 놀라운 일이다. 탈물질주의가 "번영의 시대에 부자들을 위한 이데올로기"가 되고, 따라서 매슬로우 피라미드에서 (설혹 시민 종교의 수준은 아니더라도 적어도 문화적인 수준으로는) 가장 높은 욕구 수준의 표현이 되면서, 서양의 위기는 서구 민주주의에 깊은 상처를 입혔고, 따라서 그 잠재력은 수정되어 왔다. 다른 한편으로, 서양의 위기는 탈물질주의적인 운동과 노력의 현실을 점차 지배하고 있는 "황혼" 현상을 창조해 왔다: 탈물질주의가 잠재적으로 퇴행적인 속성을 가진 반경제적이며 심지어 반민주적인 경향들과 결합하는 현상. 서양은 우리가 여러 운동들과 이들의 가치 클러스터가 그 자체로 모호하고 불안할수록 생산적이고 진보적으로 여겨지는 "황혼기의 탈물질주의" 시대를 살아가고 있는 듯하다.

예를 들면, 이탈리아의 새로운 아나키스트 운동은 기득권층과 이들이 매우 구식이고 부정의하다고 간주되는 현존 정치·경제 시스템을 방어하는 것에 대항해서 개방적인 게릴라 모드로 전환하고 있다; 미국의 월스트리트 점령과 99% 운동은 미국 역사상 이렇게 깊이 경험해본 적이 없는 중간계급에 의해 현존하는 미국 시스템의 불균형을 널리 알리고 있다; 그리고 아이러니하게도, 우익의 "티파티(Tea Party)" 운동은 공공영역에서 "근원적 가치"를 회복하기 위해 싸우고 있다. 이 모든 것은 역설적이게도 탈물질주의의 뿌리와 의도에 직접적으로 연관되어 있지만, 매우 상반되고 찢어진 목적, 목표, 전망을 가지고 있다. 가장 중요한 측면은 (대안 노벨상 수상자들(Alternative Nobel Laureates)이 이끄는 전 지구적인 "삼중의 운동"과 같은 부수적 흐름도 포함하는) 고전적인 "탈물질주의자"를 포함한 이 모든 운동들이 내부 균열과 모순을 명시적 또는 암시적으로 알고 있으며, 그래서 한편에서는 더욱 근본주의적(두려움)으로 되면서 다른 한편에서는 비이데올로기화하려고 한다는 점이다. 오늘날 서구의 탈물질주의는 비이데올로기적인 경향과 근본주의 경향을 동시에 나타내고 있다 — 이는 사회와 탈물질주의 자체에 잠재적으로 광범위하게 펼쳐진 결과들을 완전히 이해하는 데 있어서 역사상 보기 드문 역설이다.

V. 아시아에 끼친 영향들: 한국의 사회변동의 예

이러한 정세 속에서 동양과 서양의 발전 유형은 상당히 다른 것처럼 보인다. 동양이 성장하고 있는 동안 서양은 "탈제국"의 깊은 불황의 한복판에 있다. 이에 따라 탈물질주의는 서양과 동양에서 상당히 다르게 반응하고 있다. 서양에서는 최근의 다양한 위기들의 결과로서, 탈물질주의가 좌우익 양쪽의 급진적 입장의 운동들을 일부 통합하면서 개념적 반경을 극적으로 넓히는 과정에 있다. 다른 한 편으로, 대부분의 동양의 신흥국가들에서는 탈물질주의의 "순수성(purity)"에 대한 믿음이 여전히 깨지지 않았고, "순수하게" 받아들여지는 것으로 보인다—대부분의 개발도상국에서 중간계급의 급성장, 성장과 부의 시대, 그리고 미래에 대한 광범위한 자신감을 생각할 때 매우 자연스러운 일이다.

둘째, 우리는 동양과 서양의 탈물질주의 개념이 다르다는 점을 고려해야 한다. 동양에서는 탈물질주의가 다소 전체론적 특성에서 사회 혁명적 차원을 가정한다면, 서양에서는 지속가능성, 정의, 참여 또는 "지구 구하기"와 같은 사회발전의 특정 이슈로 한정되는 경우가 많은데, 이들 대부분은 더 큰 풀뿌리 민주주의 이슈에서 배태되었으며, 특화된 하위 운동들로 분화된다.

우리가 아시아의 사례로서 한국의 예를 살펴보고, 또한 진행 중인 사회 변동과 각각의 의미를 살펴보고자 할 때 고려해야 할 사항들이 있다.

먼저, 한국과 유럽의 탈물질주의 간의 차이는 항상 탈물질주의의 기본개념과 연결되어 있는 "순수성"의 차이이다. 한국에서 1990년대 중반 이전 탈물질주의는 전체 인구 중에서 부유층, 젊은 세대, 식자층의 명백한 정치혁명적 개념으로서, 대체로 "순결한(immaculate)" 것으로 인식됐다: 더 나은 삶, 더 나은 사회, 더 나은 내일의 표현이었다. 순수함은 혁명적인 추동력이 된다—그리고 (1990년대 한국의 사례에서처럼) 공개적 토론에서 탈물질주의에 대한 좌파적 해석이 지배하게 된다.

이러한 입장의 탈물질주의는 서양에서는 거의 없었다. 첫째, 역사적인 이유 때문인데, 서구에서 탈물질주의는 1960년대와 1970년대에 환상이 깨지면서 태어났다. 둘째, 최근 몇 년 동안 서구의 탈물질주의가 대부분 "고전적인" 행위자들, 즉 부유층과 식자층에 의해 제기되었지만, 여기에는 새로운 프롤레타리아, 즉 소위 "서양의 쇠퇴"(이는 결국 서양의 글로벌리제이션임)라는 틀 속에서 빠르게 증가하고 있는 하층민과 비식자층 계급들을 통합하는 형태로 "역사를 되돌리는" 부분이 늘고 있다는 점을 보여준다. 전체적인 이미지를 보면, 서양에서는 탈물질주의가 "순수한" 것으로부터 "매우 모호한" 것 혹은 변증법적으로 구조화된 사고 또는 패러다임을 뜻하는 "황혼기로 나아가고 있다면, 동양에서는 더 나은 사회를 향한 사회적 확신과 혁명에 관련된 탈물질주의, 그리고 다소 "순수한" 탈물질주의 개념에 여전히 결합되어 있다.

한국은 최근의 사회발전으로 인해 이 두 경향 사이의 중간 지대에 서 있는 것처럼 보인다. 이것이 고려해야 할 두 번째 요소이다. 알다시피, 한국에서는 탈물질주의 가치가 경기부양 기간 동안, 특히 그 영향으로 넓게 퍼져 있다—보수주의와 좌파의 해석 및 이들의 사회정치적 분파 모두에서. 하지만 최근 연구가 보여주듯이, 소득수준의 엄청난 차이, 정치적 균형상태의 변화, 그리고 과소평가할 수 없는 세대차이가 한국 사회의 분열을 조장하고 있다. 오늘날 한국 사회의 이러한 세 가지 변화는 전환의 시대를 맞아 전통적 "잉글하트의" 탈물질주의 사고와 운동의 영향을 오히려 감소시키면서 동시적으로 상호작용하고 있는 것으로 보인다. 한국노동사회연구원의 2012년 보고서를 보면, 2012년 한국의 근로소득의 격차는 OECD 회원국 중에서 두 번째로 높다; 그리고 고전적 수단인 과세와 재정지출을 통한 소득재분배 능력을 살펴본 결과 대략 미국과 영국의 절반 정도이고, 유럽 대부분의 국가들의 4분의 1에도 미치지 못했다. 이러한 현상은 대부분, 전 지구적 수준에서의 "신자유주의" 정책의 지배와 결합된 1997~98년 아시아 경제위기(나중에는 외환위기) 이후 한국에 적용된 혹독한 긴축정책과 경제 구조조정에서 시작되었다. 아이러니하게도, 이러한 방법은 마리오 몬티(Mario Monti)가 이끄는 이탈리아처럼 유럽의 많은 위기 국가에서도 채택되어 이탈리아뿐만 아니라 (독일과 북유럽 국가들을 제외한) 유럽 전역에 사회 불안과 정치 변화를 증가시키고 있다.

소득불평등의 증가는 한국의 탈물질주의에, 적어도 평화로운 사회를 위해 분명히 좋은 신호가 아니다. 이는 사회를 더욱 분열시킬 것이며 좌파의 탈물질주의의 기반과 이데올로기적으로 중립적인 스펙트럼에 위치한 집단들을 재급진화시킬 것이다—이는 고도복합성과 깊은 모호성의 시대에 우리가 필요로 하는 균형 잡히고 사려 깊은 운동인 탈물질주의에는 좋지 않은 소식이다.

여기에서 우리는 글로벌화되고 있는 동양에서의 동등하게 광범위한 의미와 결과를 갖는 탈물질주의 미래에 관한 두 가지 질문을 추가하고자 한다.

첫째, 많은 동양 국가들의 한 가지 문제점은 탈물질주의가 우리가 알고 있듯이 자유, 개인, 그리고 가장 중요한 민주주의 개념 없이는 생각할 수 없다는 점인 듯하다. 하지만 임박한 거대 중국의 부상은 기본적으로 탈물질주의의 가치에 모두 반대된다. 왜냐하면 중국은 민주주의가 아니며 모든 경우에 있어서 풀뿌리 민주주의, 참여, 서구적 가치와 "아래로부터의" 통치를, 즉 말하자면 고전적 탈물질주의의 가장 기본적 열망들을 위축시키기 때문이다. 다른 한편으로, 중국이 자체적인 변화로 인해 그리고 숨 막히는 속도의 개발과 부 창출로 인해 탈물질주의자 인구의 증가를 가져오고 있다는 점 또한 사실이다. 그리고 인구 가운데 이들 집단은, 많은 사람들에 의해 21세기 세계의 가장 바람직하고 잠재적으로 가장 중요한 발전으로 간주되는 민주주의를 향한 중국의 점진적 이동에 부화장(孵化場) 역할을 하게 될 것이라는 점 또한 사실이다. 반자유주의적, 독재적 이웃의 영향력이 증가하는 가운데 여전히 널리 확신에 차 있는 동양의 탈물질주의는 어떤 방향으로, 그리고 어디로 발전하게 될 것인가? 그리고 동양의 탈물질주의는 새로운 전 지구적·지역적 현실에 동화됨으로써 스스로를 어떤 방향으로 전환할 수 있을까? 그것이 더 위대한 동양이 되기 위한 사회·정치적 변동의 게임에서 그 자체로 중요한 요인이 될 수 있는 것은 어떤 방식으로인가?

두 번째가 아마도 더 중요할 것이다: 한국 사회가 다양한 방식으로 보수주의자와 좌파(미국에서는 자유주의자, 한국에서는 더 전통적인 마르크스주의적인 의미에서의 좌파를 가리킴) 간의 미국식 이데올로기 양극화 모델을 따라 더 분열된다면, 한국과 미국 앞에 놓인 큰 과제는 정당들과 관련 단체들 간의 정치적·사회적, 그리고 적어도 이데올로기적으로 적절한 균형을 찾는 일이 될 것이다. 일반적으로 향후 수십 년 동안의 탈물질주의 앞에 놓일 가장 큰 질문은, 그리고 어쩌면 아시아와 한국의 탈물질주의에 특별히 중요한 질문은 다음과 같을 것이다: 탈물질주의의 핵심 가치에 대한 "우파"(보수주의)와 "좌파"(자유주의)의 해석을 어떻게 통합할 것인가?

알다시피 과거에는 중간계급에 의해, 그래서 (만약 가치 보수주의 현실로부터 유래하지 않았다면) 보통 "자유주의적" 지향을 가진 사람들에 의해 탈물질주의 가치가 형성되었지만, 이제 두 집단 모두가 탈물질주의 가치를 해석할 수 있으며, 동등한 권리와 정당성을 갖고서 이를 자신들의 것으로 만들 수도 있다. 앞으로 탈물질주의는 좌익과 우익(또는 미국식으로 말하자면 자유주의자와 보수주의자)을 화해시키고 통일시키지 못한다면 광범위하고 건설적인 사회적 역할을 하지 못할 것으로 보인다. 사회적 격차가 증가하는 시대를 맞이하여, 이들은 서로에게서 급속히 멀어지고 서로를 향해 싸움을 시작하게 됨으로써 탈물질주의 개념 자체를 손상시키는 위협이 되고 있기 때문이다.

VI. "경쟁하는 근대성들" 시대의 도래로 탈물질주의 시대는 종말을 향해 가고 있는가?

전반적으로 볼 때, 비록 방식은 다르지만 서구와 비서구의 모든 알려진 사회 분야를 포함하는 글로벌 문화의 매우 심도 깊은 변화를 우리가 겪고 있다는 점에 대해선 오늘날 학제적이며 범학문적인 사회과학과 정치과학에서 비교적 폭넓은 동의가 존재한다. 전 지구적인 규모로 등장하고 있는 것은 "경쟁하는 근대성들"의 시대라는 것이다. 여기에서는 다양한 사회들이 과학기술 또는 정보에 대한 접근 면에서 유사하게 진화하고 있지만, 무엇이 "좋은 삶"이고 무엇이 진보적인 사회인가 하는 관념에 대한 해석은 매우 다른 방식으로 이루어짐으로써 민주주의, 열린사회 또는 인권에 대한 서구식 관념들에 더 이상 필수적으로 연결되지 않는다. 인류 역사에서 근대화 개념의 아마도 처음으로 진정한 다원주의를 향한 이러한 궤적과 연결돼 있는 것은, 관련된 모든 차원의 전반적인 미래 모습을 점차 만들어나가게 될 인구학과

과학기술의 대규모 변화이다.

이러한 발전 속에서 탈물질주의는 영향을 받지 않은 채로 남아있지 않을 것이다. 탈물질주의는 학자들과 연구자들에 의해 적극적인 발전 프로그램으로 상상·추적·편입됨으로써, 먼저는 서구의, 그 다음에는 전세계의 민주주의 문화 속으로 스며들어왔다. 그러나 만약 개방된 사회들의 근대성이 더 이상 글로벌리제이션에서 근원적인 모델이 될 수 없다면, 제기되는 질문은 이러한 탈물질주의 자체가 과연 경쟁하는 근대성들의 시대에 살아남을 수 있으며 살아남게 될 것인가 하는 점이다. 개방된 사회들의 가치가 전 지구적인 발전에서 더 이상 선두가 될 수 없다면, 참여, 개인적 책임성, 지속가능성과 같은 탈물질주의 가치들은 어떻게 될 것인가? 아마 아무것도 아닌 것이 될 것이다. 하지만 우리는 이를 확신할 수 있는가?

VII. "전 지구적인 체계 변화"의 현재 국면에서의 탈물질주의: 몇 가지 질문들

이 복잡하고 모순적인 전반적인 상황 속에서, 현재의 전 지구적인 변동 과정이 탈물질주의의 미래에 제기하는 세 가지 중심 질문이 있을 것이다.

1. 탈물질주의는 주어진 여섯(일곱) 차원들 가운데서, 사회적 하위체계, 유형론적인 형태의 합리성 또는 오늘날의 담론 유형에 의해 어떻게 구성되는가?
2. 이러한 차원들 중에 어떤 것이 명시적으로 또는 암묵적으로 우위를 차지해 왔는가? 언제부터? 그리고 어떤 관점에서? 현대의 탈물질주의 담론에서, 현존하는 그리고 예견되는 내부 변화는 어디에서 이루어지고 있는가?

3. 여섯 차원 중 어떤 것이 탈이데올로기적인 탈물질주의의 무게 중심을 차지하게 될 것인가? 그리고 앞으로 탈물질주의는 "순수한 것"이 될 것인가 아니면 "황혼기적인 것"이 될 것인가? 그리고 그것은 현실적으로 말하면 무엇일까?

사회적 가치와 개인적 가치가 사회 변동과 독립적인 것이 아니라 비록 종종 모호하고 모순적이고 무의식적인 방식일지라도 그 안에서 진화하는 것이라면, 내 첫 번째 가설은—대부분 부르주아에 기원을 둔 이데올로기, 즉 "부유층과 식자층의 방식"인—탈물질주의가 오늘날 "전 지구적인 체계 변화"를 형성하는 데 작용하는 여섯 가지 기본적인 합리성 유형과 담론체계 모두의 내부에서 그리고 이들을 통해 현재 진화하고 있다는 점이다.

보다 정확하게 말하자면—지금까지는 앞으로의 연구를 위한 출발점으로서의 의미만을 가진—나의 관찰에 의하면, 전 지구적인 전환의 이 순간에 우리가 목격하고 있는 것이 탈물질주의 가치가 여섯 차원 전체에 걸쳐 광범위하게 부활하고 있다는 점이다.

a) 유형론적인 체계 질서 차원 (또는 사회적인 하위 분야들)
b) 공공 합리성 유형들 각각의 발전과 이들의 상호작용, 뿐만 아니라
c) 근대 사회, 개방된 사회, 글로벌 사회의 상응하는 담론의 유형들(지금까지는, 비록 시간이 여기에도 압력을 가하기 시작한 듯이 보이지만, 권위주의적이며 반자유주의적인 사회가 아닌, 오직 이들 사회 내에서만 주로 해당되었음)

그럼에도 불구하고 그것은 아래의 특징들을 가진 부활이라는 점을 다시 한번 상기시키는 것이 중요하다.

a) 고도복합성

b) 원칙의 변증법
c) 깊은 모호성

이는 "탈물질주의"라는 용어가 오늘날 어떻게 인식되고 사용되는가에 대한 자체적인 정세를 나타낸다.

나의 두 번째 가설은 한국을 포함한 아시아 대부분의 탈물질주의 변종들이 스스로를 여전히 "순수한" 것, 그래서 고전적(부분적으로 여전히 이데올로기적인) 의미에서 "혁명적"인 것으로 인식하고 있지만, 고도복합성과 (오직 자유주의 사회에서만 얘기되는) 탈이데올로기의 시대에는 더 이상 "순수한" 탈물질주의가 존재하지 않게 될 것이라는 점이다. 나는 앞으로 전세계적으로 탈물질주의가 필연적으로 서구화되지 않고, "황혼기적인 것"이 될 것으로 예상한다. 불안하지만, 더 흥미롭고 개방된 결과가 기다리고 있다.

결국 탈물질주의 신념을 혁명적으로 사용함으로써 부상하는 반자유주의적인, 독재적인 거대한 이웃 국가들에서는 아이러니하게도 살아있는 절대주의 이데올로기의 잔재가 될 수 있다.

그러나 모든 형태의 탈물질주의가 결과적으로 "황혼기적인 것"으로 될 것인가? 아니면 우리가 알고 있는 탈물질주의는 그냥 사라지고, 더 이상 민주주의와 필연적으로 연관되지는 않는 다른 형태의 진보적 사고방식에 자리를 내주게 될까?

나는 그렇게 되기를 바라지 않는다. 왜냐하면 나는 민주주의가 (비록 완전하지는 않지만) 가장 좋은 사회조직 형태라고 확신하기 때문이다. 하지만 전망은 그렇다.

VIII. 선별적 함의와 잠재적 전망

요약하면, 현대의 탈물질주의 가치의 변화는 탈물질주의가 "순수한" 개념에서 "황혼기적인" 개념으로 진화하고 있다는 사실에 있다: 즉, 좌파라는 새로운 추세(불평등)와 "심도 있는" 변화의 시대에 전통적인 가치와 정체성 유형의 재확인이라는 추세(신보수주의) 사이의 "황혼기" 혹은 모호한 중간지대로의 진화를 가리킨다. 현재 탈물질주의의 황혼기는 또한 서양과 동양 사이의 황혼기로서, 도래하는 21세기의 갈등과 접하는 곳에, 즉 "경쟁하는 근대성들"의 시대에 민주사회와 비민주사회 간의 전 지구적인 변증법을 마주하는 곳에 위치해 있다.

결과적으로 우리 시대는 탈물질주의의 "황혼기"의 시대인데, 여기에는 장단점이 모두 존재한다. 장점에는 탈물질주의 내부의 이데올로기들을 다시 균형 잡을 필요성과 좌파와 우파의 추세 및 하위운동들을 화해시킬 필요성이 생겼다는 점이다. 단점에는 그동안 지속가능성 운동, 월스트리트 점령 운동, 티파티(Tea Party) 운동의 일부, 급진적으로 종교적인 부류의 미국 공화주의자들같이 다양한 그룹이 주장한 탈물질주의 개념에서 모호성이 증가해 왔다는 점이다.

이러한 발전이 탈물질주의의 미래에 제공하는 많은 함의와 잠재적인 전망들이 있다. 그리고 적어도 탈물질주의의 개념적인 자기 갱신의 미래를 위한 것도 많다. 나는 여기에서 몇 가지만 언급할 수 있다.

먼저, 여기에서는 빠르게 변화하는 세계에서 탈물질주의의 시의적절한 갱신, 재고, 사회적 재정립을 위한 정말 초보적인 수준에서의 언급만 이루어졌다. 여러 전문적인 학문들이 개별 학문 분야에서 이루어진 전반적인 과정에 대해 주목할 만한 지식을 내놓고 있다. 하지만, 진행되는 현상을 다학문적, 통합적인 방식으로 독해함으로써 이론과 응용을 연결해 줄 수 있는 방법, 그리고 탈물질주의에 긍정적 영향을 미치기 위해 그러한 보다 복합적인 틀을 정확히 사용하는 방법에 관한 합리적으로 균형 잡힌 틀은 여전히 간과되고 있다. 이것이 어떻게 가능할지는, 탈물질주의에 대한 근본적이면서도, 전형적인 전형식적(pre-formal), 전규범적(pre-normative) 정의들에 따라 매우 달라진다. 이 정의들은 아마도 지금까지의 짧은 역사에서 과거 어느 때보다 오늘날 우파와 좌파의 접근이 서로 더욱 이질적이며 다양해지고, 상이하며 또한 분쟁적임을 보여준다. 현재 서양의 틀 내부에서 분열되어 있으며, 또한 서양과 동양의 접근 사이에서 분열되어 있는 탈물질주의는 고도복합성, 황혼기, 그리고 깊은 모호성의 시대로 진입하였다. 따라서 다양한 미시적 차원에서의 많은 응용 분야의 접근보다는 갱신에 기초한 분석과 역사의 거대한 체계적 충격이 필요하다.

(영국에서 가장 많이, 그리고 독일어권에서 일부 논의되는) 종종 "세계체계분석(world systems analysis)"이라고 불리면서, 숲 때문에 나무를 보지 못한다고 비난받는 "거대 체계 접근"에 대한 잘 정립된 회의론이 있음에도 불구하고, 지금은 맥락정치분석(Contextual Political Analysis), 정치경제학, 정치사회학, 그리고 문화 분석 등의 소중한 기여들을 통합해야 할 시점이다. 이들 학문은 모두 개별 학문이 설명은 하지만—고립된 단일 학문으로는—더 이상 복합성을 파악할 수 없는 현상들의 급증하는 상호 간섭과 침투를 추적할 수 있도록 분명히 다학문적이며 범학문적인 방식으로 사용되고 있다. 비교적 많았던 최근의 위기를 감안할 때, 대략 40년이 지나 이제 성숙기에 접어들고 있는 시점에서 탈물질주의 충격의 미래는 어떠할까 하는 질문을 두고 볼 때, 지금은 정치학과 경제학의 중요한 통찰들을 통합해야 할 시점이며, 체계 전체를 이루는 모든 부분들의 상호의존성뿐만 아니라 문화적·종교적 변화의 영향까지도 고려해야 할 시점이다. 이러한 접근은 "전 지구적인 체계 변화"가 아마도 역사에서 하나의 고립된 "사건"으로 머물지 않고 오히려 영속적인 "사물의 상태"와 같이 될 것이기 때문에 반드시 필요하다. 이는 기계화와 전 지구적 분업이라는 일반적인 문명화 현상인 "현재의 위축(shrinking of the present)"(헤르만 뤼베, Hermann Lübbe)뿐만 아니라 전 지구적 전환의 속도 증가, 소위 "위험 근대성(risk modernity)"의 충격과 질서 유형의 "유동화(fluidification)"(지그문트 바우만, Zygmunt Bauman) 때

문이다.

요약하자면, 탈물질주의에 대한 새로운 질적 분석과 관련해서 체계이론(System Theory)의 성과를 행위이론(Action Theory)의 성과와 통합하려는 시도가 이루어져야 한다; 그리고 이러한 노력은 너무 방대해서 여기에 헌신한 소규모 집단의 연구자들로써는 일관된 방식으로 실현되기 어려울 것이라는 사실에도 불구하고, 이것이 글로벌리제이션에 적합한 탈물질주의를 통합적으로 분석하기 위한 ─ 지금까지는 작지만 ─ 첫 걸음이라는 점을 의식하면서, 이러한 시도가 이루어져야 한다. 이 모든 것은 일차적으로 과거에 관한 것이 아니라 다가오는 현실을 위한 탈물질주의의 이론과 실천 모두에 있어서, 비록 어렵고, 시간 소모적이지만 결국 불가피하고 필수적인 갱신이라는 관점에서 필요하게 될 것이다.

둘째, 우리에게는 반대 방향으로의 갱신과 새로운 의식도 필요한데, 이것은 현재의 "전 지구적인 체계 변화"를 탈물질주의자의 시각으로 분석하는 것과 관련이 있다. 탈물질주의 이론은, 그것이 아무리 복잡성을 잘 다룰 수 있더라도, 본래 잉글하트의 프로젝트를 따른 대부분의 경우에서 그랬듯이, 순수하게 이론적·학문적·교육적·사색적인 이상주의자의 노력으로는 더 이상 남아 있지 않다. "심히 애매모호한 것들"에 대해 결정을 내리라는 압력이 전례 없이 동시적으로 다양하게 존재하는 시대에, 진지한 학문적 노력으로서의 탈물질주의는 ─ 잠재적으로 볼 때, 로마클럽(Club of Rome), 대안 노벨상모임(Assembly of the Alternative Nobel Awards), 국제노동기구, 유네스코, 사회적 은행 및 금융을 위한 전 지구적 동맹 혹은 지속가능성을 위한 전 지구적 동맹(에른스트 울리히 폰 바이체커, Ernst Ulrich von Weizsäcker) 같은 주도적인 초국가적 시민사회 조직의 통로를 통해서 그리고 이들과 더불어 ─ 모든 수준에서 글로벌 리더들에게 권할 전략 목록을 포함한 실천 지향적인 정책 조언을 제시해야 한다. 역사의 현재 국면을 통과하는 데 필요한 탈물질주의는 부유층과 식자층의 이상주의적 예언에서 벗어나, 지도자들에게 현 세계의 발전에 대한 집중적이며 학제적·범학문적인 이해를 제공하고 회의, 방송, 네트워킹 활동을 통해 더 많은 대중과 이를 적절한 형태로 공유할 수 있도록 전환되어야 한다. 우리가 알고 있는 탈물질주의는 이러한 갱신된 노력으로써만 이 세기의 후반기까지 이르게 될 가능성이 높아 보인다. 이것은 중장기적인 관점에서 안전과 지속가능성에 대해 틀림없이 지대한 공헌을 하게 될 것이다.

제2장

탈물질주의, 자유취향, 지식인

정철희

I. 들어가며

이 글은 잉글하트의 탈물질주의 연구를, 부르디외의 사회이론에 비추어, 비판하고 그 보완점을 모색하는 것을 목표로 한다. 특히, 이들 연구 중 이들의 지식인론에 초점을 맞춘다. 두 사람 모두에게 있어 지식인은 이들 논의에서 핵심적 위치를 차지하고 있다. 잉글하트에게 있어 지식인에 해당하는 "신계급"은 탈물질주의의 첨병이다. 부르디외에 있어서도 역시 "피지배 지배계급"이라 불리는 지식인 계급은 현 체제를 혁명적으로 재편할 잠재력을 가진 계급으로 분류되어 그의 비판이론 혹은 상징 투쟁 이론에서 중심적 위치를 점하고 있다.

최근 잉글하트의 탈물질주의 연구는 전 세계의 주요 국가들에 관한 1981년부터의 서베이 자료들이 축적되면서 광범한 연구들이 진행되고 있다. 잉글하트의 탈물질주의 프로젝트는 문명의 새로운 전환, 신뢰와 민주주의, 복지국가와 경제 민주화 등 다양한 방면에서 여러 가지 업적을 남기고 있다

(Abramson and Inglehart, 1995; Inglehart, 1997; Inglehart and Welzel, 2005; Lee, 2007; Paxton, 2002). 하지만 탈물질주의 연구에 대한 무비판적 수용에는 문제가 있음으로, 이 연구가 기본적으로 가정하고 있는 것, 맹점들에 대해 반추함으로써 잉글하트의 프로젝트가 더욱 강화될 수 있도록 비판적 검토를 하려한다.

신계급은 신중간계급에 속하는 관리직과 전문가 중, 후자에 속하는 부류로서 교수, 교사, 언론인, 종교인, 예술가 등이 이에 속한다(Chung, 2005; Ehreneich and Ehrenreich, 1979; Kriesi, 1989). 잉글하트(1990: 331-4)는 "탈물질주의 가치의 등장과 그에 따라 이 가치가 기술직 및 전문직 엘리트 층에 침투하는 현상이 신계급 등장의 주요 요인이 되어왔다"고 주장하며 탈물질주의 가치의 총아로서 신계급에 주목한다(Inglehart, 1990: 332). 부르디외 역시 신계급과 동일하지는 않지만 그와 유사한 개념으로서 지식인층을 가리키는 "피지배적 지배계급"에 대하여 논한다. 부르디외의 지식인에는 교수, 교사, 상급기술직, 예술인이 포함된다.1) 지식인이라는 주제와 관련하여 이 글에서 다음의 세 가지 점을 중점적으로 검토한다. 1)잉글하트와 부르디외가 공유하는 자유계/필연계라는 구분을 들여와 잉글하트가 전자를 일면적으로 가치화하면서 발생한 문제에 대하여 논한다. 특히, 잉글하트가 제시한 지식인의 가치인 탈물질주의에 대하여 부르디외의 "자유 취향"이라는 개념으로써 비판적으로 접근한다. 2)잉글하트의 인지동원에 관한 주장은 지식인과 민중 간의 문화자본의 불평등이라는 관점에서 어떤 문제점이 있는지 살펴본다. 3)부르디외의 재귀성(reflexivity) 개념을 통해 잉글하트의 지식인 논의는 이 계급의 존재구속성에 대한 객관화가 결여되었음을 지적한다. 이와 같은 주제를 다루기에 앞서, 잉글하트와 부르디외의 역사철학을 중심으로 이 두 입장에 대해 전체적인 조망을 시도한다. 지식인에 관한 서로

---

1) 부르디외의 지식인은 특히 신계급 연구자 중 하나인 크리지(Kriesi, 1989)의 구분과 거의 일치함을 보인다. 다만, 대부분의 신계급 연구자들이 이들 전문가 집단을 신중간계급에 위치시키는 데 반해, 부르디외는 지배계급에 위치 지운다.

다른 두 입장의 차이는 이들의 근본적인 세계관 및 역사철학의 차이에서 비롯되었음으로 이에 대한 조망이 요구된다.

II. 두 입장의 역사철학

1. 낙관적 진화론 대 혁명론

<표 2-1>에서 보듯이, 잉글하트의 역사철학이 낙관적 진화론이라면 부르디외의 그것은 혁명론이다. 이러한 차이는 이들의 서로 다른 문명관을 가지고 있다는 데에서 연유한다. 잉글하트(1997)는 현존하는 문명자체를 긍정하고 인류의 문명이 문명권 간의 서로 다른 궤적에도 불구하고 탈현대적 가치로 이동하고 있음을 주장한다. 반면, 부르디외는 현존하는 문명자체는 정신과 육체의 분업이라는 잘못된 출발에 의해 고통 받는 것으로 본다. 즉, 잉글하트는 현재의 문명은 몇 단계의 진화적 단계를 거쳐 발전해가고 있다고 본 반면, 부르디외는 문명의 시작부터 첫단추가 잘못 끼워졌음을 주장한다.

잉글하트(1997: 75)의 논의는 일종의 진화론으로서 삼단계의 발전론을 논하고 있다. 잉글하트는 ①"종교적 지배"로부터, ②"세속적 법적/합리적 지배"를 거쳐, ③지배로부터의 이탈"이라는 단계적 발전을 설정한다. ①에서 ②로의 첫 번째 이행은 결국 물질적 축적을 극대화하는 산업사회로 이행을 의미한다. ②에서 ③으로의 두 번째 변화는 산업사회에서 탈산업사회로의 변모이다. 잉글하트의 논의를 근대화론이라 비판하는 사람들은 부분적으로 옳다. 하지만, 근대화론은 첫 번째 단계를 설명하는 데는 적합하지만 두 번째 변동을 설명하는 데는 다소간 부적절하다. 근대화 과정에서 경제발전이 중시되며 이에 따른 성취 지향적 동기에 의한 물질적 재화 생산의 극대화를 추구한다는 설명은 잉글하트의 첫 번째 이해를 설명하는

<표 2-1> 잉글하트와 부르디외의 역사철학 비교

	잉글하트	부르디외
현재의 문명	긍정	부정
역사의 연속과 단절	진화론	혁명론
분업관	수용적	비판적
고차원 모더니티	탈현대 문화	재귀적 지식인 문화 회복된 민중 문화
필연계/자유계 구분	고수	폐기

데까지는 적절하다. 하지만, 탈현대화를 설명하는데 있어서는 근대화론이 더 이상의 효력을 잃는다.[2] 탈현대 사회에서는 그 전 단계와는 다른 메커니즘이 작동한다. 더 이상 삶의 양적인 문제가 아니라 삶의 질이 핵심 쟁점이 된다. 사람들은 성취동기 아닌 복리(well-being)를 최대화하려는 방향으로 동기부여를 받는다. 정치적으로는 정당과 노조와 같은 산업사회의 대표적 제도가 쇠퇴하고 보다 개인의 자율성에 기초한 신사회운동 조직이 정치의 핵심으로 등장한다. 정치의 쟁점도 분배나 안보의 문제보다는 여성, 환경, 반핵, 평화, 성정체성 등 신사회운동적이며 삶의 질을 추구하는 쟁점이 부상한다.

반면에 부르디외는 마르크스주의적 문명관, 역사철학을 가지고 있다. 마르크스와 다른 점은 역사발전의 필연성 아닌 개연성을 인정한 점이다.[3] 마르크

---

[2] 탈현대의 시대에는 더 이상 물질적, 양적 증가가 어떠한 변화를 주지 못하는 사회이다. 즉, 한계효용이 체감할 때로 체감하여 1단위의 재화의 증가가 0에 가까운 효용만을 만드는 상태의 사회이다.

[3] 부르디외는 스피노자 라인이었던 마르크스와는 달리 혹은 그리스도와도 달리, 필연의 세계 아닌 가능태의 세계를 믿었다. 아마도, 이것이 그가 기독교적 세계관을 벗어나기 위한 마지막 몸부림이었는지도 모른다. 그는 세상은 여러 가능태로 되어 있으며 잠재적 가능태가 실현된 가능태가 되는 것은 개인의 의도와 독립한 자의적(arbitrary)인 면

스를 위시한 서구의 비판이론가들의, 넓은 의미에서의, 기독교적 세계관을 부르디외도 공유한다. "정—반—합"의 역사관이 그것이다. 즉, 인류의 역사는 낙원—실낙원—회복된 낙원이라는 단계를 거친다는 것이다. 뒤르켐의 원시사회—과도기적 산업사회—시민 종교의 사회, 마르크스의 너무나도 유명한, 원시공산사회—계급사회—공산사회 등이 이러한 세계관의 예가 될 것이다.

서구 사상의 배경에서 문명비판은 종종 현명한 야만인(savage)과 연결된다. 부르디외에게 있어서도 역사적 완성은 건강한 야만인—즉, 육체와 영혼이 결합된—을 회복하는 것이다. 부르디외의 논의는 태초에 오스트레일리아 원주민의 것과 같은 원시공산사회가 있었음을 가정한다. 이 사회는 모든 사람이 생산수단을 소유하는 동시에 소유하지 않는 사회였다. 문화자본의 불평등이 없었고, 모든 사람이 자신의 문화를 이해할 수 있는 "눈"을 가지고 있었다. 종교는 존재하지 않고 신화만이 존재하였다. 하지만, 그 이후 신화가 종교와 이데올로기로 대체되면서 부르디외 판(版), 실낙원은 시작되었다. 사제집단이 출현하였으며 이는 분업을 동반하였다. 이제 정신노동을 독점하고 지배문화를 생산하는 사제집단과 문화적 생산수단을 잃고 "눈"을 잃은 평신도간에 문화자본의 불평등이 시작된다(Bourdieu, 1991: 168).

문화자본을 가진 층은 가진 층대로, 가지지 못한 층은 가지지 못한 층대로 허위의식(혹은 오인)을 가지게 된다. 오인(誤認)의 생산과 재생산을 위하여 제사장의 마술이 시작되고 제도의식이 행해진다. 취향의 분화가 발생하고 사람들은 자신의 "분수"에 맞는 자리를 찾아간다. 취향은 저항 없이 사회질서를 유지한다. 아미앵의 끔찍한 폭력은 벨벳처럼 부드러운 상징권력으로 변한다(Bourdieu, 1991). 부르디외의 입장에서 보면 탈물질주의는 잘못된 문명의 출발에 기인하는 것임으로 액면 그대로 인정할 수는 없는 것이 된다.

이 있다고 보았다. 그렇다면 역사는 부르디외의 의도대로 안 될 수도 있다. 다만, 그의 기획이 가능태의 하나이며 그 실현의 여부는 열려있는 것이다. 그의 가능태의 공간론은 단순해 보이지만 역사철학적 함의가 있는 것이다.

탈물질주의는 육체와 영혼, 사제와 평신도 간의 불행한 분업의 결과인 것이다.

2. 분화와 분업

잉글하트는 뒤르켐을 좇아 분업의 긍정적 측면에 치중하였다(Inglehart and Welzel, 2005: 24, 29). 잉글하트는 상호작용 방식이 필연의 공동체에서 선택적 친화성으로 이동하는 것을 희망적으로 전망한다. 사회경제적 발전이 직업전문화와 사회의 복합성을 증대시키고 사람들 간의 상호작용을 증대시킨다. 이러한 상호작용의 증대는 사람들을 귀속적 공동체적 연줄과 폐쇄된 집단(circles)으로부터 해방시킨다고 본다(Inglehart and Welzel, 2005):[4]

> 인간의 상호작용의 다변화는 사람들을 고정된 사회적 역할들과 사회적 연결들(ties)로부터 해방시켜 사람들이 그들의 사회적 역할을 스스로 규정하고 그들이 다른 사람들과의 연결들에 있어 자율적일 수 있게 만들어준다. 벡(Beck, 2002)이 제시하듯, "필연의 공동체"에서 타자에 대한 "선택적 친화성"으로 전환이 일어났다. 사회화와 사회화하기가 선택의 문제가 되었다.

---

[4] 부르디외와 뒤르켐은 원시사회를 분석하는 한에서는 크게 견해차이가 없다. 이들의 견해차는 분업이 시작되는 시기에 관해서부터 시작된다. 뒤르켐은 분업이 문제는 있지만 과도기를 적절하게 극복하면 오히려 새로운 가능성도 함께 가져오는 과정으로 보았다. 부르디외는 뒤르켐의 분업에 마르크스의 분업관을 들여온다. 부르디외가 가장 주목한 분업은 역시 사제와 평신도 간의 분업, 달리 표현하면 정신노동과 육체노동의 분업이다. 따라서 부르디외가 분업을 언급할 때는 항상 소외 혹은 악(惡)의 씨, 잘못 끼워진 첫 단추라는 의미를 내포한다. 부르디외는 분업이 시작되면서 영혼과 육체가 분리됨과 동시에 영혼의 육체에 대한 지배가 시작되었다고 본다. 영혼과 육체의 불평등한 대립은 형식과 내용, 순수미학과 민중미학 간의 불평등과도 연관된다. 이 과정에서 피지배 위치에 놓인 육체, 내용, 민중미학은 스스로를 표현할 수단마저 박탈하여 일종의 식민화를 만들어 냈다. 분업이 시작되면서 성과 속은 단순한 분류의 카테고리를 넘어 지배를 위한, 지배를 정당화하고, 지배에 봉사하는 분류체계가 된 것이다.

부르디외 역시 뒤르켐의 분업론을 받아들였지만 뒤르켐의 분화와 보편화 테제를 마르크스의 분업론과 결합시켜 잉글하트와 구별되는 분업관을 제시한다. 마르크스는 분업에 관해서는 논했지만 분화에 대해서 논하지 않았는데 이것이 마르크스 자신에게 맹점을 가져왔다. 마르크스는 사회체계 전체가 거대한 경제법칙에 동일하게 노출되었다고밖에 상정할 수 없었다. 뒤르켐적 시각은 이러한 맹점을 극복하는 데 도움을 준다. 경제자본의 직격탄을 맞는 장도 존재하지만, 경제자본으로부터 꽤나 독립한 장도 존재한다. 즉 무수한 장들이 있고 각각의 장의 문을 열면 무수한 게임이 진행되고 있다는 것이다. 그러한 장들 중의 하나는 진리를 생산하기조차 한다.

부르디외는 각각의 장은 진화하며 그 진화의 방향은 각 장의 기능적 요구를 완수하는 방향이라고 보았다. 이것은 매우 기능주의처럼 들릴 수도 있지만, 이 입장이 기능주의와 다른 점은 부르디외는 장내의 투쟁에 의해 이러한 방향으로 나아간다고 본다는 데에 있다. 예를 들어, 관료 장은 내부의 공공서비스의 사적 사용 등 여러 문제점에도 불구하고, 전체적으로는 그 고유한 자율성을 증가시키는 방향으로 나아가며 그 장에 주어진 보편적 이상을 향해 전진한다. 이와 같은 보편성의 신장이 가능한 이유는 보편성 추구가 이윤을 보장하기 때문이다. 사회적 세계는 이기적 이해를 희생하고 공공선을 추구하는 행위에 보상을 준다(Bourdieu, 1994: 16-9). 과학 장도 순수한 "과학자 정신"에 의해서가 아니라 내부의 상호 견제와 비물질적 보상이라는 세속적 추구의 의도하지 않은 결과로서 진리를 향해 전진한다. 부르디외는 갈등과 투쟁이 존재함에도 이러한 갈등이 내부 동학으로 작용하면서 그 장의 자율성과 보편성이 향상되는 방향으로 장이 진화된다고 본다. 따라서 한 장의 메커니즘은 다른 장의 메커니즘으로 환원될 수 없다. 부르디외(2004)가 라투어(Latour)는 과학 장의 원리를 문학 장의 원리에 환원하려한다고 비판하는 것도 이와 같은 맥락이다.

부르디외는 장 내에서 초역사적 보편성이 획득되는 것은 사실이지만, 그러한 과정은 하버마스적인 보편성에 대한 고답적 열망에 의한 것이 아니라 역사적 과정을 통해 획득되는 것이라 주장한다. 즉, 당사자의 이익과 이윤을

추구하면서 부산물로 얻어지는 것이라고 본다(Bourdieu, 1993: 190-1):

> 역사는 특정한 사회적 세계들을 제도화시킴에 의해서만 초역사적 보편성을 생산할 수 있다. 그 사회적 세계들은, 그들의 특정한 작용법칙의 사회적 연금술 효과에 의해, 종종 특수한(particular) 이해 격돌로부터 보편성의 승화된 요체를 추출해내는 경향이 있다. 이와 같은 현실주의적 전망, 즉, 보편성의 생산을 특정한 규칙들에 영향을 받는, 집합적 사업으로 전환하는 전망이, 내게는 결국 순수한 형식에 대한 순수한 이해(利害)라는 카리스마적 미덕보다 더 믿기고 (reassuring)… 보다 인간적인 것으로 보인다.[5]

부르디외는 분업을 마르크스주의적이면서 동시에 뒤르켐적으로 해석함으로써 마르크스와는 다른 비전을 제시한다. 하지만, 그는 장들의 자율성 증가에도 불구하고 각 장내의 자본의 불균등한 분배에 따른 전체 사회공간에서의 불평등의 문제를 놓치지 않고 있다. 즉, 뒤르켐적 분화가 가져오는 낙관성과 함께 마르크스주의적 분업이 초래하는 사회 공간 내에서의 경제자본과 문화자본 등의 불균등한 분배에 의한 기회의 차이를 부르디외는 직시하고 있다. 분업이 막연히 유토피아로 인도할 것이라는 낙관론을 제시한 잉글하트와는 달리, 부르디외는 상징 투쟁을 통해서만 유토피아에 근접할 수 있다고 보았다.

잉글하트는 분업의 가능성만 본 나머지 분업이 말보다는 몸으로서 살고, "'달변'보다는 '솔직한 표정'"으로 사는 사람들에 가져다 준 불이익과 고통은 간과하였다(부르디외, 2005: 833; Bourdieu, 1984: 465). 따라서 잉글하트는 계급사회에서 권력의 문제에 소홀하였으며 지배-피지배 관계는 생각보다 훨씬 고질적이며 그로부터 탈출하기 위해서는 계급사회의 권력현상에 대

---

[5] 부르디외(1996a; 1996b; 2004)는 이와 같은 보편화 메커니즘이 가장 뚜렷이 관찰되는 곳이 과학 장이며 문학 장, 관료 장에서도 관찰된다고 주장한다. 카리스마적 미덕이란 일반 사람들이 갖추기에는 지나치게 버거운 종류의 미덕을 말한다고 판단된다. 극소수의 선지자(prophets)나 순교자가 가지는 미덕을 의미하는 것이고 "순수한 형식에 대한 순수한 이해"가 이에 해당한다.

해 훨씬 더 천착해야 한다는 점을 부르디외는 보여준다.

잉글하트와 부르디외의 근본적 세계관의 차이를 검토함으로써 이들의 지식인관이 서로 사뭇 다르리라는 사실이 보다 명확해졌다. 문명의 진화 자체를 긍정하는 잉글하트는 지식인의 위치에 대해서도 비판적 메스를 가하지 않는다. 신계급의 등장은 탈물질주의 가치의 등장과 마찬가지고 한껏 고무적이고 희망적이기만 한 일이다. 신계급은 정치적으로 더욱 각성되고 탈물질주의를 더욱 선호하게 되면 그들의 사회적 임무는 끝나는 것이다. 이에 반해, 문명의 진화의 주요국면을 정신노동과 육체노동의 분리 및 전자의 후자에 대한 지배로 보고 몸과 민중에 궁극적 진리가 있다고 보는 부르디외는 지식인의 위치를 주어진 그대로 받아들이는 것 자체가 지식인을 자신의 위치가 가져다 준 존재구속성의 포로로 만드는 일이라고 본다. 따라서 부르디외는 지식인 계급에서 잠재력을 발견하면서도 이들이 부단히 자기 주변을 둘러보고 자기분석에 철저하기를 주문하고 있다.

주어진 그대로의 지식인의 모습에서 희망을 발견하는 잉글하트와 자신의 위치를 초월하려는 부단한 노력만이 동굴 속의 지식인을 찬란한 태양 빛 아래 노이게 할 것이라는 부르디외의 입장은 그 만큼 더 대조된다. 다음 절에서는, 잉글하트의 낙관적 지식인론이 부르디외의 비판적 지식인론에 의해 어느 정도까지 그 한계가 노정되면 또, 보완될 수 있는가에 대하여 살펴본다.

III. 지식인, 인지동원, 재귀성

1. 탈물질주의 가치와 자유 취향

잉글하트와 부르디외는 지식인에 관하여 매우 대조되는 입장을 가지고 있는 것이 사실이지만, 이들이 공유하는 기본적인 한 지점이 있음으로 이곳에서부터 논의를 시작해 본다. 이들은 서구의 대부분의 이론가들과 같이 자유계(realm of freedom)와 필연계(realm of necessity)라는 도식을 가지고 있다. 또한, 지식인은 자유계에 속한다고 보는 면에서도 잉글하트와 부르디외의 입장은 일치한다. 마르크스도 자유계/필연계라는 도식을 제시한 바 있으며 뒤르켐의 "성"과 "속"의 구분, 하버마스의 "생활세계"와 "체계"라는 구분도 같은 맥락이다(Durkheim, 1995; Habermas, 1987). 자유계와 필연계는 기독교와 서구철학의 매우 오래된 이분법인 영혼과 육체, 현실계와 이상계 등과 관련된다. 칸트에 의하면, 필연계는 물리적인 법칙이 지배하는 공간이다. 반면 자유계는 물리적 법칙으로부터 자유로운 공간이다. 결국, 가치나 규범의 공간이며 물리적, 자연적 법칙과 다른 윤리적·문화적 원리가 지배하는 공간이다(슈퇴리히, 2008: 627-9; Paton 1965: 209-11).

잉글하트의 논의는 필연계/자유계의 구분과 어떻게 연결되는가? 지식인의 가치이기도 한 탈물질주의는 심리학적으로는 매슬로우의 욕구위계가설에 기초한다. 의식주와 신변안전을 중시하는 가치가 물질주의이며 이러한 욕구를 초월하여 자아실현, 참여 등에 대한 욕구에 입각한 가치가 탈물질주의이다. 이를 보다 일반화하면 인류사회의 오랜 이원적 구분인 육체와 영혼 혹은 필연계와 자유계의 구분과 통한다. 물질주의 가치는 인과 법칙으로부터 자유로울 수 없는 의식주의 획득과 신변안전을 도모하는 필연계에 속하며 탈물질주의 가치는 이상, 의미와 규범이 속한 자유계와 관련된다.

부르디외(1984: 54-6)가 "자유 취향" 혹은 "사치 취향"이라 부르는 지식인과 자본가의 취향 역시 자유계와 필연계라는 대립적 구분에서 연유한다. 그가 자유 취향을 "필요 취향"과 대비하는 것을 보면 이러한 주장에 더욱 수긍이 갈 것이다. 그는 자유 취향을 민중계급의 필요 취향과 대비시킨다. 자유 취향/필요 취향의 구분은 일면, 탈물질주의/물질주의와 잘 맞아 떨어지는 것처럼 보인다. 필요 취향은 탈물질주의와 마찬가지로 필연계에서 경제적 긴급성에서 헤어나지 못하는 사회적 위치에 처한 사람들의 취향이다. 한편, 자유 취향은 "경제력은… 경제적 필요를 멀리 떨어뜨려놓을 수 있는 힘이다"라는 표현이 잉글하트와 부르디외 둘 중 누구의 표현인지 구분할 수 없을 정도로 탈물질주의와 함께 자유계에서 일어나는 현상이다(부르디외, 2005: 112).

잉글하트는 이 오래된 이원론관 관련하여, 서구 사상사의 정통적 흐름에서서 육체보다는 영혼의, 필연계보다는 자유계의 손을 들어준다. 인류를 자유롭게 하는 것은 영혼이라고 보았으며 육체를 경제적 궁핍, 분배, 정치적 속박 등과 관련 짓는다. 부르디외는 잉글하트와 이 점에서도 구별되는 입장에 선다. 그는 문명사에 있어 영혼과 육체의 구별은 단순한 구별이 아닌, 영혼을 가치화(valorize)하는, 즉 육체에 대해 영혼에 우위를 두는 과정이었다고 본다. 앞에서 논했듯이, 부르디외에게 있어 탈물질주의는 필연계에 대해 자유계를 우위에 둠으로써 지배계급의 취향과 일치하게 된다. 따라서 부르디외의 입장에서 보면 지식인의 가치에는 육체-민중을 폄하하고 배제하며 기존 체제를 안정화하고 영속화시키는 기능이 숨어 있다는 지적이 가능하다.6) 아래의 부르디외의 주장처럼, 자유 취향은 필요 취향에 대해 그 우월성을 확보하게 된다:

> 이처럼 필요를 통제함으로써 얻게 되는 힘의 적극적인 위력은, 항상 아무런 대가를 바라지 않는 사치품이나 과시적인 소비에 드는 임시지출비를 가볍게 보아 넘길 수 없기 때문에 일상적인 이해관심이나 절박한 지배요구에 지배될 수밖에 없는 사람들에 대한 정통성의 측면에서 우월성을 요구한다. 이러한 자유 취향은 필요취향과 관련해서만 관철될 수 있으며, 따라서 이 필요취향은 미적인 영역과 관계되어서는 속물적인 것이라고 규정된다(부르디외, 2005: 113).

부르디외는 이와 같이, 자유계와 필연계라는 분류를 분석 상 이용하였지만, 이러한 이분법이 지식인을 포함한 지배계급을 가치화하는 것에 도전하였다.

---

6) 몸이라는 면에서 보면 태초에 건강한 몸이 존재했으나 분업에 의해 정신이 몸을 지배하게 되었고 몸은 억견(doxa)의 숙주가 되어 버렸다. 하지만, 몸의 해방을 통해 실천적 지식이 이론적, 학구적 지식으로부터 해방되고 복권되는 날이 몸에 관한 유토피아이다. 언어(language)는 부르주아지의 것이고 몸은 민중의 것이다.

자유계의 손을 전폭적으로 들어준 잉글하트의 논의에는 지식인 위주의 엘리트주의가 숨어 있다. 그의 논의는 철저하게 지식인 층에 맞추어져 있고 이들 만이 탈물질주의 가치의 총아(寵兒)이며 특히 민중계급은 탈물질주의 가치로부터 멀리 떨어져 소위 포스트모던 사회의 주인공이 될 수 없는 것처럼 묘사하고 있다. 반면에 부르디외는 바흐친(Bakhtin)의 입장에 동의하며, 민중 문화의 건강성을 강조하고 있다(부르디외, 2005: 883, 974).[7] 그는 현재와 같은 문화자본의 불균등한 배분 상태에서는 민중계급이 무력한 존재로 비쳐질 수밖에 없다고 본다. 하지만, 이와 같은 상황은 "정당화된" 지배계급의 시선에서 바라볼 때만 그러하다는 것이다.

현재의 지배적 분류체계하에서 민중계급은 일종의 내부 식민화를 경험하는 것으로 부르디외는 본다. 그에 의하면, 지배 언어는 피지배자의 자발적 정치 담론을 격하시키고 파괴한다. 피지배자의 언어를 침묵이나 빌려 온 언어로 남겨둔다. <표 2-2>에서 보듯 민중은 우화나 은유적 표현과 같은 지배계급과 다른 방식의 언어 체계를 가지고 있었다.

〈표 2-2〉 민중과 엘리트의 정치문화

민중	엘리트
에토스	로고스
실천적 정통(精通)	상징적 정통
명시화하지 않음	특수성을 괄호넣기 함
경험	표현, 의식
민중 언어(우화, 은유)	분석

---

[7] 다른 면에서는 지나칠 정도로 세련되고 복합적 사고를 하는 부르디외가 민중에 대해서는 순박할 정도로 전폭적인 신용(credit)을 부여하는 것이 놀랍기까지 하다.

이 빌려 온 언어는 불구가 되어 민중적 용례와도 맞지 않고 지배언어처럼 박식하지도 않은 왜곡된 상태에 놓이게 된다. 피지배자의 언어는 겉만 번드르르한 채 진실을 표현하지 못하는 것이 되어 버린다. 마치 모국어도 잃어버리고 종주국 언어에도 능숙하지 못한 피식민자처럼, 민중은 과거의 건강성도 잃어버리고 현재의 세련됨도 갖추지 못하게 되는 것이다(Bourdieu, 1984: 459-65).[8]

부르디외는 이러한 왜곡된 상태가 상징 투쟁을 통해 무너지면 육체와 육체의 주인인 민중계급이 복권되는 날이 올 것이라 본다. 물론 이러한 상징투쟁의 시작은, 아래에서 논하게 되는 바와 같이, 지식인으로부터 시작되며 오직 재귀적 자기분석을 통한 지식인의 결단에 의해서만 가능하다고 부르디외는 본다. 이점에서 부르디외는 버밍햄학파와 프랑크푸르트학파의 중간쯤에 서 있다. 그는 민중이 자신들만의 문화를 가질 수 있음을 인정하는 데 있어서는 버밍햄 학파와 궤를 같이하고 대중문화에 가능성을 주지 않는 프랑크푸르트학파와는 다르다. 또한, 지배문화의 교묘함으로 인해 민중계급이 지식인과 연대하지 않고, 스스로 지배 장치를 뚫고 상징투쟁을 전개하는 것은 불가능하다고 본 점에서 버밍햄학파와 다르다.

2. 인지동원의 허와 실

잉글하트(1990)는 교육 수준과 정치적 관심을 그 요소로 하는 인지적 동원이라는 지표로써 정치적 사안에 대한 해독력을 측정한다. 이렇게 되면 교육을 많이 받고 정치적 관심이 높은 지식인과 같은 계급이 가장 편안하게 정치를 접하게 된다. 인지적 동원이 낮은 노동계급은 들러리가 되고 만다.

---

8) 피지배자들의 대변인은 사태를 더욱 꼬이게 만든다. 피지배자들은 대변인에 의존하지만 대변인은 지배 담론을 차용하여 피지배층이 실재를 표현하지 못하게 하는 우를 범하는 결과를 가져온다.

이러한 맥락에서 잉글하트는 민중계급에 관심을 쏟지 않았으며 민중계급은 플라톤과 베이컨의 동굴에 갇혀 밝은 빛을 보지 못하는 사람들로 치부되었다.

부르디외(2005: 732) 역시 "투표할 능력, '정치를 논할' 능력, 또는 '정치에 관여할 능력'"을 가리키는 "정치 능력"이라는 유사한 용어로써 인지적 동원에 대하여 언급한다. 인지적 동원을 액면 그대로 수용하는 잉글하트와는 달리 부르디외는 "정치 능력"이 지식인에 특권을 주는 반면, 소수자를 배제함을 지적한다. 인지적 동원의 주요 구성요소인 교육은 잉글하트에게는 정치적 해독력을 보장하는 변수로만 간주되었지만, 부르디외에게 있어서 교육은 일종의 작위와 같은 것이며 위임받는 자와 위임하는 자를 나누는 수단이다. "무능한 자는 유능한 자에게, 여성은 남성에게, 저학력자는 고학력자에게… 위탁하는 것으로 이것은 오인되고… 승인된… 박탈이다.… 학력 자격이 권위를 행사할 수 있는 정당한 자격이라고 자격증 소지자에 의해서뿐만 아니라 타인들에 의해서도 암묵적으로 간주되어 있기 때문이다"(부르디외, 2005: 750). 이러한 경향은 교육을 통해 보통선거를 정상적으로 가동하려는 19세기 개혁가들의 믿음에 정면으로 반하는 것이며 잉글하트가 간과한 국면이기도 하다.9)

3. 돌아보지 않는 잉글하트, 둘러보는 부르디외: 지식인과 재귀성

잉글하트(1990: 331-4)는 지식인 혹은 신계급에게서 무한한 가능성을 발견한다. 잉글하트가 제기한 탈물질주의는 지식인의 역할에 관한 필요조건을 제시했다는 점은 인정할 필요가 있다. 정치적 해독력, 정치적 각성, 정치적

---

9) 부르디외는 설문에 응답하는 비율이 사회집단에 따라 다름에 주목한다. 여성보다는 남성이 또한, 고학력 일수록, 상층일수록, 대도시에 거주하는 사람일수록 응답률이 높다는 것이다. 이는 설문이라는 방식 자체가 우리와 그들을 나누는 방식으로 만들어졌기 때문이다. 마치 순수미학과 대중미학이 구분되듯이 특권층에게 이해가능하고 민중계급은 배제시키는 방식을 취하고 있다는 것이다(부르디외, 2005).

실천에의 높은 에너지, 삶의 질의 추구, 여성, 환경, 평화, 제3세계에 대한 공감이라는 면에서 탈물질주의는 지식인에게 풍부한 덕목들을 선사했다. 탈물질주의가 산업사회의 문제를 지적하고 탈산업사회의 새로운 비전을 제시했다는 점에서 새로운 체제의 도래를 갈망하는 지식인들에게 지적 매력을 주었음을 부인할 수 없을 것이다. 하지만, 탈물질주의 시각은 지식인이 비판정신으로 무장하는 데 있어 충분조건을 포착하는 데까지는 다다르지 못하였다. 왜냐하면 탈물질주의가 지식인으로 하여금 가장 냉혹한 자기비판에 이르게 하는 기제를 갖추지는 못했기 때문이다.

물론, 자기비판 요소가 전혀 없다면 탈물질주의는 성립하지 못할 것이다. 가부장제에 대한 대안, 지속가능한 발전, 민족주의를 초월한 평화주의, 제3세계에 대한 관심 등은 모두 자신을 상대화하지 않으면 도달할 수 없는 입장이다. 하지만, 탈물질주의 논의에 부르디외를 들여온다면, 지식인들이 보다 철저한 자기분석을 통해 환상의 사슬을 넘어 진리에 보다 근접하게 되는 지점까지를 잡아낼 수 있을 것이다.

부르디외에 있어서는, 지식인들이 가지고 있는 상대적으로 높은 수준의 탈물질주의 가치는 그 자체로는 계급위치의 반영이며 지식인 계급의 허위의식이 될 것이다. 탈물질주의 가치는 앞에서 살펴 본 것처럼 "자유 취향"의 산물이며 보다 정확히는 지식인 계급의 "금욕적 귀족주의"의 산물이다(부르디외, 2005: 518-23). 따라서 탈물질주의는 그 자체로서 초계급적 진리라고 볼 수는 없다. 이 가치는 사회공간에서 지식인이 점유하고 있는 특수한 위치와 조응하는 아비튀스를 통해 바라 본 세계관인 것이다. 탈물질주의가 객관성을 확보하려면 탈물질주의를 수용하는 지식인이 자신의 사회적 위치와 자신의 아비튀스에 대해 냉혹한 자기분석의 수술 칼을 들이대야만 하는 것이다. 부르디외의 체계 내에서 탈물질주의는 일종의 지식인의 아비튀스의 반영이며 아비튀스는 종종 억견(doxa)의 노예가 됨으로, 아비튀스에 대한 지적 경계(警戒)와 대상화가 필요한 것이다.

허위의식은 자신들의 견해가 특정한 사회공간에서의 위치에 기인한 특수한 것임에도 불구하고 이를 보편적인 것이라 오인(誤認)하는 데에서 비롯된다. 부르디외에게 있어 재귀성이 도입되지 않은 탈물질주의 가치는 객관성이 확보되지 못한 것이다. 재귀성은 인식 주체가 부지불식간에 인식행위에 투자하는 선험적 무의식을 대상화함을 목적으로 한다(정철희 2011; Bourdieu, 2004: 78).[10] 재귀성은 문화생산자(혹은 지식인)가 세상의 중심이라는 태도를 탈중심화하려는 시도이다. 재귀적 방법이란 자신이 편향(skewed)되었다는 것을 깨달음으로써 오히려 진리와 객관성에 다가서려는 시도이다. 고전 철학과 달리 내가 치우친 원인을 내 의식의 내부에서 찾지 않고 의식의 외부 즉, 아비튀스와 사회공간에서 찾는다. 재귀성이란 아비튀스를 객관화하는 것이다. 범주로서의 아비튀스가 인식과 평가를 함에 있어 찌그러지거나 왜곡된 곳이 없는가를 살피는 것이 재귀성이다. 찌그러진 주조기는 계속해서 찌그러진 동전을 만들어낼 것이기 때문이다. 아비튀스에 영향을 주는 것은 물론 한 개인의 장과 사회공간에서의 공시적 및 통시적 위치이다. 자신의 출신, 장내에서의 궤적, 장내에서의 위치 등에 의해 자신의 아비튀스가 영향을 받았다는 것을 분석해 냄으로써 지식인은 진리와 객관성에 한 발짝 더 다가갈 수 있는 것이다(Bourdieu, 2004; 2008).[11] 다음은 부르디외가 사회과학자들을 예로 들어 재귀성에 대해 논한 구절이지만 지식인 전체에게도 함의를 가진다(Bourdieu, 2004: 94):

---

10) 다시 말해 재귀성은 역사적 선험으로서의 아비튀스를 대상화함을 말한다.
11) 재귀성은 성찰(reflection)과 구분되며 재귀성은 그 유명한 뒤르켐(1982: 35-8)의 사회를 "사물"로 보아야 한다는 많은 오해를 받고 있는 테제와 연결된다. 뒤르켐이 사회를 사물로 간주함이 필요하다고 느낀 이유는 사회가 의식의 일부가 아니라 의식과는 질적으로 다른 의식에 외재한 대상이기 때문이다. 데카르트가 『성찰』에서 의심하고 회의하는 의식의 활동을 대상으로 하였기에 인간의 내면에 대한 "성찰"이라고 불린다. 하지만 재귀성은 의식 외부에 존재하는 개인이 자리하는 사회적 위치 등에 대한 자기분석이기에 성찰과는 구별되며 뒤르켐의 방법론과 맥을 같이한다(Bourdieu and Wacquant, 1992: 214 참고). 학자들은 특히 재귀성을 무시하기 쉽다. 이것은 소위 학구적 환상 때문이다. 학구적 환상이란 학자들이 항상 명증한 의식으로 과학적 실행에 임한다는 환상이다. 따라서 무의식적 실행이란 없고 아비튀스나 억견의 영향으로부터 독립하여 과학적 원칙에 의해서만 움직인다고 가정한다. 물론, 이런 가정은 허구이다. 학자들의 아비튀스에 대한 재귀성에 의해 진리와 객관성이 보장되는 것이다.

해당 전공분야의 집합적 역사에 새겨진 일련의 전제들(학문적 무의식)은 물론이고, 고유한 전통과 국민적 특수성들, 그 의무적 문제틀, 사유의 습관들, 공유된 믿음과 자기명확성, 의례들과 성화들(consecrations), 발견된 사실을 출판함에 있어 제약들을 각각의 학제가 가지고 있음으로, 우리는 전문가들의 장내에서 우리가 점하는… 위치에 대해 객관화해야만 한다.

재귀성이 가해진 탈물질주의의 모습은 어떤 것일까? 부르디외의 재귀성이 가해진다면 지식인들은 탈물질적 세계관이 자신들의 사회적 조건들의 산물임을 자각하게 될 것이다. 동시에, 탈물질주의는 즉흥적 쾌락보다는 금욕적 즐거움을, 손쉬움보다 편안함을 추구하는 자신들의 편향성의 산물임을 인식하게 될 것이다(부르디외, 2005: 518-39).

새로운 사회에 대한 전망을 자신들의 세계관만으로 독점할 수 없으며 그렇게 독점된 비전은 반쪽만의 진리라는 것을 깨닫게 될 것이다. 예를 들어 재귀적 분석을 통해 지식인은 지속 가능한 발전에 대한 관심이 필연계로부터 해방된 자유계에 속한 자신의 사회적 위치로부터, 또한, 중상계급이라는 출신배경으로부터 유래한다는 것을 깨닫게 될 것이다. 이렇게 되면, 자신의 견해를, 다른 출신배경과 사회적 위치에 있는 즉, 노동계급의 견해와 비교할 수 있을 것이다. 그들 중 일부는 환경문제를 자본주의의 끝없는 확대재생산과 착취의 문제와 연결할 것이다.

물론 노동계급의 이와 같은 견해는 훨씬 투박하며 자신의 잃어버린 언어로 인해 왜곡된 형태로 표현될 것이다. 하지만 노동계급의 이러한 왜곡된 겉모습의 배후에 이들이 지닌 건강함과 꾸밈없음을 지식인들이 발견한다면, 그리고 자신의 위치를 상대화할 수 있다면, 지식인은 진리에 한 발짝 더 다가갈 수 있을 것이다. 이상에서 살펴본 바와 같이, 재귀성이 가해지지 않은 탈물질주의의 위험성에 대한 부르디외의 경종은 탈물질주의 연구의 한 맹점에 대한 의미 있는 지적이 될 것이다.

IV. 결론

부르디외와 잉글하트는 각각 자유계와 필연계가 가져다주는 일면 만을 보았다. 이러한 서로의 극명히 대조되는 입장으로 인하여, 오히려, 두 시각의 상호보완성은 그 만큼 높은 것도 사실이다. 자유계에 대한 잉글하트와 부르디외의 입장은 각각 서로의 거울 이미지와 같다. 잉글하트는 필연계로부터 탈출한 사람들의 새로운 정치적 비전에 치중하였으며, 부르디외는 자유계에서 실재와 동떨어진 자유 취향이 생산되며 자유 취향은 지배의 안정화에 기여한다는 일면 만을 보았다. 잉글하트가 자유계의 가능성만을 강조했다면 부르디외는 자유계의 지식인의 역할과 사명에 대해 강조하였지만, 이들이 가진 취향은 극복되어야할 것으로만 보았으며 민중계급의 가치에 복무하는 것이 참지식인의 갈 길이라고만 보았다. 즉, 지식인인의 독자적 정체성을 제안하는데 있어서는 잉글하트가 앞서 있다. 부르디외가 제시한 지식인의 정체성은 소극적인 것으로서, 지식인은 일종의 촉매이며 자신들의 정체성은 노동계급의 정체성에 종속된 것으로 보고 있다.12)

이 두 사람이 자유계에 대해 상반된 견해를 가진 것은 이들이 필연계에 대해 상반된 입장을 가진 것과 깊은 관련이 있다. 잉글하트는 필연계보다는 자유계에, 부르디외는 자유계보다는 필연계에 가능성을 두고 있다. 부르디외는 필연계로부터의 해방이 새로운 세계에 대한 문을 열어줄 수 있다는

---

12) 부르디외의 입장에는 레닌이나 루카치를 연상시키는 선도투쟁론의 향취가 깃들어 있다. 각성된 지식인이 자신이 진리를 가지고 있으면서도 깨닫지 못하고 어떻게 행동할지 모르는 민중계급을 지도하여 자각하게 한다는 프로그램을 가지고 있다. 여기서 지식인은 하나의 촉매이고, 자신의 "금욕적 귀족주의"는 버려야할 대상이다. 반면, 잉글하트의 경우 물질주의는 지난 시대인 효율과 업적을 강조하던 산업사회의 유물이며 물질주의에 머물러 있는 노동계급은 새로운 프로젝트에 동참할 수 없는 존재로 간주된다. 첨언 하자면, 부르디외(1984: 233, 251)는 반문화(counter-culture)에 대해 언급하고 있지만 반문화가 기존체제를 유지하는 데 기능한다는 면만을 봄으로써 반문화에 보다 많은 신용을 주고 있는 잉글하트와 접점을 찾지 못하고 있다.

면, 실체가 노동계급에만 있는 것이 아니라 지식인이 가진 탈물질주의 가치에도 있다는 면을 간과하였다. 두 사람의 논의를 종합해 볼 때, 자유계는 (잉글하트가 지적한) 정치적 가능성과 함께, 문화자본을 통한 권력의 유지라는 양날의 칼을 가지고 있다. 필연계 역시, 뒤르켐이 속(俗)의 세계라 표현했듯 의미 없는 일상사가 일어나는 공간인 동시에, 민중의 건강함이 숨어있는 두 얼굴을 가지고 있다. 따라서 두 입장이 종합될 수 있다면 보다 균형 잡힌 지식인과 민중 각각의 정치적 역할에 대한 논의가 가능할 것이다.

앞에서 지적한 잉글하트와 부르디외의 상호보완이 성공한다면 이러한 이론적 종합의 결과물은 적녹동맹이라는 논의에 접근하는 데 있어 커다란 시사점을 줄 것이다(Bluhdorn, 2004; Lees, 2000). 여기서 적녹동맹은 중간계급과 노동계급 간의 연대, 신사회운동의 쟁점과 노동운동 쟁점의 결합을 지칭한다. 적녹동맹은 한편에서는, 노동계급이 이익집단화함에 대한 내부의 비판의 결과물로 사회운동 조합주의가 대두되고 있으며, 다른 한편에서는, 지식인을 포함한 신중간계급은 고전적 좌파 쟁점을 넘어서는 신사회운동적 쟁점에 몰두하는 배경에서 서구 좌파 정당의 외연을 확장하는 전략에서 제기되었다. 중간계급의 정치참여에만 치중했던 잉글하트와 노동계급에 진리가 있음을 일방적으로 강조한 부르디외의 입장이 절충된다면, 적녹동맹에 대한 새로운 시각이 제시될 수 있을 것이다. 부르디외의 논의는 지식인과 민중계급의 연대를 시사하고 있음으로 나름의 적녹동맹에 대한 청사진이 있는 셈이다(1996b).[13] 잉글하트 연구의 적녹동맹에 대한 함의는 잉글하트 자신보다는 그의 연구에 영향을 받은 키트셸트(Kitschelt, 1994, 1996)의 작업을 검토하면 보다 진전된 논의가 가능할 것이다. 키트셸트는 잉글하트의 탈물질주의에 비근한 개념인 리버테리언 성향에 대하여 연구하였다. 그에 의하면 서유럽 정치의 현실에서 유권자들이 좌파-리버테리언적 성향 혹은 우파-권위주의라는 축에 다수 분포하고 있다. 좌파-리버테리언은 탈물질주의적

---

13) 부르디외는 지식인과 민중이 상동적(homologous) 위치에 있음으로 구조적으로 연대가 가능하다고 본다.

가치를 지지하면서도 고전적 좌파의 쟁점에 지지를 보내는 유권자들을 말한다. 따라서 녹색당과 좌파정당의 연합을 부르디외와 키트셸트의 논의에서 출발시켜보는 것도 적합한 시도일 것이다. 이 글의 성과를 토대로 적녹동맹 연구에의 함의를 찾는다면 그것은 의미 있는 하나의 향후 연구과제가 될 것이다.

부르디외의 연구가 탈물질주의 연구에 주는 시사점을 논함에 있어 다음과 같은 점을 상기할 필요가 있다. 부르디외 논의의 특징이자 약점은 그가 일종의 광의의 사회주의적 리얼리즘에 기초하고 있다는 점이다. 그는 각각의 계급들의 관점과 성향(disposition)이 계급 위치(position)에 의해 결정된다고 보는 만하임의 지식사회학이 직면해 왔던 상대주의 혹은 상관주의(relationalism)로부터 출구를 찾았다. 그는 진리는 말보다는 육체에, 형식보다는 실체에 있음을 주장함으로써 진리의 절대성을 인정한 셈이 된다. 하지만, 어떻게 해서 영혼은 허위이고 육체가 진리이며, 육체노동이 정신노동에 비해 더 건강한 것인지에 대한 해명은 여전히 부족하다(부르디외, 2005). 평소에 매우 섬세하고 복합적인 사고를 하는 부르디외도 이 면에서만은 단순함을 보인다.14)

같은 맥락에서, 민중계급이 자신들만의 언어와 건강성을 가지고 있다고 하였는데 이에 대한 확증이 있는가하는 의문도 남는다. 현재의 외견은 그렇지 않은데 그 너머에 이들의 잠재력이 숨어 있다는 주장을 어떻게 정당화할 것인가? 그가 지적한 민중의 꾸밈없는 말하기와 친근하고 호탕한 웃음과 같은 왁자지껄함에 대한 취향이 만족한 답변이 될 수 있는지 의문으로 남는다.

어쨌든, 부르디외는 지식인의 정치의식에 대한 성급한 보편화에 대해 경종을 울린다는 점에서, 그리고 민중과 육체를 복권시켰다는 점에서 탈물질

---

14) 부르디외의 입장은 벌거벗은 임금님의 우화를 연상시킨다. 정신노동과 영혼은 모두 보이지도 존재하지도 않는 임금의 옷이며 이와 같은 현실을 어떤 오인에도 오염되지 않은 어린이에 해당하는 지식인이 간파할 수 있다는 것이다.

주의 논의의 감수성을 높여 줄 것이다. 탈물질주의 가치를 포함한 신정치문화(New Political Culture)에 관한 연구자들이 부르디외의 지적을 심각하게 받아들인다면 이들의 논의 전반이 보다 풍부하게 될 것이다.

【참고 문헌】

부르디외, 삐에르. 2005. 최종철 옮김. 『구별짓기 상·하』. 새물결.
슈퇴리히, 한스. 2008. 박민수 옮김. 『세계철학사』. 이룸.
정철희. 2011. "진리는 행동하는 우리 안에 있다." 춘계비판사회학대회 . 대구대학교.
키트셸트, 허버트. 1996. 박형신·한상필 옮김. "새로운 사회운동과 '좌파-자유주의' 정당의 당조직의 쇠퇴." 러셀 달턴·만프레드 퀴흘러 엮음. 『새로운 사회운동의 도전』. 한울아카데미.

Abramson, P., and R. Inglehart. 1995. *Value Change in Global Perspective*. Ann Arbor. MI: University of Michigan Press.
Bluhdorn, I. 2004. "The German Green Party after the 2002 Elections." *In Towards an Environment Research Agenda* Vol.III edited by A. Winnett. Basingstoke/Houndmills: Palgrave.
Bourdieu, P. 1984(1979). translated by R. Nice. *Distinction: A Social Critique of the Judgment of the Taste*. Cambridge. Mass: Harvard University Press.
_____. 1991. translated by G. Raymond and M. Adamson. *Language and Symbolic Power*. Cambridge. MA: Harvard University Press.
_____. 1993. *The Field of Cultural Production*, New York: Columbia University Press.
_____. 1994. "Rethinking the State: On the Genesis and Structure of the Bureaucratic Field." *Sociological Theory* 12-1: 1-18.
_____. 1996a(1992). translated by S. Emanuel. Translated by L. Clough. *The Rules of Art*. Stanford. CA: Stanford University Press.
_____. 1996b(1989). *The State Nobility*. translated by L. Clough. Stanford. CA: Stanford University Press.
_____. 2004(2001). translated by R. Nice. *Science of Science and Reflexivity*. Chicago. IL: University of Chicago Press.
_____. 2008(2004). translated by R. Nice. *Sketch for a Self-Analysis*. Chicago. IL: University of Chicago Press.
Bourdieu, P., and Loïc Wacquant. 1992. *An Invitation to Reflexive Sociology*. Chicago. IL: University of Chicago.
Chung, Chulhee. 2005. "The New Class and Democratic Social Relations in South

Korea." *International Sociology* 20(2): 225-46.
Durkheim, E. 1982. translated by W. Halls. *The Rules of Sociological Method.* New York: Free Press.
_____. 1995(1912). *The Elementary Forms of Religious Life.* translated by K. Fields. New York: Free Press.
Ehreneich, B., and J. Ehrenreich. 1979. "The Professional-managerial Class." *Radical America* 2: 7-31.
Habermas, J. 1987(1981). translated by T. McCarthy. *The Theory of Communicative Action* Vol. 2. Boston. MA: Beacon Press.
Inglehart, R. 1990. *Culture Shift in Advanced Industrial Society.* Princeton: Princeton Univeristy.
_____. 1997. *Modernization and Postmodernization.* Princeton: Princeton University Press.
Inglehart, R., and C. Welzel. 2005. *Modernization, Cultural Change and Democracy.* Cambridge: Cambridge University Press.
Kitschelt, H. 1994. *The Transformation of European Social Democracy.* Cambridge: Cambridge University Press.
Kriesi, H. 1989. "New Social Movements and the New Class in the Netherlands." *American Journal of Sociology* 94: 1074-1116.
Lee, Cheol-Sung. 2007. "Labor Unions and Good Governance." *American Sociological Review* 72(4): 585-609.
Lees, C. 2000. *The Red-Green Coalition in Germany.* Manchester: Manchester University Press.
Paton, H. 1965. *The Categorical Imperative.* New York: Harper and Row.
Paxton, P. 2002. "Social Capital and Democracy." *American Sociological Review* 67(2): 254-77.

제3장

대만과 중국의 탈물질주의와 정치적 지지*

첸 루훼이(Lu-huei Chen)·첸 잉난(Ying-nan Chen)

I. 들어가며

정치적 지지는 체제의 존속을 위해 중요한 요소이다. 이 글은 대만과 중국에서의 정치적 지지 수준을 평가하는 것을 목표로 삼고 있으며, 또한 잉글하트(Ronald Inglehart)의 탈물질주의 명제를 도입하여 대만과 중국에서의 탈물질주의자들의 정치적 지지 수준을 살펴보고자 한다. 이 연구에서는 2005~2007 세계가치조사 자료를 활용하여 중국과 대만 시민의 정치적 지지를 분석하고 정치적 지지의 근원이 무엇인지 밝히고자 한다. 중국과 대만은 비교정치학의 관점에서 가장 유사한 사례로 간주돼 왔지만, 정치체계 ─ 중국의 권위주의 대 대만의 민주주의 ─ 면에서는 중요한 차이점이 존재한다. 우리의 주요 가설은, 대만과 중국에서 탈물질주의 가치가 국민들의 정치적 지

---

* 이 연구는 부분적으로 대만 국립정치대학의 Top University Project의 재정지원을 받아 수행되었다.

지에 어떤 영향을 미치는가를 검토하는 것이다.

II. 정치적 지지와 탈물질주의

　대중의 정치적 지지는 체제의 안정과 정당성 부여에 중요한 역할을 한다. 민주주의 국가에서는 시민들이 헌정 질서와 정치체계를 지지할 때, 비록 공직자들의 행동이 기대를 충족시키지 못하다 해도 그들에게 한 번의 기회를 다시 주거나 혹은 헌법이 규정한 게임의 규칙에 따라 차기 선거에서 그들을 축출할 수도 있다. 권위주의 체제하에서도 대중의 지지 없이는 정부가 사람들을 통치하는 것이 쉽지 않다. 그러므로 민주주의 체제뿐만 아니라 권위주의 체제에서도 정치적 지지의 성격을 탐구하는 것은 중요하다.
　정치적 지지라는 개념은 이스턴(Easton, 1957)에 의해 처음으로 제시되었다. 이스턴(1965: 159)은 명시적 지지(overt support)를 나타내는 행동과 묵시적 지지(covert support)를 나타내는 태도라는 개념을 사용했다. 이스턴(1965: 163)은 "조직에 가입한 구성원의 규모; 공개적 적대행위의 주기적 표출…, 그리고 이민 또는 분리주의적 행동을 통한… 정치적 선호도의 표현"은 "명시적 지지"의 지표로 간주될 수 있다고 보았다. 한편, 묵시적 지지는 낮은 수준부터 높은 수준까지의 서열척도로써 측정이 가능하다고 주장한다(1965: 163). 묵시적 지지의 높은 수준의 극단에는 맹목적 신념, 무조건적인 충성, 무비판적인 애국심과 같은 태도가 있으며 이는 적극적인 지지로 간주될 수 있다. 체계에 대한 적개심과 같이 극단적으로 부정적인 태도는 묵시적 지지의 낮은 수준의 극단으로 볼 수 있다. 이스턴(1965: 165)은 또한 정치적 지지의 세 가지 대상, 구체적으로 정부당국(authorities), 체제(regime), 정치공동체를 제시한다. 이스턴은 정치공동체를 "정치적 분업에 의해 함께 엮여 있는 일련의 사람들로 구성된 정치체계"로 설명한다. 체제에 대해서는

"헌정 질서"로 정의하고 있는데, 이는 "가치들…, 규범들, 권위구조라는 세 가지 구성요소로 분해될" 수 있다고 보았다(1965: 191, 193). 또한 이스턴(1965: 212)은 "정부당국"이라는 개념을 정치체계의 일상적인 일들에 관여하고 있으며 "이러한 문제들에 대해 책임을 지고 있는" 당사자들과 동일시하고 있다. 여기에서 가장 중요한 것은 "그들이 자신에게 주어진 역할의 범위 내에서 행동하는 한 그들의 행위는 대부분의 경우 대부분의 사람들에게 구속력을 갖는 것으로 받아들여진다"는 것이다.

이스턴(1965, 17장)은 또한 정치적 지지를 분산된 지지(diffuse support)와 특수한 지지(specific support)로 구분한다. 특수한 지지는 "새롭게 나타났거나 이전부터 기대되었던 구성원들의 요구를 충족시켜 줄 것이라고 여겨지는 결과물(output)에 자극받아서 만들어진 호의적인 태도와 성향으로부터 나온다"(Easton, 1965: 273). 그러므로 "특수한 지지는 체계의 구성원들이 인식하는 바 정부당국의 결과물과 행위로부터 비롯된다고 여기는 만족감과 관계가 있다. 이러한 종류의 지지는 두 가지 의미에서 대상 특수적이다. 우선 사람들이 정부당국에 대해 알고 있거나 알게 될 것으로 가정한다.… 또한 이러한 지지는 정부당국의 결정, 정책, 행동, 발언 또는 일반적인 스타일을 지향하게 된다"(Easton, 1975: 437). 한편, 분산된 지지는 "구성원들이 그들의 욕구를 해칠 것으로 간주하여 부정적으로 생각하는 결과물을 받아들이거나 용인하도록 하는 호의적 태도 또는 선량한 의지를 그침 없이 창출하는 마르지 않는 샘(reservoir) 역할을 한다"(Easton, 1965; 263). 이스턴(1975: 444-6)은, 분산된 지지가 더욱 지속적이며 체제 전체와 공동체를 강조하는 지지의 형태이기 때문에 특별한 의미에서 기본적인 것으로 간주된다고 주장한다. 분산된 지지는 아동기 및 성인기 사회화 과정으로부터 형성되며 또한 직접적인 경험으로부터 나오기도 한다. 이스턴(1975: 447)은 "정부와 체제에 대한 분산된 지지는 전형적으로 두 가지 형태, 즉 하나는 냉소주의에 반대하는 신뢰,… 그리고 다른 하나는 정치적 대상의 정당성에 대한 믿음에 근거하여 표출된다"고 주장한다. 감슨(Gamson, 1968: 54)에 따르면, 신뢰는 "정치체계가…, 설사 의도되지 않았다손 치더라도, 원하는 결과를 얻을 가능성으로 정의할 수 있다. 다시 말하면, 어떤 집단이 결과를 얻기 위해 아무런 노력을 기울이지 않았음에도 원하는 결과를 얻을 가능성이다. 그들 또는 다른 사람들은 이러한 가능성에 영향을 미치기 위해 무엇인가를 할 수도 있다". 그러므로 사람들은 정부를 감시하지 않더라도 자신들의 이해관계가 관철될 것이라고 믿는다. 한편, 정당성은 "세 가지 정치적 대상들 중 어느 하나를 지향하는 지지적 감정(supportive sentiment)의 일종이다"(Easton, 1975: 451).

뮬러(Muller, 1970: 1149)는 "대의제(代議制 representation)를 정치체계 구성원과 정부당국 간의 지지 연계(support linkage)의 한 유형으로 보는 방식을 통해" 정치적 지지 문제를 접근하였다. 그는 "대의제는 연계의 문제이다…. 이러한 연계에는 정부당국의 행위에 대한 구성원들의 만족-불만족 문제가 관련되어 있다. … 대의적 연계에 대한 구성원들의 인식은, 결과물에 대한 정서적 반응(당국의 도구적 성과에 대한 만족도 instrumental performance satisfaction)뿐만 아니라 … 상징적 성과에 대한 만족도까지 모두 아우르는)에 따라 달라진다"(Muller, 1970: 1149). 그러므로 뮬러의 정의에 따르면 그는 정부의 실적을 무엇보다 강조하고 있으며 또한 상징적 성과에 대한 만족도 또한 그의 분석에 포함시키고 있음을 알 수 있다. 립셋(Lipset, 1981: 64)은 "민주주의 체제의 안정성은 경제 발전뿐만 아니라 정치체계의 효율성과 정당성에 달려있다. 효율성은 실제적 성과와 실적을 의미한다. … 정당성은 현재의 정치제도가 현 사회를 위해 가장 적합하다는 믿음을 낳고 유지시키는 정치체계의 능력을 의미한다"고 주장한다. 그러므로 정부의 치적(performance)과 민주주의에 대한 대중의 지지는 민주주의 유지에 중요한 역할을 하고 있다.

달톤(Dalton, 2004: 2장)은 이스턴의 획기적(seminal) 연구 성과에 의존하여 정치적 지지를 세 가지 수준과 두 개의 차원으로 분류한다. 앞서 소개했듯이 이스턴의 정치적 지지의 세 가지 수준은 정치공동체, 체제, 정부당국이다. 달톤은 여기에다 평가 및 감정적 지향이라는 두 개의 차원을 덧붙인다. 이러한 연구를 참조하여 필자들은 국민적 자긍심(national pride)과 제도적 신뢰(혹은 공공기관 신뢰 institutional trust)를 정치적 지지의 측정도구로 삼고자 하는데 특히 정치적 지지에 영향을 미치는 요인들이 대만과 중국 국민들의 경우 서로 다른지 여부를 분석하고자 한다.

달톤(2004)이 제시한 분류 유형을 바탕으로, 우리는 체제에 대한 국민들의 지지라는 의미로서 제도적 신뢰 개념을 도입, 사용하고자 한다. 루히스테(Luhiste, 2006)는 "제도적 신임(institutional confidence)"을 정치기관들이 정치권력을 남용하지 않을 것이라는 시민들의 믿음으로 정의한다. 우리는 다음과 같은 두 가지 이유에서 제도적 신뢰를 정치적 지지를 탐색하기 위한 주요 개념으로 사용하고자 한다. 첫 번째 이유는, 공공기관은 거대하고, 비인격적이고, 광범위한 기반을 가지고 있기 때문에 공직자에 대한 신뢰보다는 세세한 사건에 덜 영향을 받는다는 것이다(Newton, 2007: 344). 두 번째 이유는, 전통적으로 중국 문화권에서는 공직자에 대한 신뢰가 체제에 대한 신뢰보다 일관되게 낮았다는 점이다. 농민들은 추상적 상징의 의미를 갖는 제국에 대해서보다는 공직자 개인에 반대하는 경향이 더 많았다. 그러므로 제도적 신뢰가 급격하게 떨어지는 경향이 발견된다면 이는 정치적 위기가 도래했음을 시사하는 것으로 가정할 수 있다(Chen and Shi 2001:97). 달톤은 국민적 자긍심을 정치공동체에 대한 지지로 정의하고 있으므로, 우리는 국민적 자긍심을 정치공동체에 대한 지지의 측정도구로 사용하고자 한다.

노리스(Norris, 1999: 217)는 국가 간 정치적 지지의 다양한 수준을 설명하기 위해 문화적 가치, 정부의 직무수행(government performance), 정치기관들에 관한 이론을 제시하였다. 체제에 대한 지지의 국가 간 차이를 설명하는 문화적 가치 이론은 각국에서의 사회적, 정치적 가치에 대한 관심으로부터 비롯되었다. 그러므로 어린 시절에 가족, 또래집단, 정규교육에 의한 정치적 사회화 과정은 핵심적 가치들을 다음 세대에게 전승하는 면에서 중요한 역할을 담당한다. 정부의 직무수행 이론에서는, 체제에 대한 지지가 정부의 직무수행에 대한 평가 특히 경제적 측면에 대한 국민들의 평가와 관계가 있다는 점을 강조한다. 그러므로 정치적 지지의 부침(浮沈)은 정부가 국가 경제를 잘 운영하고 있는지에 대한 국민들의 평가를 반영한다. 노리스는 공공기관 이론(institutional theories)을 선호하며 또한 국민대중의 정치적 지지를 광범위한 헌법적 맥락에서 설명한다.

그녀는 "정치체계에서의 승자와 패자의 유형은 국가의 핵심적 제도이자 게임 규칙을 의미하는 헌법 장치에 의해 구조화된다.⋯ 이러한 게임 규칙이 우리가 지지한 정당으로 하여금 선거에서 승리하여 권력을 획득하도록 허용한다면, 우리는 대의제도가 우리의 요구를 잘 반영한다고 믿게 될 것이며 그에 따라서 정치체계를 신뢰하게 될 것"(Norris, 1999: 219)이라고 주장한다. 우리는 서로 다른 국가 간 비교 연구를 진행할 때 노리스에 의해 제시된 이론적 틀을 사용할 수 있을 것이다.

이 글에서는 대만과 중국에서의 정치적 지지를 설명하기 위해 정치 사회화 이론과 공공기관 이론을 활용하고자 한다. 우리는 대만과 중국에서의 정치적 지지의 차이를 설명하기 위하여 사회화 이론의 하나로 볼 수 있는 잉글하트의 탈물질주의 명제를 활용하고자 한다. 또한 대만과 중국에서의 정치적 지지의 차이점을 살펴보기 위해 양국의 상이한 제도적 장치들 또한 고려 대상으로 삼을 것이다.

III. 중국과 대만의 정치적 지지 측정

우리는 가설을 검증하기 위해 2005~2007 세계가치조사 자료를 이용하였다. 중국 지역의 조사는 베이징대학의 현대중국연구센터(Research Center for Contemporary China)에 의해 2007년에 실시되었다. 대만 지역은 타이완중앙연구원(Academia Sinica)의 조사연구센터에 의해 2006년 조사가 실시되었다. 앞으로 우리는 정치적 지지에 관한 중국의 사례를 대만과의 비교에 초점을 맞춰서 논의할 것이다.

우리는 세계가치조사에서 제도적 신뢰에 관련된 다음과 같은 질문들을 선정했다. "당신은 다음의 집단 또는 조직을 얼마나 신뢰합니까? 매우 그렇다, 어느 정도 그렇다, 조금 그렇다, 전혀 그렇지 않다로 응답해주십시오." 점수는 1에서 4까지이며, "1"은 "전혀 신뢰하지 않는다", "4"는 "매우 신뢰한다"를 의미한다. 응답자들은 경찰, 법원, 중앙 정부, 정당, 국회의 5가지 공공기관들의 신뢰성에 대해 질문을 받았다. 국민적 자긍심에 대해서는, "당신은 대만인/중국인이라는 것에 대해 얼마나 자긍심을 느끼고 있습니까?"라는 문항을 그 변수의 측정도구로 삼았다. 우리는 먼저 두 국가의 빈도 분포를 제시한 다음, 탈물질주의가 대만인과 중국인의 정치적 지지에 어떤 영향을 끼쳤는지 살펴보기 위해 다변량분석을 실시할 것이다.

 탈물질주의 가치 지수는 잉글하트가 제시한 4가지 항목으로 구성된 질문들을 바탕으로 만들어졌다. 다음의 네 가지 항목 중에서 가장 중요한 항목과 두 번째로 중요한 항목을 응답자들이 선택하도록 했다: 높은 수준의 경제성장, 강력한 국방력을 구축하는 것, 사람들에게 더 많은 발언권을 주는 것, 도시와 시골을 더 아름답게 만드는 것, 앞의 두 항목이 물질주의적 가치와 관련이 있다면 나머지 두 항목은 탈물질주의 가치와 관련이 있다. 응답자가 앞의 두 항목을 선택한다면 그는 물질주의자로 분류된다. 응답자가 우선순위로 뒤의 두 항목을 선택한다면, 그는 탈물질주의자로 간주될 것이다. 그가 하나는 앞의 두 항목에서, 다른 하나는 뒤의 두 항목에서 선택한다면 그는 혼합형 가치를 지니고 있는 사람으로 분류될 것이다.

 다음 절에서 우리는 주요 변수들의 빈도분포를 먼저 살펴본 후, 두 가지 다변량분석 모형을 통해 탈물질주의 가치가 국민들의 제도적 신뢰와 자긍심에 미치는 영향을 살펴볼 것이다.

IV. 정치적 지지와 탈물질주의 간의 관계 분석

<표 3-1>에서 볼 수 있듯이, 2005년 기준으로 대만인이 중국인보다 물질주의적인 경향이 더 높은 것으로 나타났다. 대만의 경우, 5명 중에 4명 이상이 물질주의적 가치를 첫 번째 우선순위로 선택했고, 5명 중에 2명이 두 번째 우선순위로 물질주의적 가치를 선택했다. 하지만 중국의 경우, 총 응답자의 2/3 가량이 물질주의적 가치를 첫 번째 우선순위로 선택했고, 절반가량이 물질주의적 가치를 두 번째 우선순위로 선택했다. 우리는 잉글하트의 정의에 따라서 양국 국민들의 탈물질주의 가치를 규정했다.

<표 3-2>를 보면, 대만 응답자의 5%가 탈물질주의 가치를 지니고 있으며, 2/3 이상이 혼합형 가치, 그리고 1/4 정도가 물질주의 가치를 지니고 있는 것으로 나타났다. 중국인의 경우 탈물질주의 가치의 수준이 대만인보다 유의미하게 높았다. 중국인의 7.4%가 탈물질주의 가치를 지니고 있으며, 2/3 이하가 혼합형 가치를 지니고 있었다. 중국인의 경우 물질주의자의 비

〈표 3-1〉 대만과 중국의 탈물질주의 가치 분포(2005)

	대만		중국	
	첫 번째 선택	두 번째 선택	첫 번째 선택	두 번째 선택
경제성장	70.0	18.3	45.3	26.0
강력한 방어체제	10.1	22.7	22.7	26.3
더 많은 발언권	4.3	13.0	8.1	15.6
아름다운 시골	15.5	46.0	23.9	32.1
N	(1,222)	(1,214)	(1,562)	(1,545)

자료: 세계가치조사, 2005~2007
주: 표의 수치는 각 열의 비율을 나타냄(전체 사례 수는 괄호 안에 있음)

〈표 3-2〉 대만과 중국의 가치 지향 분포(2005)

	대만	중국	전체
물질주의	26.7	27.8	27.3
혼합형	68.1	64.8	66.2
탈물질주의	5.2	7.4	6.5
(사례 수)	(1,214)	(1,544)	(2,758)

Chi-square: 6.83; df=2; p<0.05

자료: 세계가치조사, 2005~2007
주: 표의 수치는 각 열의 비율을 나타냄(전체 사례 수는 괄호 안에 있음)

율 또한 대만인보다 높은 비율을 보이고 있다.

창과 첸(Chang and Chen, 2011)은, 권위주의 체제의 국민들이 민주주의 체제의 국민들보다 정치적 신뢰 수준이 더 높은 경향이 있다는 것을 보여준 바 있다. 우리는 공공기관에 대한 지지를 구성하는 5가지 항목을 5에서 20까지 범위의 척도로 만들어 측정하였다. <표 3-3>에서 볼 수 있듯이, 제도적 신뢰 척도는 대만과 중국 양국 모두에서 크론바흐 알파계수(Cronbach's alpha) 0.8 이상의 높은 신뢰도(reliability)를 갖는 믿을 만한 척도임이 드러난다. 당연한 결과이지만, 대만 국민은 중국 국민에 비해 제도적 신뢰 수준이 현저하게 낮은 것으로 나타났다. 제도적 신뢰 척도의 중앙값(median)은 12.5 정도로 나타남으로써, 이 척도의 대만인의 평균값(mean) 10.11은 이 중앙값에 비하여 현저히 낮게 나타났다. 하지만 중국인의 평균값은 15.95로서 중앙값에 비해 현저하게 높았다. 제도적 신뢰에 대한 대만인과 중국인의 평균값 차이는 5.84로 나타났는데, T-검정 결과 두 국가가 제도적 신뢰 면에서 유의미한 차이가 있음을 보여준다.

정치적 지지에 대한 또 다른 측정도구는 국민적 자긍심이다. <표 3-4>를 보면, 중국인의 75% 이상이 중국인이라는 사실에 자긍심을 느끼고 있었지

<표 3-3> 대만과 중국의 제도적 신뢰(2005)

	대만	중국	t-test
평균	10.11	15.95	t=-53.54
표준편차	2.95	2.78	df=2,783
(사례 수)	(1,209)	(1,576)	p⟨0.001
Cronbach's alpha	0.842	0.886	

자료: 세계가치조사, 2005~2007

만, 대만인의 경우 60%만이 대만인이라는 점에 자긍심을 느끼고 있었다. 국민적 자긍심과 관련해서 중국인과 대만인 사이에는 유의미한 차이가 존재한다. 하지만 대부분의 서구 민주주의 국가와 비교해 보면, 이 두 중국 사회는 여전히 국민적 자긍심을 느끼는 비율이 낮은 것을 알 수 있다(Dalton, 2004: 45 참조).

<표 3-4> 대만과 중국의 국민적 자긍심 분포(2005)

	대만	중국	전체
자긍심이 전혀 없다	10.4	5.0	7.1
자긍심이 별로 없다	29.5	17.6	22.1
자긍심이 약간 있다	46.0	56.1	52.2
자긍심이 매우 크다	14.1	21.3	18.6
(사례 수)	(1,225)	(1,970)	(3,195)

Chi-square: 115.59; df=3; p⟨0.001

자료: 세계가치조사, 2005~2007
주: 표의 수치는 각 열의 비율을 나타냄(전체 사례 수는 괄호 안에 있음)

우리는 이제 다변량모형을 통해 대만과 중국의 탈물질주의자들 사이에서 정치적 지지의 수준이 어떻게 나타나는지 살펴보고자 한다. 먼저, 우리는 사람들의 탈물질주의 가치가 제도적 신뢰에 어떤 영향을 미치는지에 대해 살펴보았다. <표 3-5>에서 보듯이, 우리는 성별, 연령, 학력, 탈물질주의 가치, 주관적 계급정체감, 주관적 가구소득 수준, 정치에 대한 관심 정도를 모

〈표 3-5〉 대만과 중국의 제도적 신뢰에 대한 다중회귀모형

	대만		중국	
	Coefficient	(S. E.)	Coefficient	(S. E.)
상수	9.42	(0.46)***	13.30	(0.45)***
성별(여성=0)				
남성	0.07	(0.18)	-0.42	(0.17)*
연령(20~34세=0)				
35~49세	-0.21	(0.23)	0.26	(0.21)
50세 이상	-0.13	(0.26)	0.65	(0.23)**
학력(전문대졸 이상=0)				
초졸	0.46	(0.31)	1.19	(0.31)***
고졸	0.30	(0.21)	1.04	(0.29)***
탈물질주의 가치(물질주의=0)				
탈물질주의	-0.03	(0.42)	-0.75	(0.34)*
혼합	-0.43	(0.20)*	0.12	(0.19)
주관적 계급정체감 (1-5, 하층-상층)	0.02	(0.12)	0.40	(0.11)**
주관적 가구소득 (1-10, 낮음-높음)	0.15	(0.06)*	-0.08	(0.05)
정치에 대한 관심(관심 없음=0)				
관심 있음	0.42	(0.20)*	1.11	(0.19)***
Model Information				
N	1,148		1,030	
Adj. R^2	0.009		0.083	
S.E.E.	2.922		2.638	

자료: 세계가치조사, 2005
주: *** : $p<0.001$,** : $p<0.01$,* : $p<0.05$(양측 검정)

형에 포함시켜 분석하였다. 분석결과를 보면, 대만의 경우 물질주의자와 비교하여 혼합형 가치를 지닌 사람들의 제도적 신뢰가 유의미하게 낮은 것으로 나타났다. 중국의 경우, 물질주의자에 비해 탈물질주의자의 제도적 신뢰가 유의미하게 낮게 나타났다. 잉글하트(1999)가 시사했듯이, 탈물질주의에는 자유주의적 요소가 포함되어 있기 때문에 탈물질주의자들은 정부당국에 문제를 제기하고 낮은 수준의 정치적 지지를 보낼 가능성이 있다. 달톤(2000) 또한 탈물질주의자들의 경우 대부분의 기관들에 대한 신뢰가 낮다는 점을 지적하기도 했다.

우리의 이번 연구 결과도 이러한 주장을 뒷받침하며 중국과 대만 양국에서 공히 물질주의자들이 정치제도를 신뢰하는 경향이 있다는 점을 보여준다. 덧붙여서 대만의 경우, 주관적 가구소득 수준이 높고 정치적 관심이 있는 집단에서 제도적 신뢰가 더 높은 것으로 나타났다. 한편, 중국의 경우 여성, 고령층, 저학력층, 주관적 계급정체성이 상층인 집단, 정치적 관심이 있는 집단에서 제도적 신뢰가 더 높은 것으로 나타났다.

<표 3-6>에서 보듯이, 우리는 "자긍심이 전혀 없다"와 "자긍심이 별로 없다"를 "자긍심이 없다"로 묶어서 "0"으로 재코딩했다. 또한 "자긍심이 약간 있다"와 "자긍심이 매우 크다"를 "자긍심이 있다"로 묶어서 "1"로 재코딩했다. 우리는 탈물질주의가 사람들의 국민적 자긍심에 어떤 영향을 끼치는지 알아보기 위해 로짓모형을 활용하였다.

<표 3-6>을 보면 대만의 경우 물질주의자들에 비해 혼합형 가치를 지닌 사람들의 국민적 자긍심이 낮다는 것을 알 수 있다. 한편, 중국에서는 물질주의자들의 국민적 자긍심이 혼합형 가치나 탈물질주의 가치 소유자들에 비해 더 높게 나타났다. 또한 대만과 중국에서 공히 정치에 관심 있는 집단에서 국민적 자긍심이 높게 나타나는 경향이 발견되었다. 대만의 경우 고령층과 저학력층에서 애국심이 더 높게 나타났다.

<표 3-6> 대만과 중국의 국민적 자긍심에 대한 이항로짓모형

	대만			중국		
	Coefficient	(S. E.)	Exp(B)	Coefficient	(S. E.)	Exp(B)
성별(여성=0)						
남성	-0.13	(0.13)	0.87	-0.18	(0.17)	0.84
연령(20-34세=0)						
35-49세	0.15	(0.16)	1.16	-0.07	(0.21)	0.94
50세 이상	0.49	(0.18)**	1.63	0.14	(0.23)	1.15
학력 (전문대졸 이상=0)						
초졸	0.68	(0.23)**	1.98	-0.28	(0.32)	0.76
고졸	0.49	(0.15)**	1.63	0.05	(0.31)	1.05
탈물질주의 가치 (물질주의=0)						
탈물질주의	-0.19	(0.30)	0.83	-0.94	(0.30)**	0.39
혼합	-0.37	(0.15)*	0.69	-0.45	(0.20)*	0.64
주관적 계급정체감 (1-5, 하층-상층)	0.11	(0.09)	1.11	-0.03	(0.11)	0.97
주관적 가구수입 (1-10, 낮음-높음)	0.09	(0.04)*	1.09	0.08	(0.05)	1.08
정치에 대한 관심정도 (관심없음=0)						
관심 있음	0.42	(0.14)**	1.52	0.55	(0.17)**	1.73
상수	-0.61	(0.33)$	0.54	1.60	(0.45)***	4.95
Model Information						
N		1,164			1,189	
(Nagelkerke) R^2		0.072			0.047	
G^2		63.587			33.339	
df		10			10	
p 값		<0.001			<0.001	

자료: 세계가치조사, 2005
주: ***: p<0.001, **: p<0.01, *: p<0.05, $: p<0.10 (양측검정)
종속변수: "대만인/중국인으로서의 자긍심"으로 0은 "자긍심 없음", 1은 "자긍심 있음"

V. 결론

　이 연구에서 우리는 2005~2007 세계가치조사 자료를 활용하여 대만과 중국에서 탈물질주의가 제도적 신뢰와 국민적 자긍심에 어떤 영향을 미치는지 살펴보았다. 이를 통해 대만 국민들의 경우 탈물질주의자의 비율이 중국에 비해 현저하게 낮다는 것을 지적했다. 또한 중국 국민은 제도적 신뢰와 국민적 자긍심이 대만 국민에 비해 더 높다는 점을 확인했다.
　우리는 다변량분석을 통해 대만의 경우 혼합형 가치를 지닌 사람이 물질주의자에 비해 제도적 신뢰가 더 낮음을 보여줬다. 또한 대만의 경우 물질주의 가치를 지닌 사람들이 혼합형 가치를 지닌 사람들보다 국민적 자긍심을 느끼는 비율이 현저하게 높다는 점을 보여줬다. 하지만, 중국의 경우 탈물질주의 명제가 우리의 실증적 연구결과를 통해 지지를 받는 것으로 나타났다. 중국에서는 물질주의자들에 비하여 탈물질주의자들의 제도적 신뢰가 더 낮으며 애국심 또한 낮은 것으로 나타났다.
　잉글하트(1999: 236)는 "발전의 탈근대적인 국면은 선진산업사회의 대중들 사이에서 권위에 대한 존경이 감소하는 결과를 가져오지만 동시에 이는 민주주의의 성장을 가져온다"라고 우리에게 상기시킨다. 대만의 경우, 탈물질주의가 정치적 지지에 미치는 효과에 대해서는 일관된 연구결과를 얻지 못했는데, 이는 1990년대 이후 민주주의가 급속한 경제성장과 함께 진행되었기 때문으로 볼 수 있다. 우리가 예상했듯이, 대만의 경우 물질주의자들이 혼합형 가치를 지닌 사람들보다 정치적 지지 수준이 높은 것으로 나타났다. 하지만, 물질주의자와 탈물질주의자 사이에는 유의미한 차이가 나타나지 않았다. 2000년대의 불황과 경기침체가 사람들의 가치 지향에 부정적인 영향을 미쳤는지에 대해서는 앞으로 연구가 더 필요한 부분이다. 하지만 중국의 탈물질주의자들의 경우 전통적인 권위에 대한 존경이 더 낮다는 것을 발견했다. 이러한 연구 결과의 중요한 함의는, 이 결과가 강조점의 이동 즉 경제적 안락감의 극대화에서 주관적 안락감(subjective well-being)의 극대화로 이동했음을 시사한다는 점에 있다. 이 점에서 우리는 이러한 주장을 뒷받침해줄 만한 충분한 근거를 제시하진 못했지만, 이러한 발전은 미래 중국의 민주화를 위해 대단히 중요한 변화가 될 것이다.

【참고 문헌】

Catterberg, G., and Alejandro Moreno. 2006. "The Individual Bases of Political Trust: Trends in New and Established Democracies." *International Journal of Public Opinion Research* 18(1): 31-48. Retrieved June 15, 2011.

Chang, Chun-chih, and Lu-huei Chen. 2011. "Value, Performance, or Social Capital? A Comparison of Institutional Trust in China and Taiwan." paper presented at the annual meeting of the American Political Science Association. September 1st-September 4th. Seattle, WA.

Chen, Jie. 2004. *Popular Political Support in Urban China*. Stanford. Calif.: Stanford University Press Retrieved July 15, 2011. http://books.google.com/books/about/Popular_political_support_in_urban_China.html?id=3Dq1COws78MC.

Chen, Lu-huei. 2002. "Political Trust and Voting Behavior in Taiwan." *Journal of Election Study* 9(2): 65-84. in Chinese.

_____. 2006. "Political Consequences of Political Trust: The Case of 2004 Legislative Elections in Taiwan." *Taiwan Journal of Democracy* 3(2): 39-61.in Chinese

Chen, X., and T. Shi. 2001. "Media effects on political confidence and trust in the People's Republic of China in the post-Tiananmen period." *East Asia* 19(3): 84-118.

Dalton, Russell J. 2004. "Democratic Choices: The Erosion of Political Support in Advanced Industrial Democracies." *Democratic Challenges*. New York: Oxford University Press.

_____. 2000. "Value Change and Democracy." *Disaffected Democracies*. in Susan Pjarr and Robert Putnam (eds.). Princeton: Princeton University Press.

_____. 2005. "The Social Transformation of Trust in Government." *International Review of Sociology* 15(1): 133-154. Retrieved June 4. 2011.

Easton, David. 1957. "An Approach to the Analysis of Political Systems." *World Politics* 9(3): 383-400.

_____. 1965. *A Systems Analysis of Political Life*. Chicago and London: The University of Chicago Press.

_____. 1975. "A Re-Assessment of the Concept of Political Support." *British*

Journal of Political Science 5(4): 435-57.
Gamson, William A. 1968. *Power and Discontent*. Homewood. Illinois: The Dorsey Press.
Ho, M. 2006. "Challenging State Corporatism: The Politics of Taiwan's Labor Federation Movement." *The China Journal* (56): 107-127.
Inglehart, Ronald. 1999. "Postmodernization Erodes Respect for Authority, But Increase Support for Democracy." in *Critical Citizens: Global Support for Democratic Governance*. New York, N.Y.: Oxford University Press.
Li, Lianjiang. 2004. "Political Trust in Rural China." *Modern China* 30(2): 228-258. Retrieved June 30, 2011.
_____. 2011. "Distrust in Government Leaders, Demand for Leadership Change, and Preference for Popular Elections in Rural China." *Political Behavior* 33(2): 291-311.
Lipset, Seymour Martin. 1981. *Political Man*. Baltimore. Maryland: The Johns Hopkins University Press.
Luhiste, K. 2006. "Explaining trust in political institutions: Some illustrations from the Baltic states." *Communist and Post-Communist Studies* 39(4): 475-496.
Mishler, W., and R. Rose. 1997. "Trust, distrust and skepticism: popular evaluations of civil and political institutions in post-communist societies." *The Journal of Politics* 59(02): 418-451.
Mishler, William, and Richard Rose. 2001. "What Are the Origins of Political Trust? Testing Institutional and Cultural Theories in Post-communist Societies." *Comparative Political Studies* 34(1): 30-62.
Muller, Edward N. 1970. "The Representation of Citizens by Political Authorities: Consequences for Regime Support." *American Political Science Review* 64(4): 1149-66.
Newton, K. 1999. "Social and political trust in established democracies." *in Critical Citizens: Global Support for Democratic Governance*. New York. N.Y.: Oxford University Press.
_____. 2007. "Social and Political Trust." *in The Oxford Handbook of Political Behavior*. New York. N.Y.: Oxford University Press.
Newton, K., and P. Norris. 2000. "Confidence in public institutions." *in Disaffected Democracies. What's Troubling the Trilateral Countries*. Princeton. New

Jersey: Princeton University Press.
Norris, Pippa. 1999. "Introduction: The Growth of Critical Citizens?" in *Critical Citizens: Global Support for Democratic Governance*. New York. N.Y.: Oxford University Press.
_____. 2011. *Democratic Deficit: Critical Citizens Revisited*. New York. N.Y.: Cambridge University Press.
Putnam, Robert D. Robert Leonardi, and Raffaella Nanetti. 1993. *Making Democracy Work: Civic Traditions in Modern Italy*. Princeton. New Jersey: Princeton University Press.
Ren, Liying. 2009. *Surveying Public Opinion in Transitional China: An Examination of Survey Response*. Pittsburgh. Pittsburgh: Ph.D. Disseration, University of Pittsburgh.
Shi, T. 2001. "Cultural values and political trust: A comparison of the People's republic of China and Taiwan." *Comparative Politics* 33(4): 401-419.
Shi, T., and J. Lu. 2010. "The Shadow of Confucianism." *Journal of Democracy* 21(4): 123-130.
Shyu, Huo-yan. 2010. "Trust in Institutions and the Democratic Consolidation in Taiwan." in *Taiwan's Politics in the 21st Century: Changes and Challenges*. Singapore: World Scientific.
Tang, Wenfang. 2005. *Public opinion and political change in China*. Stanford. Calif.: Stanford University Press.
Turner, F. C. and J. D Martz. 1997. "Institutional confidence and democratic consolidation in Latin America." *Studies in Comparative International Development* (SCID) 32(3): 65-84.
Wang, Jong-tian. 2010. "When Social Trust Meets Political Trust: The Integration and Test of Theories of Political Culture." *Taiwan Journal of Democracy* 7(4): 47-83.
Wang, Zhengxu, Russell Dalton, and Doh Chull Shin. 2006. "Political Trust, Political Performance, and Support for Democracy." in *Citizens, Democracy, and Markets Around the Pacific Rim: Congruence Theory and Political Culture*. New York. N.Y.: Oxford University Press.
Wang, Zhengxu. 2005. "Before the Emergence of Critical Citizens: Economic Development and Political Trust in China." *International Review of*

Sociology 15(1): 155-171. Retrieved June 4, 2011.
_____. 2006. "Explaining Regime Strength in China." *China: An International Journal* 4(2): 217-237. Retrieved July 15, 2011.
Warren, Mark E. 1999. *Democracy and Trust*. New York. N.Y.: Cambridge University Press.
Yang, Qing, and Wenfang Tang. 2010. "Exploring the Sources of Institutional Trust in China: Culture, Mobilization, or Performance?" *Asian Politics & Policy* 2(3): 415-436.

| 제2부 |

한국 사회의 변동과 탈물질주의

- 제4장 | 한국의 세대 변화와 탈물질주의 _박재홍
- 제5장 | 탈물질주의와 한국의 정치 변동 _김 욱
- 제6장 | 한국 사회운동의 변화와 탈물질주의 _강수택

제4장

한국의 세대 변화와 탈물질주의:
코호트 분석

박재흥

I. 잉글하트의 가설과 세대간 가치변화 이론

　정치세대사회학의 기본 명제 중 하나는, 사람들이 언제 어디에서 출생했는지에 따라 역사적·문화적 경험을 달리하게 되고 그에 따라 가치관이나 태도, 행위양식의 차이를 갖는다는 점이다. 즉 어느 세대의 상대적 동질성이 특정 출생 코호트(birth cohort)의 역사적·문화적 경험 공유에서 비롯된 것으로 본다는 말이다. 1970년대 초부터 잉글하트가 주도해 온 물질주의/탈물질주의 논의도 이 명제의 연속선상에 있다. 잉글하트는 세계 여러 나라들의 가치관 조사자료 분석결과에 기초하여, 형성기에 궁핍과 동요를 경험한 나이 든 세대는 경제적 안정이나 질서 확립에 높은 가치를 두는 반면, 풍요와 안정을 경험한 젊은 세대는 삶의 질, 표현의 자유, 정치참여 등 탈물질주의적 측면을 중시하는 경향이 있다고 주장해 왔다. 경제발전이 물질주의 가치에서 탈물질주의 가치로의 점진적 변화를 야기한다고 가정한 것이다. 잉글하트가 40여 년에 걸쳐 지속적으로 주장해 온 이 이론을 그는

"세대간 가치변화 이론(theory of intergenerational value change)"이라 명명한다(Inglehart, 1997: 4). 이 논문에서는 과연 이 이론이 한국 사회의 세대를 설명하는 데에도 적절한지에 대해 검토할 것이다. 우선 이 이론이 기반으로 삼는 두 가지 가설과 그 이론 자체에 대해서 조금 더 자세히 검토해 보자.

잉글하트는 70년대 논저에서 그 가설의 윤곽을 이미 드러낸 바 있지만(Inglehart, 1971; 1980(1977)), 이에 대한 명시적 정식화는 1997년에 발간된 『근대화와 탈근대화』(Inglehart, 1997: 33)라는 저서에서 이루어졌다. 그가 제시한 가설은 "결핍 가설(scarcity hypothesis)"과 "사회화 가설(socialization hypothesis)" 두 가지이다. 우선 결핍 가설이란, 개인이 결핍 혹은 공급부족 상태에 있는 대상에 일차적 가치를 부여한다는 것인데, 이는 개인의 가치 선호가 그가 처한 사회경제적 환경의 반영이라는 점을 시사한다. 다음으로 사회화 가설은, 개인의 가치가 대체로 성인기 이전에 형성되고 지속되는 경향이 있기 때문에 사회경제적 환경과 가치 선호 사이에는 상당한 시간적 지체(time lag) 현상이 수반된다는 점이다.

우선, 잉글하트도 분명히 밝혔듯이 "결핍가설"은 심리학자 매슬로우(A. H. Maslow)의 욕구 5단계설에 의존하고 있다. 매슬로우(Maslow, 1943)는 인간의 기본 욕구가 생리적 욕구, 안전 욕구, 사랑 욕구, 존중 욕구, 자아실현 욕구로 구성된다고 보면서 이들 간에 위계 서열이 있다고 가정했다. 즉 앞 순서에 위치한 낮은 수준의 욕구가 충족되어야 비로소 그 다음에 열거된 높은 수준의 욕구가 활성화된다고 보았다. 물론 매슬로우는 자신의 이론을 예외가 전혀 없는 경직된 틀로 이해해선 안 되며 경향성을 뜻하는 정도로 이해해야 한다고 조심스럽게 주장했다(Maslow, 1943: 386-87 & 395). 잉글하트는 매슬로우의 낮은 수준 대 높은 수준의 욕구라는 대립항을 "생존 가치"(혹은 "결핍 가치") 대 "자기표현 가치"(혹은 "웰빙 가치")라는 대립항으로 치환한다(Inglehart, 1997; 2000). 여기에서 "생존 가치"란 빈곤이나 전쟁 등으로 생존이 위협받는 상황에서 경제성장이나 치안 유지 등을 중시하는 가치이며, "자기표현 가치"란 먹고사는 문제가 어느 정도 해결된 상황에서 정치참여, 다양성 존중, 환경보호, 삶의 질 등을 중시하는 가치를 뜻한다.

개인의 가치관이 성인기 이전에 형성되고 그 이후 성인이 되어서도 지속되는 경향이 있다는 잉글하트의 사회화 가설은, 세대문제에 대한 최초의 이론가인 칼 만하임(Mannheim, 1952(1928))이 1920년대에 이미 설득력 있게 주장한 가설이다. 그는, 인간은 17세경에야 비로소 사물을 자신의 현재의 문제로 인식하고 인생에 대한 처절한 실험을 시작하게 되며, 대략 25세경에는 의식기반이 확립되고 세계관이 안정화된다고 보았다(Mannheim, 1952(1928): 300). 다른 각도에서 볼 때, 잉글하트의 사회화 가설은 인구학이나 사회학 분야에서 종종 사용하는 코호트 효과(cohort effect) 개념을 통해서도 쉽게 이해할 수 있다. 코호트 효과란 비슷한 시기에 출생하여 역사적 사건들의 경험을 공유함으로써 유사한 가치관, 태도, 행위양식을 갖게 되는 효과를 말하는데 청소년기에 형성된 가치관 등은 성인이 된 이후에도 지속되는 것으로 가정된다. 잉글하트가 사회화 가설에서 특별히 주목하는 것은 사회경제적 조건과 가치관 사이의 시간적 지체 현상이다. 즉 청소년기에 경제적·신체적 안전을 경험했는지 여부가 성인이 된 이후의 가치관(물질주의/탈물질주의)에 절대적 영향을 미친다고 보았다는 점이다.

잉글하트는 이 두 가설에 입각하여 그의 세대간 가치변화 이론의 핵심을 다음과 같이 요약한다. 즉, "2차 대전 이래 급속한 경제발전과 복지국가의 팽창 결과, 대부분의 산업사회에서 젊은 출생 코호트들의 형성기 경험은 나이든 코호트들이 겪은 경험과 근본적으로 크게 다르며 그 결과 각 코호트들은 상이한 가치관을 갖게 되었다"(Inglehart, 1997: 4)는 주장이다. 구체적으로 말하면, 생존이 위협받는 상황에서 성장한 전쟁 이전 세대는 경제적·신체적 안전을 강조하는 생존 가치 혹은 물질주의 가치를 중시함에 비하여, 경제적·신체적 안전을 당연시하는 전후 세대는 자기표현, 삶의 질 등을 강조하는 탈물질주의 가치를 선호한다는 논리이다.

잉글하트의 이론적 틀을 가지고 한국 사회의 지난 역사를 되돌아보면 한국은 그의 세대간 가치변화 이론이 꽤 잘 적용될 것처럼 보인다. 주지하듯이, 우리나라는 경제발전 정책이 1960년대에 와서야 뒤늦게 본격적으로 추진되었으나 그로부터 25년여 만에 대중소비사회의 단계로 진입함으로써 소위 초고속 성장의 신화를 만들었다. 일제식민통치와 한국전쟁, 궁핍과 혼란의 고통을 뼈저리게 겪은 나이 든 세대는 당연히 물질주의적 가치를 중시할 것이고, 그 이후 풍요롭고 안정된 환경에서 출생·성장하여 이전 세대가 겪은 고초를 실감하지 못하는 젊은 세대는 탈물질주의 가치를 선호할 것으로 기대된다. 세대경험의 차이가 뚜렷하기에 가치지향의 차이도 확연할 것으로 보인다. 잉글하트는 세계가치조사 1990~91년 자료를 분석하면서, 그가 분석한 세계 여러 국가들 중에서 한국은 세대간 가치 차이가 가장 컸다고 보고한 바 있다(Inglehart, 1995). 그로부터 20여 년의 세월이 흘렀고 그 이후 조사자료도 축적되었다. 이 논문에서는 1981~2005년 세계가치조사 자료를 분석하여 한국 사회의 세대간 가치변화의 실상이 과연 어떠한지 실증적으로 검토할 것이다. 자료분석은 "사회과학 통계패키지(SPSS)"를 활용하여 교차분석, 요인분석, 회귀분석 등을 실시할 것이다.

II. 한국에서의 탈물질주의 연구 경향

1990년대 이래 탈물질주의론의 시각에서 한국의 가치 변화를 고찰한 연구 성과가 비교적 꾸준하게 축적되어왔다. 잉글하트 연구진은 1970년 서유럽 6개 국가에서 시작한 가치 조사를 한국을 포함한 전 세계 여러 국가들로 확대시켜 왔다. 세계가치조사(World Value Survey)가 바로 그것인데, 그 자료를 이용할 수 있게 된 것이 국내 탈물질주의 연구를 활성화시킨 주요 계기가 된 것으로 짐작된다.[1] 한국이 포함된 조사는 1981년에 처음으로 실시되었으나 연령과 같은 주요 문항이 포함되지 않아 자료 분석에 다소 제약이

---

[1] 세계가치조사 자료는 http://www.worldvaluessurvey.org/에서 구할 수 있다.

따른다. 그러나 다행히 1990년부터는 주요 문항들이 포함되었고 그 이후 대략 5년 간격으로 조사가 지속적으로 실시되어 왔기 때문에 그 자료를 이용한 탈물질주의 연구가 90년대 이래 활성화되었다.

세계가치조사 자료를 활용하여 한국에서의 탈물질주의 추세를 지속적으로 추적해온 대표적 학자는 어수영(1992; 1999; 2004)이다. 그는 1990년 조사 자료의 분석으로부터 시작하여 1996년, 2001년 조사 자료를 잇달아 분석해 왔다. 세 시점의 시계열 자료를 종합적으로 분석한 논문에서 어수영(2004)은, 1)탈물질주의자에 비해 물질주의자가 훨씬 많다, 2)지난 10여 년간 물질주의자 비율이 감소했고 그 만큼 혼합형이 늘어났으나 탈물질주의자 비율에는 큰 변동이 없다, 3)연령별로 보면 탈물질주의자 비율이 젊은층에서 일관성 있게 높게 나타난다, 4)탈물질주의자는 시민적 관용성이 높고 저항적 정치행위에 적극 참여하며 정치제도나 사회제도에 대해서 비판적임을 보여주고 있다. 이러한 분석결과를 통하여 알 수 있는 사실은, 서구에 비해 한국은 탈물질주의 가치가 아직 널리 확산되지 않았고 확산 속도 역시 꽤 더디다는 점, 그리고 탈물질주의가 민주주의와 일정한 상관관계를 가지고 있다는 점 등이다. 또한 어수영(2004: 201)은 가치 변화는 나이가 아니라 세대경험 차이 때문이라는 가설, 즉 연령 효과가 아닌 코호트 효과 가설을 자료가 뒷받침해 준다고 강조하고 있으나 증거가 충분치는 않다. 보다 장기간의 시계열 자료가 확보될 때 비로소 가설에 대한 정교한 검토가 가능할 것이다.

세계가치조사 자료를 이용했지만 탈물질주의 지수를 어수영과는 다른 방식으로 구성한 김 욱(2007: 85-86) 역시 기본적으로 어수영이 얻은 것과 비슷한 연구결과를 제시했다. 물론 지수 구성방식이 다르기에 가치지향 비율도 약간의 차이를 보이지만 앞에서 언급한 1)과 2)의 큰 흐름은 동일하게 나타났다. 그의 분석에서 한 가지 흥미로운 발견은, 바람직한 국가적 목표로서 물질주의 혹은 탈물질주의 가치를 선택한 응답자가 개인적 수준에서도 (직업선택 기준으로 측정) 동일한 가치지향을 갖는 경향이 있었다는 점이다 (김 욱, 2007: 908-99). 탈물질주의 가치 담론이 거대담론에 그치는 것이 아니라 일상생활에서의 미시담론과 연결되어 있음을 보여주는 의미 있는 연구결과이다. 한편 한국에서 독립적으로 수행된 전국표본조사 자료를 활용하여 탈물질주의 가치와 사회인구학적 배경 변수와의 관계를 경험적으로 고찰한 연구들도 있다. 마인섭·장 훈·김재한(1997)은 그들이 새로이 고안한 탈물질주의 지수로써 그리고 김 욱(2009)은 잉글하트의 지수를 가지고 변수 간의 관계를 검토했는데 비슷한 결과를 얻었다. 예상했던 바와 같이 두 연구에서 공히 젊고 교육수준이 높은 응답자에서 탈물질주의 가치지향이 강하게 나타났다.

세계가치조사 자료를 활용한 다른 연구로는 정철희(1997)와 강수택·박재홍(2011)의 연구가 있다. 어수영의 연구가 주로 한국에서의 탈물질주의 추세 검토에 주안점을 둔 반면, 이들의 연구는 탈물질주의 추세를 사회운동 주제와 관련시켜 이론적 함의를 찾고 있다. 정철희(1997)는 세계가치조사 1996년 한국 자료 분석을 통해 탈물질주의 가치가 시위·파업 등의 저항적 정치행위나 각종 자원적 결사체에의 참여와 높은 상관관계를 갖는다는 점을 실증적으로 보여줬고 궁극적으로 그러한 가치지향이 사회민주화를 촉진하는 데 기여할 것이라고 전망했다. 강수택·박재홍(2011)은 1990~2005년 기간 중 이루어진 4차례의 시계열 자료를 분석하여, 사회운동에 참여하는 응답자들의 탈물질주의 가치지향이 전반적으로 강화되었으며 저항적 정치행위 참여는 탈물질주의자 집단에서 보다 높게 나타났음을 밝혀냈다. 이러한 결과는 탈물질주의 가치가 한국 사회운동 과정에서 적극적 역할을 수행해 왔음을 시사한다. 한편, 환경주의와 탈물질주의 가치간의 관계를 경험적으로 탐색한 연구들도 있다. 김두식(2005)은 1990~2001년 기간 중 3개 시점의 세계가치조사 자료를 분석하면서 양자 간의 유의미한 정(positive)의 관계가 2001년 조사 자료에서 비로소 나타나고 그 이전 90년대 조사 자료에서는 발견되지 않았다고 보고한 바 있는데 그 배경은 분명치 않다. 박재묵·이정림(2010)은 태안지역 기름유출 사고 방제작업에 참여한 자원봉사자를 대상으로 설문조사를 실시했는데, 전국 표본에 비해 이들 자원봉사자 집단에서 탈물질주의자 비율이 매우 높게 나타났으며 탈물질주의 가치를 갖는 자원봉사자들이 특히 강한 환경주의 태도를 견지하고 있음을 발견했다.

지금까지 한국에서의 탈물질주의 추세에 관한 주요 경험적 연구 성과를 간략하게 검토해 보았다.2) 한국의 경우 탈물질주의에 관한 연구의 전통은 정치학 분야에서 특히 깊고 연구 성과 역시 많이 축적되었는데 이는 잉글하트가 정치학자라는 점과도 무관하지 않을 것이다. 정치학 분야에서는 탈물질주의 가치의 변화 추이에 대한 관심을 기본으로 하고 아울러 탈물질주의 가치와 민주주의(혹은 정치적 태도) 간의 관계에 주로 관심을 기울여 왔다. 이에 비하여 사회학계에서는 탈물질주의 연구의 역사도 상대적으로 짧고 연구층도 그리 두텁지 않은 편인데, 탈물질주의 가치가 사회운동이나 환경주의에 미치는 영향은 무엇인지에 대해 주로 관심을 기울여왔다. 국내의 기존 연구들이 일반적으로 공유하는 전제는 물질주의/탈물질주의 가치가 코호트별로 차이를 보일 것이라는 점이다. 그러나 정작 이 전제 자체에 대한 심층분석은 제대로 이루어지지 않았는데 그 일차적 이유는 긴 기간에 걸친 조사자료가 충분히 확보되지 않았기 때문일 것이다. 그러나 이제 5개 시점에서의 시계열 자료가 확보되어 초보적 수준의 코호트 분석이 어느 정도 가능한 상황이 되었다. 따라서 이 연구에서는 물질주의/탈물질주의 가치의 변화추이를 코호트별로 분석해 봄으로써 기존 연구에서 다소 부족했던 부분을 보완해 보고자 한다.

탈물질주의 연구자 대부분이 주목하듯이, 한국은 지난 반세기에 걸쳐 급속한 사회변동을 겪어왔다. 주지하다시피 한국은 1960년대 중반 본격적인 공업화와 도시화가 시작되어 초고속 경제성장을 이룩하였으며 8,90년대에는 강력한 정보화 정책이 추진되고 정보통신기기 사용이 확산됨으로써 정보사회로 빠르게 진입하였다. 몇 가지 지표만 보더라도 지난 반세기 동안 한국 사회가 얼마나 빠르게 변화해 왔는지 실감할 수 있다. 1인당 GNP는 1955년 65달러에서 2007년 2만 달러(1인당 GNI)를 넘어섰고, 1차 산업 종사자 구

---

2) 탈물질주의론의 주요 쟁점들을 이론적으로 깊이 있게 검토한 논문으로는 성기중·박기형(1999)을 참조할 것.

성비는 1965년 59%에서 2005년 8% 미만으로 크게 떨어졌으며, 대학 취학률은 70년대 10% 미만에서 2005년에는 62%로 급상승했다(박재홍, 2009: 363-368 참조). 한국은 1960년대부터 경제가 빠르게 발전해왔을 뿐만 아니라 1990년대 이래 사회정치적으로도 상대적 안정 국면을 맞게 되었다. 이러한 변화는 당연히 탈물질주의라는 이론적 틀이 한국 사회에 잘 적용될 수 있을 것이라는 전망을 갖게 한다. 즉, 한국전쟁 전·후 시기에 태어나 경제적 궁핍과 사회정치적 혼란·동요를 경험한 나이 든 세대는 생존 가치 혹은 물질주의 가치를 갖기 쉬운 반면, 1970년대 혹은 그 이후 태어나 경제적 어려움을 포함하여 극심한 생존의 위협을 느껴보지 못한 세대는 탈물질주의 가치를 갖기 쉬울 것이라 예상할 수 있다.

다른 한편 한국 지역이 포함된 세계가치조사는 1981년부터 2005년까지 약 25년에 걸친 기간 중에 실시되어 총 5개 시점의 시계열 자료가 축적되었다. 이 연구에서는 이용 가능한 시계열자료가 어느 정도 축적되었고 또한 코호트별로 세대 경험이 극심한 격차를 보인다는 점에 주목하여, 탈물질주의 가치변화의 추이를 심층 검토하고 그 함의를 찾는 데 주안점을 둘 것이다. 앞서 검토한 바와 같이 어수영을 비롯한 국내외 여러 연구자들은 1)한국 사회에서 탈물질주의 가치가 아직 확고하게 뿌리내리진 않았으나 점차 형성되는 단계에 있고, 2)이러한 탈물질주의 추세는 청년층이 주도한다고 가정하는 것 같다.3) 이러한 연구 성과를 염두에 두고, 이 장에서는 1)한국 사회에서 탈물질주의 가치가 어떻게 형성되고 확산되었는지를 다른 주요 국가군의 추세와 비교하여 검토할 것이고, 또한 2)탈물질주의 가치를 출생 코호트별로 나누어 봄으로써 가치의 확산을 과연 젊은 코호트가 주도하고 있는지에 대해서도 살펴 볼 것이다.

---

3) 특히 잉글하트(Inglehart, 1995, 1997: 145-146)는 1990~93년 세계가치조사 자료 분석을 통해, 한국은 유럽공동체를 포함한 8개 국가/공동체 중 출생코호트별 물질주의/탈물질주의 가치 격차가 가장 크다는 자료를 제시한다. 그는 이러한 자료를 통해 경제적 풍요와 안정된 환경에서 형성기를 보낸 청년층이 한국 사회의 탈물질주의 경향을 주도한다는 점에 주목했다.

III. 탈물질주의 가치의 형성과 확산: 국가간 비교

1. 자료의 성격과 측정의 문제

탈물질주의 가치의 변화 추이를 살펴보기에 앞서 이 연구에서 사용하게 될 자료의 성격과 탈물질주의 지수 등에 관하여 짧게나마 미리 언급하는 것이 필요하다. 이미 밝혔듯이 이 연구에서는 세계가치조사 자료를 사용할 것이다. 이 자료는 약 5년 간격으로 조사가 이루어지는 시계열 자료이기 때문에 장기간의 변화 추이를 살펴보는 데 적절하며 더구나 여러 국가에서 거의 동일한 조사표로 조사가 수행되었기 때문에 국제적 비교연구가 가능하다는 장점을 갖는다. 더군다나 물질주의/탈물질주의 가치뿐만 아니라 광범위한 영역의 가치에 대한 문항들도 포함하는 방대한 조사이기 때문에 자료의 분석적 가치가 상상 외로 높다. 세계가치조사는 제1차 조사(1981~84년)에서 시작하여 제5차 조사(2005~08년)까지 완료되었으며 제6차 조사가 진행 중에 있다.[4] 한국은 제1차 조사 때부터 조사 대상국으로 지정되어 제1차 1981년, 제2차 1990년, 제3차 1996년, 제4차 2001년, 제5차 2005년에 조사가 실시되었는데, 제1차 조사는 갤럽(Gallup)이 주관하였고 제2차 조사부터는 어수영 교수와 한상진 교수의 책임하에 조사가 수행되었다.[5] 제1차 조사의 표본 크기는 970명이며 제2차 조사부터는 1,200명 이상이다.

물질주의/탈물질주의 가치는 몇 개 문항의 점수를 합산하여 지수 값을 구하는 통합지수(composite index) 방식으로 측정되었다. 잉글하트가 관여한 최초의 가치조사인 1970년 유럽 6개국 조사에서는 4개 항목 지수를 사용했으나 곧 이어 8개 항목을 추가로 개발함으로써 1973년 조사부터는 4항목

---
[4] 세계가치조사의 기원과 조사 진행 경위, 표집방법과 조사 주관자, 코드북 등은 Inglehart et al.(2000: ICPSR 2790, 2005: ICPSR 3975)을 참조할 것.
[5] 제2차, 제3차 조사는 어수영 교수와 한상진 교수 공동 주관하에, 제4차와 제5차 조사는 어수영 교수 주관하에 조사가 실시되었다.

⟨표 4-1⟩ 물질주의/탈물질주의 가치의 측정 문항

문항 세트	물질주의	탈물질주의
I	A. 높은 경제성장 B. 강한 군사력	C. 직장과 지역사회에서 보다 강한 발언권 D. 도시와 농촌의 환경 미화
II	E. 국가의 질서 유지 G. 물가 상승 억제	F. 주요 정부결정에 보다 강한 발언권 H. 표현의 자유 보호
III	I. 경제 안정 L. 범죄와의 전쟁	J. 보다 인간적인 사회로의 진보 K. 돈보다 생각이 중시되는 사회로의 진보

지수와 12항목 지수를 함께 사용하기 시작했다(Inglehart, 1971; 잉글하트, 1980(1977) 참조). 지수를 구성하는 문항 세트와 12개 항목을 <표 4-1>에 제시했다.

<표 4-1>에서 문항 세트 II가 1970년 조사에서 사용한 문항인데, 4개의 선택지 항목 중 "개인적으로 가장 바람직한 것" 두 개를 고르게 했다. 그러나 측정오차와 시기효과(period effect)의 영향을 줄이기 위하여(잉글하트, 1980(1977): 39) 문항 세트 I과 III을 추가로 개발했다. 이와 함께 질문방식도 바꾸어 각 문항 세트별 총 4개 선택지 항목 중에서 "10년 후 국가목표로서 가장 중요한 것" 2개씩을 각각 고르게 했다. 잉글하트는 4항목 지수의 경우, 물질주의 항목 2개 모두 선택한 응답자를 물질주의자로, 탈물질주의 항목 2개 모두 선택한 응답자를 탈물질주의자로, 나머지 각각 하나씩을 선택한 응답자를 혼합형으로 분류하였다. 12항목 지수의 경우에는 문제가 다소 복잡하다. 12개 선택지 항목에 대해 요인분석을 했는데 "도시와 농촌의 환경미화" 항목의 경우 물질주의나 탈물질주의 중 어느 하나로 명확하게 분류되지 않는 사례가 일부 국가군에서 발견됐기 때문이다.[6] 따라서 잉글하

---

[6] 그러나 한국 자료에서는 이러한 경향이 나타나지 않았다. 어수영(2004: 198)은 1990년, 1996년, 2001년 한국 자료를 대상으로 한 요인분석을 통하여 <표 4-1>의 12개 항목들(항목 D 포함)이 물질주의-탈물질주의 가치로 확연하게 나눠짐을 보여 주었다. 이 연구

트는 환경미화 항목을 제외한 나머지 5개의 탈물질주의 항목 중 몇 개를 선택했는지 합산하여 12항목 지수를 개발했다(5개 선택: 5점, 0개 선택: 0점)(Inglehart, 1997: Ch. 4 및 Appendix 4 참조). 이 논문에서는 교차분석의 편의상 지수 값을 세 범주로 재부호화(recoding)했다. 즉 지수 값 0-1인 응답자를 물질주의자, 2~3인 응답자를 혼합형, 4~5인 응답자를 탈물질주의자로 분류했다(김 욱, 2007; 김 욱·이이범, 2006 참조).

이 연구에서는 코호트별 분석을 할 것이므로 연령 변수에 대한 재부호화가 필요하다. 코호트는 통상 10년 단위로 나누는 것이 일반적이지만 여기에서는 15년 단위로 구분할 것이다. 즉 응답자를 출생 시기에 따라 1925~39년, 1940~54년, 1955~69년, 1970~84년 출생 코호트 등 4개 범주로 나눌 것이다. 코호트 구분 관행과는 달리 15년 간격으로 나눈 이유는 코호트 범주 수를 줄이기 위한 분석상의 편의 목적도 작용했지만, 다른 한편 각 코호트별 세대경험의 차이를 고려했기 때문이다. 박재흥(2003; 2009)은 주요 역사적 사건의 경험 여부라는 엄격한 기준에 의거하여 오늘날 한국 사회의 세대를 출생 시점 기준 1930년대 말과 1970년경을 경계로 식민지/전쟁 체험 세대, 산업화/민주화운동 세대, 탈냉전/정보화 세대로 구분한 바 있다. 물질주의-탈물질주의 가치지향의 차이는 역사적 경험의 차이에서 비롯된다고 가정하기 때문에, 이러한 세대경험의 차이를 반영하기 위해 15년 간격으로 코호트를 나누었다.

<표 4-2>에 각 조사연도의 출생코호트별 구성을 제시했다. <표 4-2>에서 드러나듯이, 1925년 이전 출생자와 85년 이후 출생자는 사례 수가 적어서 코호트별 분석에서 제외하였다. 사례 수가 너무 적으면 대표성이 떨어지기 때문이다. 2001, 2005년 조사에서의 1925~39년 코호트, 그리고 1990년 조사에서의 1970~84년 코호트도 사례 수가 적지만 분석 범위를 너무 좁히지

에서도 2005년 자료에 대해 주성분 분석방법으로 요인을 추출해 보았는데, 어수영의 분석과 마찬가지로 주 구성요인에 대한 부하량이 정과 부로 뚜렷하게 구분되는 결과를 얻었다(% 분산: 18.7%).

〈표 4-2〉 연구표본의 출생 코호트별 응답자 수: 1990~2005

(단위: 명)

출생 코호트	세계가치조사 조사 연도(한국)			
	1990년	1996년	2001년	2005년
1925~39년	173	106	53	39
1940~54년	373	347	309	276
1955~69년	600	505	439	383
1970~84년	74	278	397	461
소계	1,220	1,236	1,198	1,159
시스템 결측값*	31	13	2	41
총 표본 수	1,251	1,249	1,200	1,200

* 전체 응답자 중에서 1925년 이전 및 1985년 이후 출생자의 수

않기 위하여 일단 분석에 포함시켰다. 분석 결과를 해석할 때 감안해야 할 부분이다. 물론 코호트별 분석이 아닌, 전체 표본을 대상으로 분석할 경우에는 모든 응답자를 분석에 포함시켰다. 조사 표본을 한국의 총인구 구성비와 대조해 보면(통계청, 1993; 2010), 1990년 조사 표본의 경우에는 응답자 연령을 만 18세 이상으로 제한했기 때문에 1970~84년 코호트가 불가피하게 과소 대표되었고, 2005년 조사에서는 고령자 면접의 어려움에 기인하여 1925~39년 코호트가 과소 대표되었음을 알 수 있다. 그 밖의 경우에는 총인구와 연구표본의 코호트별 구성비가 비슷하게 나타나 연구표본이 대표성을 가짐을 확인했다.[7]

---

[7] 1990년의 경우에는 1925~69년 출생자만을 대상으로 과소 대표 여부를 다시 계산해 대조했고, 2005년의 경우에는 총인구 구성비의 합계(71.2%) 대비 각 코호트의 백분율을 다시 구해 표본의 구성비와 대조했다. 대조 결과, 본문에서 언급한 점을 제외하곤

2. 탈물질주의 가치의 형성과 확산

잉글하트의 탈물질주의 가치 연구에 따르면 높은 수준의 경제발전을 이룬 서구 선진 공업국에서는 탈물질주의 가치가 이미 널리 확산되어 있는 것으로 나타난다(Inglehart, 1997; 2008 참조). 그렇다면 1960년대에 본격적인 경제발전 계획이 추진되어 압축적 성장을 이룩한, 그리하여 출생 시기에 따라 젊은 층과 나이 든 층 간의 역사적 경험이 크게 다른 한국 사회의 경우에도 탈물질주의 가치가 형성·확산되고 있을까? 지금까지 세계가치조사 자료를 활용한 한국 탈물질주의 추세 연구는 주로 1990년~96년 자료를 이용한 연구가 대부분이었다. 한국에서의 가치조사가 1981년에 처음으로 실시되었음에도 자주 이용하지 않은 까닭은 연령 변수가 제외되어 있는 등 자료 분석상의 제약이 다소 따르기 때문이다. 그러나 1981년 조사에 (탈)물질주의 12항목 지수는 빠져 있으나 4항목 지수는 포함되었다. 따라서 연구 표본을 코호트별로 나누지 않고 전체적으로 본다면 4항목 지수를 이용하여 1981년부터 2005년까지 무려 25년에 걸친 시계열자료 분석이 가능하다.8)

<그림 4-1>에는 1981~2005년 기간 중 탈물질주의자 비율이, 그리고 <그림 4-2>에는 탈물질주의자 비율에서 물질주의자 비율을 뺀 값이 어떻게 변화해 왔는지를 보여주는 시계열자료가 제시되어 있다.9) 한국 자료와의 비교 대상지역은 중국과 일본, 그리고 벨기에, 덴마크 등 선진공업국 8개 국가,10) 세계가치조사에 참여한 모든 국가들(세계)11)이다. "세계"는 여러 대륙에 걸

대체로 구성비가 비슷했다.
8) 이 절에서는 4항목 지수와 12항목 지수를 함께 사용하겠지만, 코호트 분석을 하게 될 다음 절에서는 12항목 지수만을 사용할 것이다.
9) 조사 시기는 나라에 따라 다르다. 1차 조사는 1981~84년, 2차는 1989~93년, 3차는 1994~99년, 4차는 1999~2004년, 5차는 2005~08년에 수행되었는데, 이 논문의 국제 비교를 하는 표와 그림에서는 한국 조사 시점을 기준으로 표기하였다.
10) 서구 선진공업국은 벨기에, 덴마크, 프랑스, 독일, 이탈리아, 영국, 네덜란드, 미국 등 8개국을 포함하는데, 1981년에는 미국이, 2000년에는 영국이 조사에 불참하여 나머지 7개국의 자료를 이용했으며 2005년에는 이탈리아와 미국만 조사에 참여하였다.

〈그림 4-1〉 탈물질주의자 비율 국제 비교(4항목지수)

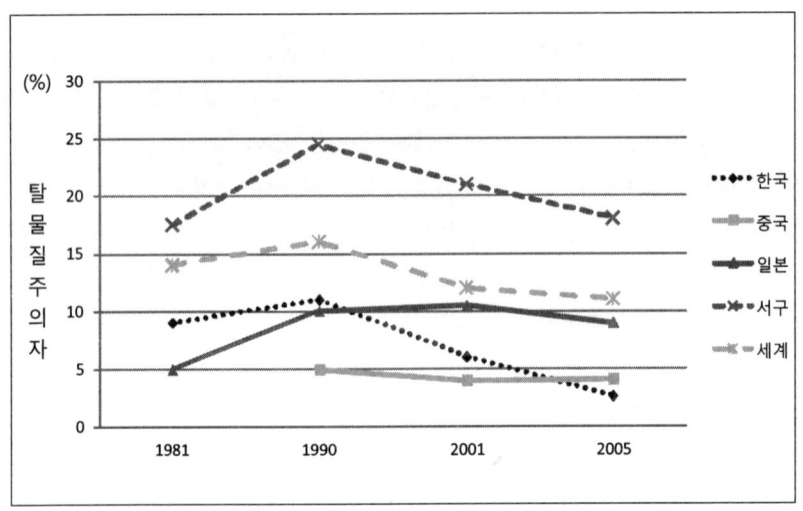

쳐 다양한 역사 문화권에 속해 있고 경제발전 정도가 다른 여러 나라들을 포함한다. 구성 국가들의 이질성을 지표의 약점으로 볼 수도 있겠지만, 다른 한편 지구촌 시민들의 가치관을 전체적으로 조망해준다는 점에서 적극적 의미 부여도 가능하다.

<그림 4-1>에서 볼 수 있듯이, 한국의 탈물질주의자 비율은 상대적으로 낮은 편이다. 구미 선진공업국들에 비해서는 10~15%포인트가량 낮고 조사에 참여한 세계 전체와 비교해도 그 비율이 대략 5%포인트 정도 낮은 편이다. 그러나 1981~90년 조사에서 나타난 높은 비율을 보면, 한국에서도 탈물질주의 가치가 형성되어 확산되는 초기 단계에 있다고 추론할 수 있다. 경제발전 수준이 훨씬 높았던 일본에 비하여 한국의 탈물질주의자 비율이 높게 나타났다는 점이 주목된다(그러나 12항목 지수를 사용하면 일본이 높음).

---

11) 세계 자료는 조사 참여국 전체의 비율을 제시했는데, 1차 조사에는 23개 국가, 2차에는 43개 국가, 제3차부터는 50여 개 국가가 참여했으며, 3차 이래 참여국의 총인구는 전 세계 인구의 8할 내지 그 이상을 포괄한다.

〈그림 4-2〉 탈물질-물질주의자 비율격차 국제 비교(4항목지수)

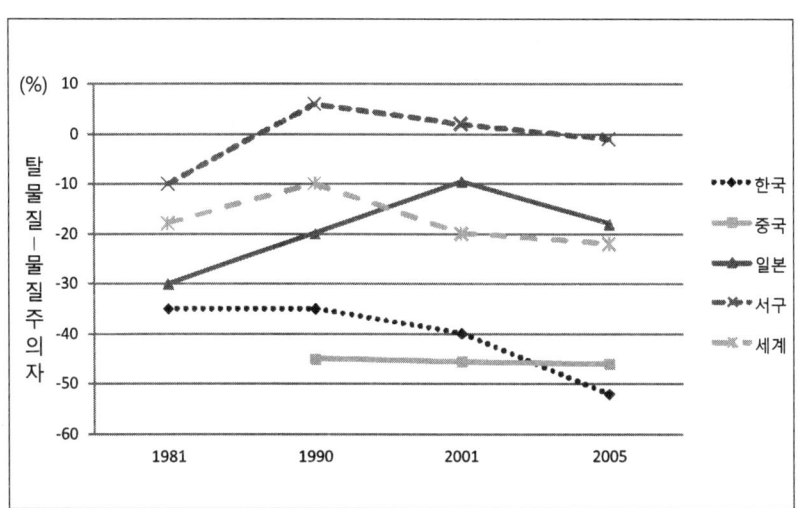

한국의 1980년대 후반이라는 시기는, 정부 주도하에 20여 년간 강력하게 추진해왔던 경제성장 정책이 가시적 성과를 보이고 시민들 역시 생활수준 향상을 일상적으로 체감하던 시기였다. 특권층의 상징이었던 승용차나 개인용 컴퓨터, 대형 가전제품 등이 빠르게 보급·확대되던 시기가 바로 그때였기 때문이다.12) 더군다나 1987년 민주화대투쟁 이후 시민사회 영역의 급성장은 적극적 정치참여 등 자기표현적 가치의 중요성을 극대화했을 가능성이 높다. 결국 1990년의 높은 탈물질주의자 비율은, 이제는 먹고 살만해졌다는 상황 인식 그리고 그에 따라 이제 먹고사는 문제를 넘어서서 다양한 방식으로 자신의 견해를 표출하고자 하는 한국 시민들의 평균적 인식을 반영한 결과로 보인다.

1981~2005년 기간 중의 변화 추이를 살펴보면, 한국은 선진공업국 8개

---

12) 백욱인(1994)은 총 가계지출 중 내구 소비재와 개인서비스 부문 구성비가 1980년대 후반 급격하게 상승했다는 점을 실증적으로 보여주었다. 그 무렵 한국이 대중소비사회에 진입했다는 근거로 삼을 수 있는 자료이다.

국가나 세계 전체의 추세와 비슷한 유형을 보이고 있다. 즉, 1980년대에 탈물질주의자 비율이 다소 늘어났으나 90년대 이래 떨어지고 있다. 한국의 경우는 감소 폭이 특히 심한데, 그 비율이 1981년 8.6%, 1990년에는 11.3%에까지 이르렀으나 2005년에는 2.7% 수준으로 급격하게 감소한 것이다. 일본과 중국의 경우에도 1990년에 비하여 2005년에 그 비율이 줄어들기는 했으나 감소 폭은 상대적으로 작았다. 1981~2005년 기간 중 탈물질주의자 비율이 증가한 국가군은 경제발전 정도가 높은 서구와 일본 등 선진공업국들이었다. 이러한 결과들은 한국이 경제적으로 고속 성장하여 탈물질주의 가치가 형성되기 시작했으나 아직 안정적인 단계에까지 이르지는 않았음을 시사한다.

<그림 4-2>에는 탈물질주의자 비율에서 물질주의자 비율을 뺀 값이 제시되어 있다. 이러한 비율 격차 지표는 잉글하트 연구진이 탈물질주의 추세를 분석할 때 자주 사용해온 지표인데, 이 격차 값의 추이는 물질주의자 비율 증가/감소분 대비 탈물질주의자 비율의 증가/감소분을 보여준다는 점에서 앞 그림의 지표를 보완해 준다. 세로 축의 "0" 값은 탈물질주의자와 물질주의자의 수가 같다는 것을 뜻하며, 격차 값의 상승 혹은 하강은 탈물질주의자 비율의 상대적 증가 혹은 감소를 의미한다. 1981~2005년 기간 중의 전반적 추세를 살펴보면, 일본과 서구 선진공업국가군은 물질주의자 대비 탈물질주의자 비율이 약 10~15%포인트가량 증가했음에 비하여 다른 국가군은 거의 변화가 없거나 오히려 감소했음을 알 수 있다. 뒤늦게 시장경제 제도를 도입하여 경제발전을 가속화하고 있는 중국의 경우에는 물질주의자 비율이 탈물질주의자 비율보다 45%포인트 정도 높은 상태가 1990년 이래 유지되고 있다. 상대적 감소 폭은 한국이 가장 크게 나타났는데, 세계 전체적으로 약 4%포인트 감소했음에 비하여 한국은 무려 18%포인트가량 감소했다.

그러나 탈물질주의 12항목 지수를 사용한 한국의 1990~2005년간 비율 격차 추이는 4항목 지수를 사용한 <그림 4-2>에서의 격차 추이와 사뭇 다르다. 즉 12항목 지수를 사용하면 위 기간 중 비율 격차가 최소 -26.9%포인트, 최대 -29.6%포인트로 거의 동일한 수준을 유지하는 것으로 나타난다. 앞의

〈그림 4-3〉 물질주의자-혼합형-탈물질주의자 구성비 변화(12항목 지수)

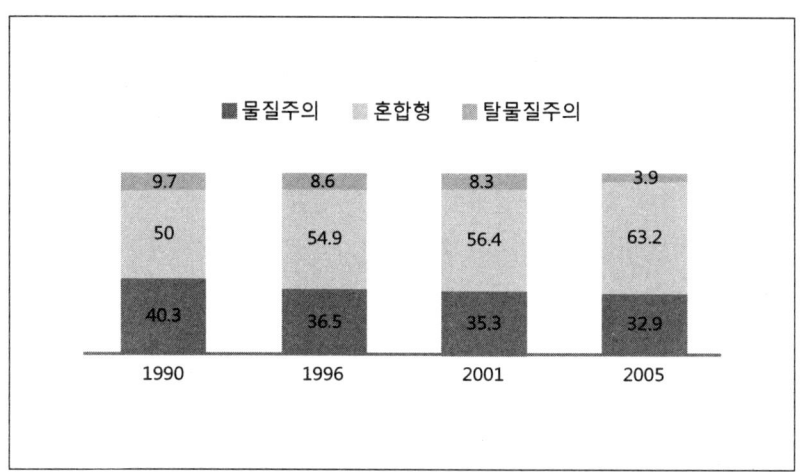

<그림 4-1>과 <그림 4-2>는 관찰 기간을 최대한 늘이기 위하여 4항목 지수를 사용하였지만, 12항목 지수가 그보다 더 높은 분석적 가치를 갖는다는 점은 명확하다. 보다 많은 항목을 사용할 경우 측정오차를 줄이고 시기효과(period effect)의 영향도 줄일 수 있기 때문이다(잉글하트, 1980(1977): 39). 탈물질주의자 비율이 1990~2005년 기간 중 줄어들었는데도 탈물질-물질주의자 비율 격차가 일정한 수준을 유지하고 있다는 것은 기간 중 혼합형의 비율이 확대되었음을 시사한다. 만일 그러하다면 혼합형까지 포함하여 전체적인 구성비가 어떻게 변화해 왔는지 살펴보는 것이 필요할 것이다. <그림 4-3>은 12항목 지수를 사용하여 1990~2005년 기간 중 물질주의자, 혼합형, 탈물질주의자의 분포가 어떻게 변화해 왔는지를 보여준다.

<그림 4-3>에서 볼 수 있듯이, 1990~2005년 기간 중 탈물질주의자 비율은 감소 추세(9.7% → 3.9%)에 있기는 하지만 4항목 지수를 이용한 <그림 4-1>에서의 급격한 감소 추세(11.3% → 2.7%)보다는 완만하다. 주목할 만한 점은 탈물질주의자 비율과 마찬가지로 물질주의자 비율 역시 감소했는데 감소 폭이 오히려 크다는 점이다. 이는 그 기간 중 탈물질주의자가 감소하긴

했으나 물질주의자는 그보다 더 많이 감소했다는 의미이다. 양 극단의 가치 소유자가 줄어든 바로 그만큼이 혼합형 가치 소유자의 증가로 귀결됨은 불문가지이다. 이러한 결과가 주는 함의가 무엇일까 따져보는 것은 흥미롭다. 아마도 1990년대 중반 이래 신자유주의 경쟁체제하에서의 경제적 위기의식이나 대북 관련 안보 불안감13)이 탈물질주의자의 축소를 야기했다고 일단 생각할 수 있다. 그런데 탈물질주의적 가치 소유자가 물질주의자로 회귀한 것이 아니라 탈물질주의 가치와 함께 물질주의 가치도 중시하는 중도적 입장으로 변화한 것으로 해석된다(강수택·박재홍, 2011: 20-21). 잉글하트·웰젤(2011(2005): 183)은, 경제발전에 따라 나타나는 탈물질주의 추세가 불가역(不可逆, irreversible) 과정은 아니며 높은 실업률, 복지국가 기능 축소 등 물질적 안전이 위협받게 되면 물질주의 가치가 다시 부활할 수 있다고 지적한 바 있다. 탈물질주의 가치 형성의 초기 단계에 있는 한국은 1990년대 중반부터 심화된 경제적 위기의식이나 안보 불안감에 의해 탈물질주의 가치의 확산이 당분간 유보되고 있다는 해석이 가능할 것이다.

IV. 탈물질주의 가치의 세대별 변화 추이

지금까지 한국에서의 탈물질주의 가치의 형성 과정을 다른 국가군과 비교하여 분석해 보았다. 이 절에서는 탈물질주의 가치의 변화 추이를 세대별

---

13) 북한은 1993년 NPT(핵확산금지조약)에서 탈퇴함에 따라 1차 북핵 위기가 야기되었고 2002년에는 우라늄 농축 프로그램의 존재를 시인함으로써 2차 북핵 위기 국면이 조성되었다. 남북 대치 현실에서 안보 불안감은 상존해 왔으나 핵무기의 존재가 가시화되는 상황에서의 위기감은 그 이전 단계와 질적으로 구분된다. 삼성경제연구소가 2005년부터 분기별로 발표하는 "한반도 안보지수"(KPSI)가 2006년 북한의 1차 핵실험 당시 최저값을 보였다는 것이 그에 대한 방증이 될 수 있다(<위클리경향> 904호, 2010. 12. 14).

〈그림 4-4〉 코호트별 탈물질주의자 비율 변화 추이

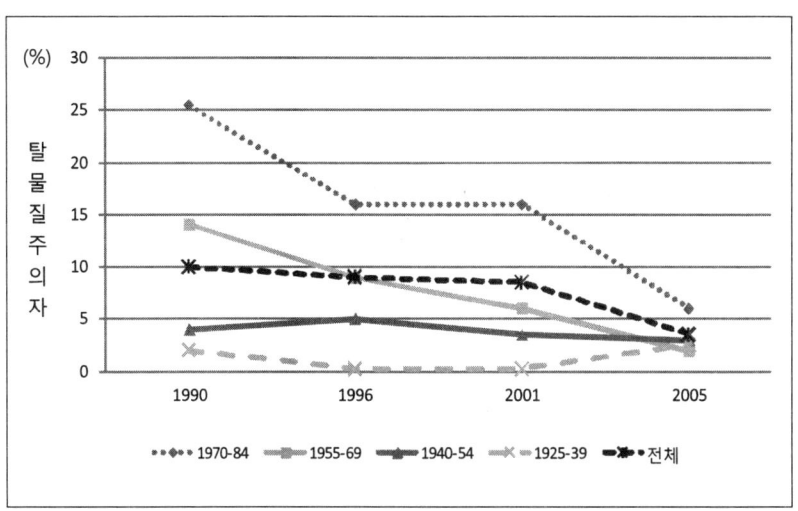

로 나누어 분석함으로써 표본 전체를 집합적으로 보았을 때 드러나지 않았던 새로운 특성을 찾아볼 것이다. 이미 지적했듯이 여기에서는 탈물질주의 가치 12항목 지수를 사용할 것이다. 1981년 자료에는 연령 변수가 포함되어 있지 않아서 세대별 분석을 애당초 허용하지 않았기 때문이다. 12항목 지수를 사용할 경우 분석 기간이 짧아지는 단점은 있지만 그 대신 측정오차가 줄어들기 때문에 지수 값이 보다 안정적이 된다는 탁월한 장점이 있다. <그림 4-4>에는 코호트별 탈물질주의자 비율의 변화 추이가, 그리고 <그림 4-5>에는 탈물질주의자 비율에서 물질주의자 비율을 뺀 비율 격차가 코호트별로 제시되어 있다.

<그림 4-4>에서 드러나듯이, 전체적으로 볼 때 탈물질주의자 비율은 1990년 이래 15년 동안 6%포인트 남짓 감소했다. 이러한 감소 추세는 이탈리아, 미국, 일본 등의 국가에서도 발견되지만 이들 선진 공업국가군에서는 감소폭이 한국에 비해 작게 나타났다. 한국의 탈물질주의자 비율을 출생 코호트별로 나누어 보면 흥미로운 현상을 발견할 수 있다. 그것은 같은 기간

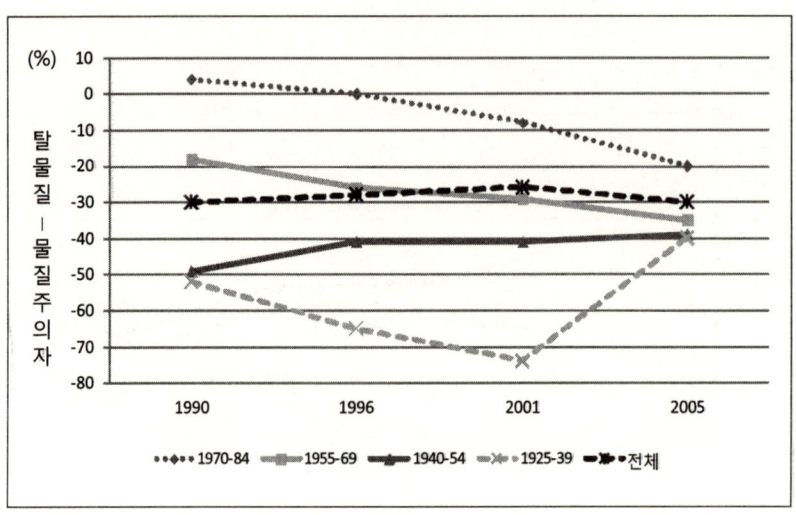

〈그림 4-5〉 코호트별 탈물질-물질주의자 비율격차

중 탈물질주의자 비율 감소에 적극 기여한 코호트가 주로 1970~84년 코호트와 1955~69년 코호트라는 점이다. 탈물질주의자 비율 감소폭이 1970~84년 코호트의 경우 20%포인트, 1955~69년 코호트의 경우 12%포인트에 달했다. 1954년 이전 코호트의 경우에는 그 비율이 대략 5% 이내의 낮은 수준을 유지하고 있었는데 특히 1925~39년 코호트의 경우에는 탈물질주의 경향이 오히려 강화되는 추세마저 보였다. 결국, 1990년 조사에서 탈물질주의 비율이 평균 10% 수준에 이를 정도로 비교적 높게 나타나도록 하는 데 기여한 세대가 1970~84년 코호트와 1955~69년 코호트였는데, 그로부터 15년 후 탈물질주의자 비율을 급격하게 떨어뜨리는데 주도적으로 기여한 세대 역시 바로 그 코호트였다고 정리할 수 있겠다.[14]

---

14) 물론 분석 결과를 해석할 때, 1990년 조사에서의 1970~84년 코호트(응답자: 74명), 2001년과 2005년 조사에서의 1925~39년 코호트(응답자: 55명, 39명)는 응답자 수가 적다는 점을 고려해야 할 것이다. 예컨대 〈그림 4-4〉에서 1970~84년 코호트의 1990년 통계치와 〈그림 4-5〉에서 1925~39년 코호트의 2001, 2005년 통계치는 사례 수가

<그림 4-5>를 보면, 1990~2005년 기간 중 탈물질주의자-물질주의자 비율 격차는 전체적으로 보아 30% 포인트에 조금 못 미치는 낮은 수준에서 큰 변동이 없었다. 4항목 지수를 이용했을 때 그 격차가 크게 확대되었음에 비해(<그림 4-2> 참조), 12항목 지수를 사용한 경우에는 비율 격차가 안정적으로 나타난 것이다. 이러한 추세는 구미 선진공업국이나 동아시아 국가와 비교해도 이례적인 결과이다. 같은 기간 중 그 격차가 미국과 일본의 경우 12~14%포인트 더 확대되었고 이탈리아와 중국도 4~6%포인트가량 확대되었으나 한국의 경우에만 그 격차가 확대되지 않고 1990년 수준을 그대로 유지하고 있는 것이다. 비율 격차 변화 추이를 출생코호트별로 나누어 보면 또다시 흥미로운 결과가 나타난다. 동일한 기간 중 탈물질주의자 비율에서 물질주의자 비율을 뺀 비율 격차 값이 1970~84년 코호트와 1955~69년 코호트에서는 크게 벌어졌으나 1954년 이전 코호트에서는 크게 축소됨으로써, 비율 격차가 평균적으로는 변함없이 일정한 수준을 유지하게 된 것이다. 기간 중 변화 추이로 보면 비율 격차가 젊은 층에서 확대(물질주의자 대비 탈물질주의자 비율의 축소)되었으나, 물질주의자 대비 탈물질주의자 비율의 견지에서 보면 네 시점 모두에서 젊은 코호트일수록 높게 나타났다.

<그림 4-4>와 <그림 4-5>를 종합적으로 보면, 1990~2005 기간 중 탈물질주의자 비율이 젊은 코호트에서 크게 감소함에 따라 탈물질주의자 비율이나 탈물질-물질주의자 비율 격차의 견지에서 코호트별 차이가 점차 축소되고 수렴되는 경향마저 나타난다. 이러한 결과는 코호트 효과의 영향력이 제한적인 데 비하여 시기효과나 연령효과가 어느 정도 작용함을 시사한다. 필자들은 이 점을 확인하기 위하여 1990~2005년 기간 중 탈물질주의자 비율 변화를 코호트별이 아닌 연령집단별로 재부호화하여 교차분석 방법으로 분석해 보았다. 세 효과의 영향력을 검토하기 위하여, 비교 시기가 15년 간격이라는 점을 감안해서 연령집단 범주도 15년 간격으로 나누어 탈물질주의자 비율의 변화 추이를 검토하였다.

적어서 다소간의 bias가 작용할 수 있다.

〈표 4-3〉 연령집단별 탈물질주의자 비율 변화추이: 1990~2005

(단위: %)

연령집단	조사 연도	
	1990년	2005년
18~20세	25.7	8.8
21~35세	13.8	5.8
36~50세	3.9	1.6
51~65세	1.9	3.3
66~80세	0	2.3
전 체	9.7	3.9

〈표 4-3〉을 보면, 코호트 효과의 영향력은 젊은 코호트, 즉 1955~72년 출생코호트(1990년 기준 18~35세 연령층)에서 특히 제한적인 것으로 드러났다. 탈물질주의자 비율이 일정하게 유지되지 않고 급격하게 감소한 것이 그 증거이다(25.7% → 5.8%, 13.8% → 1.6%). 그렇지만 연령효과나 시기효과의 영향력 역시 다른 효과를 압도할 정도로 뚜렷하게 나타나지는 않았다. 연령효과의 영향력이 크다면 각각의 연령집단별 비율이 두 시점에서 비슷하게 나타나야 하고, 시기효과의 영향력이 크다면 각 조사연도에서 연령집단별 차이가 거의 없게 나타나야 한다. 그러나 이러한 효과들 역시 뚜렷하게 나타나지는 않았다. 전체적으로 본다면, 연령효과는 36세 이상 연령집단에서, 코호트 효과는 1954년 이전 출생 코호트(1990년 기준 36세 이상 연령층)에서, 그리고 시기효과는 2005년 조사에서 어느 정도 나타난다고 볼 수 있다. 결론적으로 말하면, 〈표 4-3〉의 분석결과는 세 효과가 각각 제한적으로 작용하여 나타난 세 효과의 상호작용 결과로 볼 수 있다.

지금까지 살펴보았듯이 1990~2005년 기간 중 1955년 이후에 출생한 젊

〈표 4-4〉 1990~2005년 기간 중 탈물질주의자-혼합형-물질주의자 구성비 변화량

(단위: % point)

가치 지향	출생 코호트				전체
	1925~39년	1940~54년	1955~69년	1970~84년	
탈물질주의	+0.7	-0.6	-12.2	-19.8	-5.8
혼 합 형	+10.0	+9.0	+6.9	+16.1	+13.2
물질주의	-10.7	-8.4	+5.4	+3.7	-7.4

은 코호트에서는 탈물질주의자 비율이 줄어들고 탈물질주의-물질주의자 비율 격차 역시 확대되었으나 그 이전 출생 코호트에서는 이와 정반대의 결과를 얻었다. 이러한 코호트별 차이를 보다 깊이 있게 검토하기 위해서는 탈물질주의와 물질주의자뿐만 아니라 혼합형도 포함시켜 분석할 필요가 있다. <표 4-4>에서 1990년~2005년 기간 동안 탈물질주의자, 혼합형, 물질주의자의 구성비가 얼마나 증가 혹은 감소했는지 그 변화량을 코호트별로 나누어 검토해 보았다.

앞의 <그림 4-3>에서 이미 보았고 <표 4-4> 우측 열에서도 확인할 수 있듯이, 코호트 구분 없이 전체적으로 본다면 15년이라는 시간의 흐름 속에서 탈물질주의자와 물질주의자 비율은 모두 감소하고 그 감소분만큼 혼합형이 증가했다. 이러한 구성비의 변화를, 경제적 위기의식이나 대북 안보 불안감 증대에 따라 탈물질주의 가치와 함께 물질주의 가치도 중시하는 관망적 자세로의 변화로 해석한 바 있다. 이러한 변화를 코호트별로 나누어 보면, 1955년 이전 코호트와 그 이후 코호트가 구성비 변화량 면에서 뚜렷하게 대비된다. 즉 1925~39년 코호트와 1940~54년 코호트의 경우 탈물질주의자 비율은 낮은 수준에서 거의 변화가 없었으나 물질주의자 비율은 크게 감소하고 그 감소분만큼 혼합형 비율이 증가했다. 이와는 대조적으로, 1955~69년 코호트와 1970~84년 코호트에서는 탈물질주의자 비율이 매우 큰 폭

으로 감소하고 그 감소분만큼 혼합형과 물질주의자가 증가하는 유형을 보여준다. 특히 1970~84년 코호트의 구성비 변화가 주목할 만하다. 이 코호트의 경우 15년 기간 중 탈물질주의자 비율이 20%포인트 가까이 대폭 축소되었는데, 다른 한편으로 혼합형은 16%포인트 정도 물질주의자 역시 4%포인트 정도 증가하였다.

종합적으로 정리해 본다면, 1)전체적으로 볼 때 탈물질주의자와 물질주의자 비율은 모두 감소하고 그 감소분만큼 혼합형이 증가하는 것으로 나타났는데, 2)이를 코호트별로 나누어 본다면, 1955~69년 코호트와 1970~84년 코호트는 탈물질주의자 비율 감소에 기여했으며 1925~39년 코호트와 1940~54년 코호트는 물질주의자 비율 감소에 기여했음을 알 수 있다. 그렇다면 1955년 이후 출생 코호트에서는 탈물질주의자 비율이 감소했는데 반해 그 이전 출생 코호트에서는 물질주의자 비율이 감소한 이유가 무엇일까? 1990년대 중반 이래 신자유주의의 거친 파고가 국내에 세차게 밀려오는 과정에서 특히 젊은 세대가 심한 고용 불안정 상황에 놓이게 된 것에서 일차적 원인을 찾을 수 있을 것 같다.

우선 전체 인구와 15~29세 청년층의 실업률을 비교해 보면, 1997년 말 외환위기 이후 양 집단 간의 실업률 격차가 확대되었음을 알 수 있다. 통계청 자료(국가통계포털)에 따르면, 1990년대 전반에는 전체인구 실업률이 2% 중반 그리고 청년층이 5% 후반대로 그 격차가 3% 내외였으나, 외환위기 직후 그 격차가 5% 정도로 확대되었고 그 후 잠시 축소되었으나 2004년부터 다시 4% 중반대로 확대되고 있다. 한편, 안주엽(2011: 24-26)은 청년층의 노동시장이 경기변동에 상대적으로 더욱 민감하다는 점에 주목한다. 외환위기 전, 후 실업률 변동 폭이 청년층에서 가장 높게 나타났고 또한 전년도 동 분기 대비 실업률 변화의 견지에서도 청년층은 타 연령층에 비하여 변동 폭이 매우 높게 나타난 것이다. 청년층 노동시장이 경기변동에 민감하다 함은 그들이 상대적으로 불안정한 고용상태에 있음을 시사한다. 외환위기 이래 청년층의 고용상태가 악화일로에 있음은 다른 자료에서도 엿볼 수 있다. 15~24세 청년층의 1998~2002년 기간 중 고용 형태 변화를 분석한 자료에 따르면, 그 기간 중에 상용고는 40.9%에서 34.6%로 6%포인트 이상 감소한 반면에 일고(日雇)는 13.4%에서 21.0%로 8%포인트 가까이 증가한 것으로 나타났다(윤석천, 2004: 34). 외환위기 이후 신규 채용이 억제되고 경력직 채용 경향이 강화된 점 역시 청년실업을 심화시킨 주요 요인이다. 30대 대기업, 공기업, 금융기관을 대상으로 조사한 자료에 따르면 경력자 채용 비중이 외환위기 이전인 1997년에는 40.7%였으나 2002년에는 81.8%로 나타났다(윤석천, 2004: 35).

정부의 공식적인 실업률 지표는 취업 준비 중이거나 구직을 단념한 사실상의 실업자 등이 포함되지 않기 때문에 청년실업의 실상을 제대로 파악하기 어렵다는 지적을 받아왔다. 따라서 그에 대한 대안으로 고용률 지표를 분석하거나 사실상의 실업률 지표를 새로 만들어 분석하기도 한다.15) <표 4-5>에 1980~2009년 기간 중 고용률 변화 추이가 연령집단별로 제시되어 있다.

〈표 4-5〉 연령집단별 고용률 변화 추이: 1980~2009

(단위: %)

연령집단	1980년	1990년	1997년	2003년	2009년
15~29세	45.7	43.6	45.6	44.4	40.5
30~54세	71.4	75.6	76.6	74.2	74.4
55세 이상	39	46	48.5	43.3	44.4

자료: 안주엽(2011: 21), 〈표 2-3〉으로부터 재작성

---

15) 실업률은 경제활동인구(취업자+실업자) 중 실업자의 백분율을 의미하는데, 구직 단념자, 취업준비자, 취업무관심자 등 사실상의 실업자들이 비경제활동인구로 분류되기 때문에 실제보다 과소 평가되는 문제점을 갖는다. 사실상의 실업자들을 실업자로 분류하면 실업률은 공식 실업률보다 훨씬 높게 나타날 것이다. 한편, 고용률은 15세 이상 인구 중 취업자의 백분율을 의미하는데 공식 실업률 지표의 단점을 보완해 줄 수 있는 유용한 지표이다.

<표 4-5>에서 쉽게 드러나듯이, 경제적으로 가장 활동적인 연령대인 중장년층의 고용률은 고령자와 청년층에 비하여 매우 높게 나타난다. 청년층의 고용률이 고령층과 마찬가지로 낮은 것은 그 기간이 학령기와 중복되며 또한 한국의 경우 대학진학률이 높아서 노동시장 진출이 늦다는 점과도 관련될 것이다. 고용률은 외환위기 직전인 1997년에 최고점을 찍은 후 점차 낮아지는 추세를 보인다. 그런데 고용률 변화를 연령집단별로 나누어 보면 청년층이 외환위기의 가장 큰 피해자였음이 다시 한번 드러난다. 30~54세와 55세 이상 연령층에서는 외환위기 이후 고용률이 점차 원상회복되어 2003년에는 1980년 수준보다 3~4% 포인트 높아졌음에 비하여, 15~29세 청년집단에서는 고용률이 지속적으로 하락하여 2009년에 이르면 1980년에 비해 무려 5%포인트나 감소한 것이다. <표 4-5>의 자료가 출생 코호트별로 제시되지는 않았지만 2003년의 15~29세(1974~88년 출생) 연령집단이 본 연구에서의 1970~84년 코호트에 가깝다는 점을 감안하여 젊은 세대의 경제적 위기 상황을 짐작할 수 있다. 한편 청년 고용률의 하락은 구직 단념자 등 사실상의 실업자 증가에서 비롯된 측면도 있다. 이러한 관점에서 현대경제연구원(2011: 4)에서는 구직 단념자, 취업 준비자, 취업 무관심자를 사실상의 실업자로 분류하여 청년 실업률을 다시 계산해 보았는데 7~8% 대의 공식 실업률을 훨쩍 뛰어넘어 2003년 17.7%, 2011년 22.1%로 나타났다. 청년실업 문제는 청년층이 단순히 노동시장에서 배제되는 데 그치는 것이 아니라 노동·복지제도로부터 배제되고 나아가서 빈곤의 늪에 빠져서 정상적 인간관계를 갖는 데 어려움을 겪기도 한다는 점에서, 즉 사회적 배제(social exclusion)의 다면적 성격을 갖는다는 점에서 매우 심각한 문제가 아닐 수 없다(이성균, 2009).

잉글하트·웰젤(2011(2005): 193)은, 사회경제적 상황이 급격히 변화하여 청년층이 존재적 불안감을 경험하게 되면 물질주의 가치가 다시 부활할 수 있다고 시사한 바 있다. 한국은 1995년 세계무역기구(WTO)체제에 편입되어 시장개방이 가속화되는 과정에서 1997년 말 외환위기를 맞게 되었다. 위기 수습과정에서 신자유주의 경쟁체제가 전면 도입되었고 그 체제에서 가

장 큰 고통을 겪은 세대가 바로 1970년경 이후 출생한 젊은 세대이다(우석훈·박권일, 2007 참조). 대략 1970년대에 출생한 소위 "신세대"는 외환위기의 직격탄을 맞은 세대이며, 그 이후 80년대 무렵에 출생한 세대는 우석훈·박권일(2007)이 이름붙인 바 평생 비정규직 인생, "88만원 세대"이다. 그에 앞선 세대인 1955~69년 출생코호트는 1970~84년 코호트에 비하여 사정이 좀 낫긴 하지만 이들 역시 외환위기 이후 신자유주의적 구조조정과 장기화된 경기침체의 늪에서 승자독식, 무한경쟁의 논리를 온 몸으로 생생하게 체험했다는 점에서 경제적 위기의식 면에서는 아래 세대와 차이가 없다. 이와 같은 물질적 안전에 대한 위협 상황이 이들로 하여금 탈물질주의 가치에 대해 유보적 입장으로 선회하게 만든 주요 배경이 되었다고 생각한다.

한편, 베이비붐 이전 세대 역시 1990년대 중반 이래 경제적 위기상황을 겪은 점은 동일하지만 이들은 집합적으로 볼 때 이미 직장을 안정적으로 선점하였거나 나이에 따라 이미 퇴직을 했을 연령층이기 때문에 위기의식의 강도 면에서는 젊은 세대에 비하여 아마도 낮았을 것으로 추측된다. 다른 한편, 이들은 자신의 어린 시절에 비해 상대적으로 높아진 경제적 안정과 물질적 풍요, 신체적 안전을 뒤늦게 체감했다고 볼 수 있는데 그러한 점이 가치 변화에 작용할 수 있을 것이다. 그리하여, 앞서 제시한 <표 4-4>의 물질주의 가치의 감소와 혼합형의 증가 추세에서 볼 수 있듯이, 물질주의 가치와 함께 탈물질주의 가치도 뒤늦게 부분적으로 받아들이며 시류에 적응해 간 것이 아닐까 추정해 본다.[16]

이 절에서 탈물질주의 가치의 세대별 추이를 분석한 부분에서는 탈물질주의 가치 12항목 지수와 출생코호트 간의 교차 분석 결과를 바탕으로 논의

---

[16] 1990년대 초 이래 1, 2차 북핵 위기, 수많은 사상자를 낸 연평 해전 등의 안보 위기 상황 역시 신체적 안전 욕구를 자극하여 물질주의로의 회귀 혹은 혼합형으로의 변화를 유도하는 배경이 되었을 가능성이 높다. 그러나 이러한 요인이 젊은 세대에게만 차별적으로 작용했다고 보기는 어렵다. 젊은 세대가 직접적 이해당사자인 점은 분명하지만, 나이 든 세대의 레드콤플렉스도 함께 자극할 것이기 때문이다. 이에 대해서는 추후 별도의 심층 분석이 필요하다.

해 왔다(<그림 4-4>, <그림 4-5>, <표 4-4> 참조). 그러나 이러한 두 변수 간의 교차 분석은 제3의 관련된 변수를 통제하지 않았다는 점에서 보완되어야 한다. 따라서 종속변수에 영향을 미칠 가능성이 있는 다른 사회인구학적 변수를 포함한 추가 분석이 필요하다. 이 연구에서는 탈물질주의 가치 12항목 지수를 종속변수로 두고 연령, 교육수준, 수입정도, 이념 성향 변수를 독립변수로 삼아 2001년 자료[17]를 다중회귀분석 방법으로 분석해 보았다. 이 분석의 작업 가설은 "연령은 교육수준, 수입정도, 이념성향 요인을 통제한 상태에서도 탈물질주의 가치에 유의미한 영향을 미친다"이다. 연령 변수는 코호트별로 가변수들(dummy variables)을 만들어 분석할 수도 있으나 모형의 단순성이라는 가치를 중시하여 연령 한 변수만을 사용하였다. 다른 변수들은 세계가치조사 데이터 파일(SPSS용)에 포함된 변수를 재부호화(recoding)

〈표 4-6〉 탈물질주의 가치(종속변수)에 관한 다중회귀분석

모형	비표준화 계수		표준화 계수	t 값	유의 확률
	B	표준오차	Beta		
(상수)	2.089	.219	-	9.527	.000
연령	-.019	.003	-.219	-7.111	.000
교육수준	.122	.022	.173	5.571	.000
수입정도	.016	.017	.027	.967	.334
이념성향	-.039	.014	-.079	-2.836	.005

주: R^2 = .134, 수정된 R^2 = .131, F = 46.199 (유의확률: .000)

---

[17] 최근의 2005년 자료가 아닌 2001년 자료를 선택해 분석한 이유는, 1) 연령과 교육수준 간 상관관계 계수가 2005년 자료에서는 -.597로 다소 높게 나와서 다중공선성의 문제가 상대적으로 크기 때문이며(2001년: -.456), 2) 모형의 설명력 면에서도 2001년 모형(R^2 = .134)이 2005년 모형(R^2 = .063)보다 높기 때문이다.

하지 않고 그대로 활용하였다.18) 자료 분석 결과가 <표 4-6>에 제시되어 있다.

<표 4-6>에서 볼 수 있듯이, 연령 변수는 교육 수준이나, 수입 정도, 이념 성향 등의 유관 변수를 통제한 상태에서도 종속변수인 탈물질주의 가치의 예측 변수로서 통계적으로 유의미한 영향을 미치는 것으로 나타났다. 이로써 앞서 설정한 가설이 지지되었다. 게다가 설명력의 정도를 시사해주는 베타 값에서 알 수 있듯이, 연령 변수는 네 변수 중에서 가장 높은 설명력을 갖는 것으로 밝혀졌다. 교육 수준과 이념 성향 역시 탈물질주의 가치의 유의미한 설명 변수로 나타났다. 젊은 연령과 높은 교육 수준이 탈물질주의 가치와 유의미한 관계를 갖는다는 점은 이미 여러 연구에서 밝혀진 바 있다 (Inglehart, 1997; 마인섭·장 훈·김재한, 1997; 김두식, 2005; 김 욱, 2009 참조). 이에 덧붙여서 이 연구에서는 좌파적 이념 성향 역시 탈물질주의 가치를 예측하는 데 의미 있는 변수임이 드러났다. 이러한 결과는 탈물질주의 가치가 시위, 파업 등 저항적 정치행위와 유의미한 관계를 갖는다는 연구결과(정철희, 1997; 김 욱·이이범, 2006; 강수택·박재홍, 2011)의 연장선상에서 이해할 수 있다.

V. 논의 및 결론

이 절에서는 지금까지의 분석 결과를 간략하게 요약 정리하고, 이 연구의 의의와 한계, 앞으로의 연구과제를 제시하면서 이 글을 마무리할 것이다. 우선 이 연구에서의 자료 분석결과를 요약하면 다음과 같다. 첫째, 서구

---

18) 각 변수 값의 범위는 다음과 같다. 탈물질주의 가치(물0~5탈물), 연령(18~78세), 교육수준(초등중퇴1~8대졸), 수입정도(최하1~10최상), 이념성향(좌1~10우).

선진공업국들과 비교할 때 한국에서의 탈물질주의 가치는 아직 널리 확산되지 않은 상태이다. 한국 사회는 1980년대 후반 대중소비사회 단계에 진입하고 시민사회 영역이 급성장함에 따라 탈물질주의 가치가 빠르게 확산되었으나 90년대 중, 후반부터는 세계화, 개방화 흐름 속에서 무한경쟁 논리와 배금주의 풍조가 팽배하면서 탈물질주의 가치도 위축되기 시작했다. 둘째, 1990년 조사에서 탈물질주의자 비율이 높게 나타나도록 하는 데 기여한 세대가 1955년 이후 출생한 코호트였는데 그 이후 조사에서 비율의 급격한 감소에 기여한 세대 역시 동일한 세대였다. 탈물질주의-물질주의자 간 격차는 1955년 이후 출생한 젊은 코호트에서는 확대되었으나 그 이전 코호트에서는 축소됨으로써 전체적으로는 30%포인트 정도의 일정한 수준을 유지하였다. 셋째, 전체적으로 볼 때 탈물질주의자와 물질주의자 비율은 모두 감소하고 그 감소분만큼 혼합형이 증가하였다. 이러한 변화를 코호트별로 나누어 분석해 보면 1955~69년 코호트와 1970~84년 코호트는 탈물질주의자 비율 감소에 기여했으며 1925~39년 코호트와 1940~54년 코호트는 물질주의자 비율 감소에 기여했다.

이 연구의 중요한 의의는 코호트 분석에서 찾을 수 있다. 지금까지 한국에서의 탈물질주의에 관한 많은 연구들은 탈물질주의 추세를 연구표본 전체적으로 보거나 연령집단별로 보았기 때문에 코호트별 특성이 잘 드러나지 않았다. 간혹 코호트별 분석을 한 경우도 있었으나 깊이 있는 분석과 논의가 이루어지지는 않았다(어수영, 2004). 그러나 이 연구에서는 1990~2005년 기간 중 코호트 분석을 시도함으로써, 연구표본 전체로 볼 때 드러나지 않았던 물질주의/탈물질주의 가치의 코호트별 변화 유형을 탐색할 수 있었다. 극심한 취업난 속에서 청년층의 탈물질주의 가치가 위축되리라는 점은 실상 상식적으로도 충분히 예상할 수 있는 결과였다. 하지만, 나이든 세대의 경우 시간 경과에 따라 물질주의 가치가 약화되는 경향, 달리 말해 물질주의 가치와 함께 탈물질주의 가치도 함께 수용했다는 점(혼합형 증가에서 드러나듯이)은 이 연구에서 밝혀진 중요한 성과이다.

그러나 이러한 코호트별 차이가 나타난 배경이 무엇인가에 대해서는 정교한 분석을 하지 못했다. 특히 청년실업 문제의 직접 당사자인 1970~84년 코호트와는 달리 1955~69년 코호트에서도 탈물질주의 가치의 약화 추세가 발견된 점에 대해서 충분한 설명이 이루어지지 못하였다. 물론 이들 역시 신자유주의적 구조조정과 장기화된 경기침체 속에서 어려움을 겪었다는 점은 분명하지만 외환위기 충격의 강도는 1970~84년 코호트에 비하여 낮을 것이다. 또한 다른 각도에서 볼 때, 1980년대 격동기에 민주화투쟁에 앞장섰던 386세대는 탈물질주의 가치지향이 높은 수준에서 유지될 것으로 기대할 수도 있다. 이러한 정황에도 불구하고 탈물질주의 비율이 크게 떨어진 점에 대해서 앞으로 보다 깊이 있는 분석이 필요하다.

1955년 이전에 출생한 나이 든 세대에서 물질주의 가치가 약화되고 혼합형이 증가한 추세에 대해서도 앞으로 깊이 있는 분석과 논의가 이루어져야 할 것이다. 이 연구에서는, 베이비붐 이전 세대는 집합적으로 볼 때 직장을 안정적으로 선점했거나 이미 퇴직을 했을 연령대라서 위기의식의 강도가 상대적으로 낮을 것이고, 또한 이들은 자신의 어린 시절에 비해 상대적으로 높아진 경제적 안정과 물질적 풍요, 신체적 안전 등에 의해 물질주의 가치가 약화되지 않았을까 추측하였다. 이러한 추론은 사실 잉글하트의 사회화 가설과 대립되는 가설이다. 잉글하트는 성장기에 신체적·물질적 안전을 경험한 젊은 코호트가 탈물질주의 가치를 쉽사리 수용할 것이고, 시간이 경과하여 세대가 교체됨에 따라 탈물질주의 가치가 점차 지배적 가치로 확산될 것으로 전망했기 때문이다. 이 추론의 유의미성 여부를 알아보기 위해서는 보다 긴 기간에 걸친 관찰이 필요할 것이다.

유럽의 몇몇 국가에서는 1970년 이래 90년대 중반까지 거의 매년 물질주의/탈물질주의 가치에 관한 조사가 수행되어왔고 그 이후에도 제4차 및 제5차 세계가치조사를 통해 거의 40년이라는 긴 기간에 걸친 자료가 축적되어 왔다(Inglehart, 2008). 이에 비하여 한국이 참여한 세계가치조사는 1981부터 2005년까지 25년 기간 동안 총 5회 실시되었으나 그나마 코호트별 분석이 가능한 기간은 15년에 불과하다. 이렇게 제한된 기간의 자료 분석을 통해 드러난 추세를 통해 탈물질주의 가치의 형성과 확산을 논의하고 일반화하는 데에는 분명 한계가 있다. 앞으로 보다 긴 기간의 자료가 축적되어야 보다 심층적인 코호트 분석이 가능할 것이고, 또한 자료 분석결과 드러난 추세가 안정적인지 여부도 평가할 수 있을 것이다. 한국의 경우 2011년에 세계가치조사 제6차 조사가 실시되었고 앞으로도 대략 5년 간격으로 조사가 실시될 것이기 때문에 추후 자료 축적에 따라 보다 깊이 있는 분석과 논의가 이루어질 것을 기대해 본다.

【참고 문헌】

강수택·박재흥. 2011. "한국 사회운동의 변화와 탈물질주의." *Oughtopia* 26(3): 5-38.
김두식. 2005. "환경주의와 탈물질주의적 가치에 대한 태도 연구." ECO 9: 135-180.
김 욱. 2007. 『정치 참여와 탈물질주의』. 아산재단 연구총서 제188집. 집문당.
_____. 2009. "정치문화의 변동과 가치갈등: 탈물질주의를 중심으로." 2009 한국정치학회·이화여자대학교 평화학연구소 공동 주최 특별학술회의.
_____·이이범. 2006. "탈물질주의와 민주주의: 한국과 일본의 정치문화 변동 비교." 『한국정당학회보』 5(2): 89-124.
마인섭·장 훈·김재한. 1997. "한국에서의 탈물질주의적 가치관의 등장과 사회적 균열구조의 변화." 『한국과 국제정치』 13(2): 29-52.
박재묵·이정림. 2010. "자원봉사자의 환경주의와 탈물질주의-태안지역 방제작업에 참여한 자원봉사자의 가치관 분석." ECO 14(2): 53-84.
박재홍·정진성·이병천 외. 2003. "사회변동과 세대문제." 『한국사회발전연구』. 나남. pp.221-245.
_____. 2009. "세대 계승과 갈등: 사회문화적 변동의 맥락에서." 한국사회학회 편. 『대한민국 60년의 사회변동』. 인간사랑. pp.359-394.
박희봉·이희창·전지용. 2008. "한·중·일 3국의 가치변화 성향 분석 — 신세대와 기성세대간 비교." 『한국행정논집』 20(2): 501-532.
성기중·박 형. 1999. "탈물질주의-진실인가, 허구인가?" 『대한정치학회보』 7(2): 143-173.
안주엽. 2011. 『세대간 고용대체 가능성 연구』. 한국노동연구원 연구보고서 2011-03.
어수영. 1992. "한국인의 가치 변화와 민주화." 『한국정치학회보』 25(2): 137-169.
_____. 1999. "한국인의 가치변화와 지속성 그리고 민주화." 『한국정치학회보』 33(3): 111-131.
_____. 2004. "가치변화와 민주주의 공고화: 1990-2001년간의 변화 비교연구." 『한국정치학회보』 38(1): 193-214.
우석훈·박권일. 2007. 『88만원세대』. 레디앙.
윤석천. 2004. "경제 위기 이후의 청년층 노동시장 변화와 직업선택." 한국진로교육학회. 『제18차 춘계학술대회-청년실업에 대한 진로교육정책』.
이성균. 2009. "한국사회 청년층의 사회적 배제: 청년실업문제를 중심으로." 한국사회학회. 『2009 국제사회학대회 자료집』(2009. 12).

잉글하트(R. F. Inglehart). 1980(1977). 정성호(역). 『조용한 혁명』. 종로서적.
_____ · 웰젤(R. F. Inglehart & C. Welzel). 2011(2005). 지은주(역). 『민주주의는 어떻게 오는가』. 김영사.
정철희. 1997. "문화변동과 사회민주화: 탈물질주의 가치와 공중-주도 정치." 『한국사회학』 31(봄): 61-83.
통계청. 1993. 『1993 한국의 사회지표』.
_____. 2010. 『2010 한국의 사회지표』.
_____. 국가통계포털(http://kosis.kr/).
현대경제연구원. 2011. 『경제주평— 청년체감실업률 20% 시대의 특징과 시사점』: 11-42(통권 469호).

Inglehart, Ronald F. 1971. "The Silent Revolution in Europe: Intergenerational Change in Post-Industrial Societies." *The American Political Science Review* 65(4): 991-1017.
_____. 1995. "Modernization and Postmodernization: Changing Korean Society in Global Perspective." 서울대학교 사회과학연구소. 『사회과학과 정책연구』 17(3): 137-201.
_____. 1997. *Modernization and Postmodernization: Cultural, Economic, and Political Change in 43 Societies*. Princeton. N.J.: Princeton University Press.
_____ et al. 2000. *World Values Surveys and European Values Surveys, 1981-1984, 1990-1993, and 1995-1997* (ICPSR 2790). Inter-university Consortium for Political and Social Research.
_____ et al. 2005. *European and World Values Surveys Integrated Data File, 1999-2002, Release 1* (ICPSR 3975). User Guide and Codebook. Inter-university Consortium for Political and Social Research.
_____. 2008. "Changing Values among Western Publics from 1970 to 2006." *West European Politics* 31(1-2): 130-146.
_____, & Wayne E. Baker. 2000. "Modernization, Cultural Change, and the Persistence of Traditional Values." *American Sociological Review* 65: 19-51.
Mannheim, Karl. 1952(1928). "The Problem of Generations." *Essays on the Sociology of Knowledge*. New York: Oxford University Press. in pp.276-

320 K. Mannheim.

Maslow, A. H. 1943. "A Theory of Human Motivation." *Psychological Review* 50(4): 370-396.

WORLD VALUES SURVEY 1981-2008 OFFICIAL AGGREGATE v.20090901, 2009. World Values Survey Association(www.worldvaluessurvey.org). Aggregate File Producer: ASEP/JDS, Madrid.

제5장

탈물질주의와 한국의 정치 변동

김 욱

I. 서론

　　한국은 가장 역동적인 국가로 널리 알려져 있다. 압축적인 경제성장으로 인해 경제 및 사회 발전이 급속도로 이루어지고 있는 것은 물론이고, 정치 발전 또한 다른 국가들에 비해 매우 빠른 속도로 진행되고 있다. 그런데 이러한 한국 사회의 역동성과 변화 지향성은 사회 발전과 불안정성이라는 두 가지 측면을 동시에 내포하고 있다. 따라서 이러한 정치, 경제, 사회적 변동을 제대로 이해하는 것은 한국 사회의 발전과 안정성을 도모하는 데 매우 중요하다.

　　본 연구는 한국 정치의 변동에 초점을 맞추고 있다. 그리고 한국 정치의 변동은 경제적, 사회적 변동과 깊게 연관되어 있다는 전제에서 출발하고 있다. 다시 말하면, 우리가 목격하고 있는 한국 정치의 변화와 불안정성의 기저에는 한국의 눈부신 경제 및 사회 발전과 그에 따른 한국 유권자의 의식 변화, 즉 정치문화의 변동이 자리잡고 있다는 것이다. 보다 구체적으로, 본 연구가 특히 주목하고 있는 것은 탈물질주의적 가치의 부상이라는 정치문화의 변동이 한국 정치의 최근 변화에 미치는 영향력이다.

탈물질주의의 부상은 한국 정치의 매우 근본적인 영향을 미치고 있다. 정치참여에 있어서는 투표 참여와 같은 전통적 방식의 참여 외에 촛불 시위, 인터넷이나 SNS를 통한 의제 설정 등과 같은 보다 적극적인 참여의 중요성을 증대시키고 있다. 또한 민주화 이후 한국 정치에서 독점적인 위치를 차지하고 있던 지역 갈등 외에 세대 갈등, 이념 갈등 등이 새롭게 부상하는 데 영향을 미치고 있다. 그리고 이러한 갈등구조의 다변화는 정당정치의 불안정성을 초래하고 있다.

본 연구는 모두 5개의 절로 구성되어 있다. 다음 2절에서는 탈물질주의와 정치문화의 변동, 그리고 그것이 초래하는 정치 변동에 대해 이론적으로 논의한다. 3절에서는 한국 사회에서 탈물질주의적 가치의 부상을 경험적으로 살펴본다. 4절에서는 탈물질주의적 가치가 한국 정치 변동에 미치는 영향을 정치참여와 갈등구조 다변화라는 두 가지 차원에서 경험적으로 분석한다. 5절에서는 본 연구의 시사점을 논의한다.

마지막으로 연구의 독창성이라는 측면에서 본 연구의 한계를 밝히고자 한다. 본 연구는 탈물질주의가 한국 정치의 변동에 미치는 다양한 영향을 종합적으로 검토하는 데 주요 목적이 있다. 따라서 새로운 이론적 주장을 전개하거나 새로운 경험적 분석을 시도하기보다는 기존의 연구 결과를 정리하여 종합적으로 재구성하는 데 중점을 두고 있다.

II. 탈물질주의, 정치문화 변동, 그리고 정치 변동

탈물질주의의 부상은 정치문화 변동의 한 형태이다. 따라서 여기서는 먼저 정치문화 변동이라는 일반적 이론의 틀 안에서 탈물질주의의 부상이 갖는 의미를 논의한다. 그리고 다음으로는 탈물질주의의 부상이라는 정치문화의 변동이 가져오는 정치적 변동과 효과에 대해서 이론적으로 논의한다. 물론 특히 주목하는 것은 한국적 맥락에서 발생하는 정치적 변동이다.

1. 정치문화 변동과 탈물질주의

한 국가의 정치문화는 시간이 지남에 따라 변동하기 마련이다. 그런데 이러한 정치문화의 변동에 있어서 가장 중요한 것은 기본적인 가치의 변화이다. 가치의 변화는 정치적 태도와 의견의 변화를 필연적으로 수반하기 때문이다.

그러나 정치심리학자들의 연구에 따르면, 한 개인의 기본적인 가치관은 어린 시절에 형성되는 것으로서, 일단 형성이 되면 시간이 지나도 좀처럼 변화하지 않는다고 한다. 예를 들어, 어린 시절 권위주의적인 부모 아래에서 자란 아이는 자기도 모르게 권위를 중시하는 가치관을 갖게 되고, 이러한 가치관은 그 아이가 성인이 되어도 쉽사리 변하지 않는다는 것이다. 따라서 학교나 직장 생활에서도 자기보다 윗사람의 의견이나 명령을 복종하는 성향이 나타나게 된다는 것이다.

그렇다면 한 사회의 정치문화의 변동의 주요 원천은 개인의 가치관의 변화에 있는 것이 아니라, 기성세대의 퇴장과 새로운 가치관을 가진 세대의 등장에 있다. 즉 세대교체(generational replacement)를 통해 한 사회의 정치문화와 가치관은 변화하는 것이다. 따라서 이러한 변화는 연속적이고 점진적일 수밖에 없다. 그러나 일단 변화가 발생하면 그것이 사회 전반에 미치는 영향은 매우 지속적이고 심대한 것이다.

정치문화의 변동에 대한 연구는 잉글하트(Inglehart, 1971; 1977; 1990; 1997)에 의해 주도되어왔다. 주로 서구의 고도화로 산업화된 사회를 대상으로 연구를 한 그는 이들 사회의 정치문화가 "물질주의적(material)" 가치 중심에서 "탈물질주의적(post-material)" 가치 중심으로 변화하고 있음을 주장하였다. 즉 물질적인 가치를 중시여기는 산업사회가 후기산업사회를 맞이하면서 물질 외에 보다 추상적이고 정신적인 가치를 중시하게 되었다는 것이다. 그런데 이러한 변화는 소리없이 정치는 물론 사회 전반에 커다란 혁명적 변화를 초래하는 것으로서, 잉글하트(Inglehart, 1971; 1977)는 이를 "조용한 혁명(silent revolution)"이라고 불렀다.

잉글하트의 탈물질주의 주장은 다음의 두 가지 이론적 가설에 기반하고 있다. 하나는 "결핍 가설(scarcity hypothesis)"이고 다른 하나는 "사회화 가설(socialization hypothesis)"이다(Inglehart, 1990). 결핍 가실이란 한 개인이 중시하는 가치는 그가 살고 있는 사회경제적 환경을 반영하는 것으로서, 상대적으로 공급이 부족한 것들에 대해 가장 커다란 가치를 부여하게 된다는 것이다. 예를 들어, 물질적·경제적인 재화가 부족한 환경에서는 물질적인 가치를 중시하는 경향이 있으며, 반대로 물질은 풍부하나 정신적인 만족도가 떨어지는 사회적 환경에서는 정신적인 가치에 우선순위를 부여하는 경향이 있다는 것이다.

이러한 결핍 가설은 물론 매슬로우(Maslow, 1954)의 "필요의 위계(hierarchy of needs)" 이론과도 밀접한 연관이 있다. 이 이론에 따르면, 생존에 가장 기본적이라고 할 수 있는 생리학적인 필요(식욕, 성욕 등)가 충족된 이후에야 보다 높은 차원의 필요(유대감, 자기 존중, 지적 혹은 미적 만족 등)가 중요하게 된다는 것이다. 따라서 경제적으로 불안정한 환경에서 자란 개인들은 자신의 생존에 직접 도움이 되는 물질주의적인 가치를 중시하는 반면에, 경제적으로 풍요로운 환경에서 자란 개인들은 탈물질주의적인 가치에 상대적으로 중점을 두게 된다.

물론 물질주의적 가치와 탈물질주의적 가치가 양립 불가능한 것은 아니다. 대개의 경우 이 둘은 한 개인에 혹은 한 사회에 공존하고 있다. 예를 들어, 아무리 경제적으로 궁핍한 개인이라 할지라도 아름다운 음악을 들으며 기쁨을 느낄 수 있으며, 아무리 가난한 사회에서도 음악과 미술은 존재한다. 또한 경제적으로 여유가 있는 개인이라 하더라도 물질에 대한 욕심이 없는 것은 아니며, 마찬가지로 제 아무리 부유한 사회에서도 월급 인상에 대한 요구는 항상 존재하기 마련이다. 결국 물질주의-탈물질주의의 구분은 상대적으로 어느 쪽에 더 많은 중점을 두는가에 의한 것이다.

사회화 가설이란 한 개인의 가치관은 그가 살고 있는 사회경제적 환경을 그대로 반영하는 것이 아니라 주로 어린 시절의 사회화 과정을 거치면서 확립된다는 것이다. 따라서 아무리 객관적으로 풍요로운 사회에서 자란 개인이라 하더라도, 불안정한 문화적 배경에서 어린 시절의 사회화를 경험했다면 경제적인 안정을 느끼지 못하고 매우 물질주의적인 가치정향을 가질 수 있다는 것이다. 다시 말하면, 객관적이고 거시경제적인 상황보다는 각 개인이 어린시절에 주관적으로 경험한 사회화의 환경이 더욱 중요한 요인이 된다.

이러한 사회화 가설이 갖는 또 다른 시사점은 한 사회의 근본적인 가치 변화는 하룻밤 사이에 발생하는 것이 아니고, 오랜 기간에 걸쳐 점진적으로 그리고 보이지 않게 서서히 발생하는 것이다. 예를 들어, 어린 시절 매우 불안정한 경제적 환경에서 사회화 경험을 한 개인의 경우 성인이 되어 경제적으로 매우 풍요롭게 된다고 할지라도 그의 물질주의적인 가치 정향은 쉽사리 변화하지 않을 것이다. 반대로 어린 시절 풍요로운 환경에서 자라면서 탈물질주의적 가치를 갖게 된 개인은 훗날 경제적 사정이 악화된다 하더라도 자신의 근본적 가치를 유지할 확률이 높다. 결국 한 사회의 가치변화는 개인 차원에서 이루어지기보다는 각 세대가 경험하는 환경의 차이를 통해, 즉 세대교체(generational replacement)를 통해 점진적이고 지속적으로 이루어진다.

2. 탈물질주의와 정치 변동

탈물질주의적 가치의 부상이라는 정치문화의 변동은 필연적으로 정치 변동을 수반한다. 정치문화는 정치체계를 지탱하고 있는 토대와 같은 것으로, 이러한 정치문화의 변동은 정치의 근본적인 변화를 가져올 가능성이 높은 것이다.

잉글하트(Inglehart, 1990; 1997)에 따르면, 탈물질주의의 부상은 서구 사회에 있어서 광범위한 정치적, 사회적 파장 효과를 가져왔다. 먼저, 사회적으로는 종교에 대한 인식이 보다 세속화되었으며, 남녀의 역할에 대해서 보다 동등한 인식을 갖게 되었으며, 낙태 수술, 이혼, 매춘 등에 대해서도 보다 관용적인 태도를 갖게 되었다. 또한 정치적으로는 맑시스트 정당의 쇠퇴와 더불어 유권자의 정치 이념 및 정치적 행동에 상당한 영향을 미쳤다.

물론 여기서는 한국적 맥락에서 탈물질주의의 부상이 가져오는 정치적 변동에 주목한다. 탈물질주의의 부상은 한국 정치에 있어서 크게 두 가지의 변화를 초래하고 있다. 하나는 정치참여 유형의 변화이며, 다른 하나는 갈등 구조의 다변화이다.

1) 정치참여 유형의 변화

탈물질주의적 가치가 미시적 차원에서 정치참여에 미치는 영향을 이론적으로 논의해 보면, 먼저 탈물질주의적 가치를 가진 유권자는 물질주의적 가치를 가진 유권자에 비해 정치참여에 적극적일 가능성이 높다. 왜냐하면 탈물질주의자는 물질주의자에 비해 자신의 경제적, 물리적 안전을 위해 에너지를 쏟아 부을 필요가 상대적으로 적기 때문이다. 따라서 그들은 물질적인 안정 외에 다른 문제에 관심을 가질 여유가 생기는데, 그러한 관심 중의 하나가 바로 정치이다. 정치에 대한 관심 증대는 실제 정치참여의 증대로 이어질 가능성이 크다.

그런데 여기서 강조할 것은 탈물질주의적 가치가 정치참여에 미치는 영향이 참여의 유형에 따라 다르게 나타날 수 있다는 사실이다. 정치참여를 엘리트 주도형 참여(혹은 쉬운 참여)와 시민 주도형 참여(혹은 어려운 참여)로 구분하여 생각한다면, 탈물질주의적 가치가 투표와 같은 쉬운 참여에 있어서는 별 영향을 미치지 못할 것으로 예상된다. 사실 투표 참여 행위는 약간의 시간 이외는 거의 비용이 들어가지 않는다. 게다가 많은 사람이 자발적으로 하기보다는 투표를 일종의 의무감이나 주위의 권유를 받고 일종의 동원된 투표를 한다는 점을 감안하면 정신적인 비용도 거의 없다. (김 욱, 1999) 따라서 이런 유형의 참여에는 물질주의/탈물질주의 가치 요인이 크게 작용할 여지가 없다.

반면 청원서 서명, 시위, 파업, 농성, 의제 설정 등과 같은 시민주도형 참여의 경우에는 행위자의 자발적인 노력과 의지가 필요하며, 또한 그러한 행위에 들어가는 각종 비용(시간, 정보, 물질적 피해 등)을 감당할 수 있는 정신적, 경제적 여유도 필요하다. 그런데 물질주의자에 비해 탈물질주의자는 사회적, 정치적 문제에 더 많은 관심을 가질 뿐만 아니라, 무엇보다도 그러한 행동에 들어가는 비용을 감당할 수 있는 정신적, 경제적 여유가 있을 확률이 높다. 따라서 탈물질주의자일수록 이러한 어려운 참여 행위에 보다 적극적으로 가담할 가능성이 높을 것으로 예상할 수 있다.

요약하자면, 탈물질주의적 가치의 부상은 일반 대중의 정치에 대한 관심과 참여의 증대를 가져온다. 그러나 이러한 정치참여 증대 현상이 모든 유형의 정치참여에 똑같이 적용되는 것은 아니다. 탈물질주의적 가치는 과거의 전통적인 엘리트 주도형 참여보다는 새로운 유형의 시민 주도형 참여에 보다 많은 영향력을 행사하며, 따라서 전자보다는 후자의 중요성이 점차 증가하게 된다. 그런데 이러한 정치참여 유형의 변화는 비단 한국에서만 발생하는 현상은 아니다. 실제로 탈물질주의적 가치가 확산되면서, 전세계적으로 투표율이 감소하고 있지만 동시에 보다 적극적인 유형의 정치참여는 증가하고 있는 것이다.

2) 갈등구조의 다변화: 세대 갈등 및 이념 갈등의 부상

탈물질주의적 가치의 부상이 가져오는 정치적 변화 중에서 한국적 맥락에서 특히 두드러지게 나타나는 현상은 갈등구조(혹은 균열 구조)의 다변화이다. 한국은 다른 국가들에 비해 급속한 경제성장을 이룬 국가 중의 하나이다. 따라서 탈물질주의적 가치라는 관점에서 볼 때, 기성세대와 젊은 세대간에 가치관의 차이가 매우 두드러지게 나타날 수밖에 없다. 그런데 이러한 세대간 가치관의 차이는 한국 정치사회의 갈등구조를 다변화하는 데 기여하고 있다.

민주화 이후 한국 정치에서 지역 갈등은 거의 독점적인 위치를 차지하고 있었다. 그런데 2000년대 들어 정치적 균열(혹은 갈등) 구조가 다변화되고 있다. 지역 갈등이 약화 혹은 변화하면서, 동시에 이념 갈등, 세대 갈등 등의 상대적 중요성이 증가하고 있는 것이다. 그런데 갈등 구조의 다변화라는 최근의 변화의 기저에는 젊은 세대를 중심으로 부상하고 있는 탈물질주의적 가치가 자리잡고 있다. 세대간 기본적 가치관의 차이는 단순히 세대 갈등으로 표출될 뿐만 아니라, 더 나아가 이념 갈등 및 지역 갈등의 변화에도 영향을 미치고 있다.

실제로 세대 갈등과 이념 갈등은 각기 독립적인 영향력을 행사하고 있지만, 동시에 서로 밀접한 관계를 갖고 있다. 일반적으로 젊은 세대일수록 진보적 성향을 가지고 있으며, 반대로 기성세대의 경우 상대적으로 보수적 성향을 가지고 있는 것으로 널리 알려져 있다. 그런데 이 두 갈등을 연결하고 있는 것이 바로 물질주의-탈물질주의 차원의 가치관의 차이인 것이다.

세대간 이념의 차이는 두 가지의 전혀 다른 과정에 의해서 발생할 수 있다. 하나는 소위 인생주기 효과(life-cycle effects)로서, 인생의 시기에 따라서 이 세상을 보는 시각이 달라진다는 것이다. 흔히 젊은 시절에는 가진 것이 별로 없기 때문에 사회의 변화에 보다 긍정적인 시각(즉 진보적인 시각)을 갖게 되지만, 반대로 나이가 들수록 가진 것이 많아지면서 사회의 변화보다는 안정 쪽에 더 무게를 두는 보수적인 시각을 갖게 된다고 한다.

이러한 인생주기 효과와는 별도로 세대간 이념 차이에 영향을 미칠 수 있는 또 하나의 과정은 세대간 가치관의 차이에 따른 소위 세대 효과(generational effects)이다. 각 세대마다 다른 사회경제적 환경 속에서 다른 사회화 과정을 경험함으로써, 각 세대는 서로 다른 독특한 가치관을 갖게 될 수 있다. 그런데 이러한 가치관의 차이가 각 세대의 정치이념의 차이를 야기할 수 있다는 것이다.

보다 구체적으로, 탈물질주의적 가치관을 가진 세대일수록 진보적인 정치 이념을 가질 가능성이 높을 것이다. 탈물질주의자는 아직 사회에서 소수에 불과하기 때문에, 물질주의자의 주도하에 형성된 기존의 사회질서에 만족하지 않을 가능성이 높다. 따라서 이들은 사회의 변화에 보다 긍정적인 입장을 취하는 정치적 진보에 끌리는 경향을 갖게 될 것이다(Inglehart, 1990).[1] 그리고 이러한 과정에서 탈물질주의적 가치가 진보적 정치 이념의 내용과 성격에도 영향을 미치게 되는데, 예를 들어 환경, 삶의 질 등과 같은 이슈들이 진보적 이념의 주요 구성 요소 중의 하나가 된다.

한국 사회에서 발견되고 있는 세대간 정치이념의 차이는 앞서 언급한 인생주기 효과보다는 세대 효과의 영향을 더 많이 받는 것으로 생각한다. 물론 인생주기 효과가 어느 정도 있는 것을 부정할 수는 없을 것이다. 그러나 한국 사회에서의 세대간 이념 차이가 다른 사회에 비해 훨씬 더 크다는 점을 고려할 때, 이러한 차이의 상당 부분은 각 세대가 가지고 있는 상이한 가치관에서 기인한다고 보아야 할 것이다.

마지막으로 이러한 새로운 갈등 구조의 부상은 한국정당정치의 불안정성, 그리고 보다 구체적으로는 한국 유권자의 정당 지지의 불안정성을 증대시켰다(Kim and Kim, 2012). 과거 지역 갈등이 독점적 지위를 차지하고 있을 때에는 유권자의 정당 지지 유형이 상대적으로 안정적이었다. 유권자의 거주 지역, 혹은 출신 지역에 따라 지지 정당이 거의 결정되었으며, 이러한 지지는 여러 선거에 걸쳐 일관되게 나타났다. 그러나 세대 갈등과 이념 갈등의 부상은 이러한 안정적인 정당 지지를 더 이상 가능하지 못하도록 만들었다. 지역 요인 외에 다른 요인들이 복합적으로 작용하게 되었기 때문이다.

---

1) 물론 여기서의 진보란 사회적 변화를 추구한다는 폭넓은 의미의 진보로서, 노동자의 이익을 대변하는 고전적 의미의 진보(혹은 좌파)를 뛰어 넘는 것이다. 탈물질주의적 가치가 기존의 좌-우 정치이념의 변화에 미치는 영향에 대한 보다 자세한 논의는 잉글하트(Inglehart, 1990)를 참조하라.

게다가 탈물질주의적 가치관을 가진 젊은 유권자들이 생각하는 진보적 정치란 기존 정치권에서 논의되는 진보와 그 의미가 상이하다. 젊은 유권자들은 진보적 정치를 원하지만, 그렇다고 반드시 기존의 진보 성향 정당을 지지하는 것은 아니다. 물론 기존의 보수 성향 정당보다는 진보 성향 정당에 끌리는 것은 사실이며, 그에 따라 상대적으로 진보 성향 정당에 대한 지지율이 높게 나타난다. 그러나 이들의 진보 성향 정당에 대한 지지는 과거의 지역 구도하에서와 같이 안정된 것이 아니며, 상대적으로 불안정하고 가변성이 높다.

III. 한국에서 탈물질주의의 부상

한국의 젊은 세대가 기성세대에 비해 매우 다른 가치 정향을 갖고 있음은 널리 알려진 사실이다. 그러나 젊은 세대와 기성세대의 가치를 체계적으로 그리고 심층적으로 비교한 연구는 그리 많지 않은데, 그중 하나는 전 세계 수십개 국가에 공통으로 적용한 세계가치조사(World Value Survey)의 자료를 이용한 어수영(1999; 2004)의 연구이다. 여기서는 그의 연구 결과를 기본 바탕으로 하고, 최근에 실시된 설문조사 자료를 추가적으로 활용하여 한국에서 탈물질주의의 부상과 성장에 대해서 살펴본다.

1. 한국에서의 탈물질주의 부상과 성장

한국 사회는 상이한 정치, 경제, 사회적 환경을 경험한 정치세대가 존재한다. 전쟁과 극심한 궁핍을 경험한 세대가 존재하는 반면, 비교적 풍요로운 환경에서 전쟁을 경험하지 않은 세대도 존재한다. 이들 세대가 남북문제, 국가보안법 폐지 문제, 그리고 주한미군 문제 등에 대해서 매우 상이한 인식과 태도를 보이고 있음은 주지의 사실이다. 그런데 이러한 세대간 차이의 근본적인 원인은 탈물질주의적 가치의 대두와 성장에 있다(어수영, 2004).

어수영은 일련의 연구에서 잉글하트가 개발한 12개 설문항을 이용하여 한국 사회에도 탈물질주의적 가치가 성장하고 있음을 경험적으로 보여주었다. 그는 먼저 12개 문항에 대한 응답을 바탕으로 물질주의자와 탈물질주의자를 분류하였다.[2] 12개 중 선택한 6개가 모두 물질주의적 가치인 경우는 순수 물질주의자라고 할 수 있으며, 반대로 6개 모두 탈물질주의적 가치를 선택한 응답자는 순수 탈물질주의자라고 할 수 있다. 그러나 실제로 6개 모두 동일한 가치를 선택한 응답자는 많지 않다. 따라서 어수영(2004)은 물질주의적 가치 5개 이상을 선택하면 물질주의자, 탈물질주의적 가치 5개 이상을 선택하면 탈물질주의자, 그리고 그 밖에의 응답자는 혼합형으로 분류하고 있다.

잉글하트(Inglehart, 1990)는 어수영과 약간 다른 방법으로 탈물질주의 지수를 개발하여 사용하고 있다. 12개 문항 중 "도시의 미관과 환경 보호" 문항은 탈물질주의적 가치에서 제외하고,[3] 나머지 5개 탈물질주의적 가치를 총 6번의 선택(3개의 세트 각각에서 2번 선택)에서 몇 개를 선택했는가

---

[2] 실제 설문에서는 12개 문항을 4개 문항(물질주의적 가치를 대표하는 문항 2개와 탈물질주의적 가치를 대표하는 문항 2개)씩 세 개의 세트로 나눈 후, 각각의 세트에서 가장 중요한 것을 두 개 선택하도록 하였다. 설문에서 활용된 물질주의적 가치를 대변하는 국가 목표는 물가 인상 억제, 안정적인 경제 유지, 범죄와의 전쟁, 고도의 경제성장률 유지, 국가의 질서 유지, 강한 군사력 유지 등이었으며, 탈물질주의적 가치를 대변하는 국가 목표는 도시의 미관과 환경 보호, 돈보다 아이디어가 중요한 사회 건설, 보다 친절하고 인간적인 사회 건설, 표현의 자유 보호, 정부정책에의 국민참여 확대, 직장과 사회에서 국민참여 확대 등이었다.

[3] 잉글하트가 도시 미관과 환경 보호 문항을 제외한 이유는 이 문항 중에서 도시 미관이라는 표현이 유권자에게 다른 의미로 전달될 가능성이 크기 때문이다. 이미 앞에서 언급한 바와 같이, 서구 10개 국가를 대상으로 한 잉글하트의 요인 분석 결과에 따르면, 이 문항만 별도의 요인으로 나타나고 있다(Inglehart, 1990: 136-137).

에 따라 탈물질주의 지수를 만들었다. 따라서 탈물질주의적 가치를 한 번도 선택하지 않은 유권자는 0점, 그리고 5개 모두를 선택한 유권자는 5점을 부여하였다. 편의상 0~1점 받은 유권자를 물질주의자, 2~3점 받은 유권자를 혼합형, 그리고 4~5점 받은 유권자를 탈물질주의자라고 부를 수 있다.

잉글하트의 분류에 따라 한국 사회에서 물질주의자/탈물질주의자의 년도별 분포 변화를 살펴 보면, <표 5-1>과 같다. 먼저 1990년부터 2010년 사이의 변화를 보면, 탈물질주의자가 그리 크게 증가했다고 보기는 어렵다. 오히려 아주 조금 감소하는 것으로 나타나고 있다. 그러나 물질주의자의 수는 아주 분명히 (약 10%포인트) 감소하고 있음을 알 수 있다. 보다 체계적인 분석을 위해 물질주의자의 비율에서 탈물질주의자의 비율을 차감한 결과를 비교해 보면, 1990년에 30.7%포인트, 1996년 27.7%포인트, 그리고 2001년에는 26.9%포인트로 서서히 감소하다가, 2005년에 29.0%포인트로 증가했다가, 2010년에 다시 24.2%포인트로 감소하였다.

여기에 2012년 5월 한국선거학회와 한국사회과학데이터센터가 실시한

〈표 5-1〉 연도별 물질주의자와 탈물질주의자의 분포 변화(잉글하트 분류)

조사 연도	물질주의자 (%)	혼합형 (%)	탈물질주의자 (%)	합계 (%)	물질주의자− 탈물질주의자 (%포인트)
1990	40.3	50.0	9.6	100	30.7
1996	36.4	54.9	8.7	100	27.7
2001	35.2	56.4	8.3	100	26.9
2005	32.9	63.2	3.9	100	29.0
2010	30.7	62.8	6.5	100	24.2
2012	26.5	64.5	9.0	100	17.5

자료: 1990~2010년은 세계가치조사 한국 자료, 2012년은 한국선거학회-한국사회과학데이터센터 총선사후 설문조사 자료

총선사후 설문조사 자료를 추가하여 비교하면, 흥미로운 결과가 발견된다. 2012년 들어 물질주의자의 비율은 지속적으로 감소하였으며, 동시에 탈물질주의자의 비율은 다시 약간 상승하고 있다. 물질주의자의 비율에서 탈물질주의자의 비율을 차감하면 17.5%포인트로 1990년에 비하면 무려 13%포인트 정도, 그리고 2010년에 비하면 7%포인트 정도 감소하였다.

물론 조사 시점에 따라 다소 변동이 있는 것은 사실이지만, 조사가 진행된 지난 20여 년간의 추세는 분명하다. 탈물질주의자의 비율은 지속적으로 감소하고 있으며, 이러한 감소분은 대부분 혼합형의 비율 증가로 이어지고 있다. 한편, 탈물질주의자의 비율은 감소하다가 다시 증가 추세로 돌아가고 있는데, 전체적으로는 큰 변동이 없다. 결국 한국 사회가 본격적인 탈물질주의 사회로 접어들었다고 할 수는 없으나, 과거에 비해 물질주의적 성향이 줄고 있는 것은 분명하다.

2. 탈물질주의적 가치에 영향을 미치는 요인

한국 사회에서 탈물질주의적 가치에 영향을 미치는 요인은 무엇일까? 앞에서의 이론적 논의에 따르면, 어린 시절 비교적 풍요로운 환경에서 자란 사람일수록 탈물질주의적 가치를 갖게 될 확률이 높다. 이를 한국 사회의 맥락에 맞게 표현하면, 나이가 어릴수록(거시적으로 풍요로운 사회 환경), 그리고 부모의 교육 수준이나 경제력이 높을수록(미시적으로 풍요로운 가정 환경) 탈물질주의적 가치를 가질 확률이 높다고 할 수 있다.

여기서는 2009년 5월 15~16일 사이에 한국사회과학데이터센터가 전국 800명의 유권자를 상대로 수행한 전화설문조사 자료를 활용하여 탈물질주의적 가치에 영향을 미치는 요인을 분석한다. 그런데 설문에는 부모의 교육 수준이나 소득에 대한 정보가 없기 때문에 일종의 대리 변수로서 응답자 자신의 교육 수준과 소득을 사용할 수밖에 없다.

다만 여기서 한 가지 주의할 점은 응답자의 소득과 탈물질주의적 가치의 관계는 복합적이라는 사실이다. 한편으로는 소득이 높은 사람일수록 여유가 있기 때문에 탈물질주의적 가치를 가질 확률이 높지만, 다른 한편으로는 탈물질주의적 가치를 가진 사람은 경제적 수입이 높은 직장보다는 자아실현에 도움을 주는 직장을 선택할 확률이 높다는 점에서 오히려 경제적 소득은 낮을 수도 있다. 실제로 서구 사회의 경우 교육 수준이 같을 경우 물질주의자가 탈물질주의자보다 수입이 높다는 사실이 경험적으로 밝혀진 바 있다 (Inglehart, 1990).

이 세 가지 요인이 미치는 영향을 종합적으로 살펴보기 위하여 다중회귀분석(multiple regression analysis)을 실시하였다. 앞에서 언급한 연령, 교육 수준, 소득 수준 외에 성별과 거주지 규모 변수를 일종의 통제 변수로서 모델에 추가하였다. 이렇게 5개의 인구통계학적 요인을 독립변수로, 그리고 탈물질주의 지수를 종속변수로 한 회귀분석을 한 결과는 <표 5-2>에 정리되어 있다.

회귀분석 결과는 기대한 바와 같다. 연령은 다른 요인을 통제한 상태에서도 아주 분명한 영향을 미치고 있으며, 연령이 낮을수록 탈물질주의적 가치를 가질 확률이 높았다. 한편 교육수준의 경우 교육수준이 높을수록 탈물질주의적 가치를 갖게 될 확률이 높았는데, 그 영향력은 연령에 비해 작았으며 $p<0.1$ 수준에서 유의미하였다. 소득 수준의 경우는 다른 요인들을 통제한 상태에서 그 독립적 영향력이 거의 사라지는 것으로 보인다. 소득이 높을수록 탈물질주의적 가치를 가질 확률이 높았으나, 그 영향력은 통계적으로 유의미하지 않았다(유의확률 .347).

요약하자면, 한국 사회에서 탈물질주의적 가치는 연령과 교육 수준의 영향을 가장 크게 받는다. 젊은 유권자일수록, 그리고 교육 수준이 높을수록 탈물질주의적 가치를 가질 가능성이 높다. 이러한 결과는 이론적으로 충분히 기대했던 바이다. 특히 한국과 같이 급속한 경제발전을 달성한 사회의 경우 세대간 가치 차이가 클 수밖에 없다는 점에서, 연령 변수의 효과가 가장 크게 나온 것은 충분히 이해할 수 있다. 그렇다면 결국 한국 사회에서 탈물질주의적 가치는 주로 젊은 층, 그리고 교육 수준이 높은 층을 중심으로

〈표 5-2〉 탈물질주의적 가치와 인구통계학적 요인(다중 회귀분석)

변수	비표준화계수	표준오차	표준화계수 (베타)	t-value	유의 수준
상수	1.543	.370		4.172	.000
연령	-.013	.003	-.201	-4.311	.000
교육수준	.123	.065	.093	1.901	.058
소득수준	-.046	.049	-.037	-.941	.347
성별	-.101	.061	-.046	-1.656	.098
거주지 규모	.098	.055	.065	1.768	.078

R^2 = .083, 수정된 R^2 = .076, F = 12.580 (유의수준 .000)

자료: 한국사회과학데이터센터 실시 전화설문 자료(2009년 5월), 김 욱(2009)에서 인용

확산되고 있음을 알 수 있다.

IV. 탈물질주의와 정치 변동에 대한 경험적 분석

앞에서 언급한 바와 같이, 탈물질주의의 부상은 한국 정치에 있어서 크게 두 가지의 변화를 초래하고 있다. 하나는 정치참여 유형의 변화이며, 다른 하나는 갈등구조의 다변화이다. 여기서는 탈물질주의가 초래하는 이 두 가지 효과에 대한 경험적 분석 결과를 보고한다. 새로운 분석 결과를 제시하는 것이 아니고, 기존 연구에서 발견된 분석 결과를 종합적으로 요약하여 보고한다.

1. 탈물질주의와 어려운 참여

탈물질주의의 부상이 정치참여에 미치는 가장 중대한 변화는 시민 주도형 참여(비용이 많이 드는 어려운 참여)의 중요성 증가이다. 이미 언급한 바와 같이, 투표 참여와 같은 전통적인 엘리트 주도형 참여에 미치는 영향력은 별로 없다. 따라서 여기서는 탈물질주의가 어려운 참여(청원서 서명, 불매운동, 평화적 시위, 비공식 파업 등)에 미치는 영향력에 대한 분석에 초점을 맞추고 있다.[4]

1) 자료 및 주요 변수 측정

본 분석에서 사용하는 자료는 세계가치조사의 일환으로 실시된 2001년 설문조사 자료이다. 이 조사는 면접 조사였으며, 제주도를 제외한 전국 1,200명을 대상으로 실시되었다.

본 분석에 사용되는 주요 변수는 가치 체계(물질주의-탈물질주의), 정치이념, 어려운 참여이다. 먼저 가치체계 변수의 측정은 앞에서 언급한 잉글하트의 탈물질주의 지수를 사용한다. 이 지수는 총 12개 문항에 대한 답변을 바탕으로 만든 것으로서, 0(가장 물질주의적)에서 5(가장 탈물질주의적)까지의 값을 갖는다.

진보-보수 정치이념 변수는 일반적으로 두 가지 방법에 의해 측정된다. 하나는 응답자 자신이 밝힌 이념성향을 활용하는 주관적인 측정방법이며, 다른 하나는 여러 가지 이슈에 대한 응답자의 의견을 종합하여 연구자가 객관적으로 각 응답자의 이념성향을 측정하는 방법이다. 일반적으로는 후자가 전자보다 타당성이 높은 측정으로 알려져 있으나, 본 연구에서는 전자, 즉 주관적인 측정을 통한 자료를 사용하고 있다. 세계가치조사 설문에서 응

---

[4] 어려운 참여의 하나인 촛불시위에 대한 참여 여부에 탈물질주의가 미치는 영향력을 분석한 연구도 존재하는데(김 욱, 2010), 역시 예상한대로 탈물질주의적 가치를 가진 유권자일수록 촛불시위에 참여할 확률이 높은 것으로 발견되었다. 분석 결과에 대한 자세한 논의는 김 욱(2010)을 참조하라.

답자들은 가장 진보를 나타내는 1부터 가장 보수를 나타내는 10까지 중에서 선택하도록 되어 있다.

어려운 정치참여의 측정을 위해서는 청원서 서명, 불매운동 참여, 평화적 시위 참여, 그리고 비공식 파업 참여 등의 네 가지 참여를 활용한다.[5] 설문에서는 먼저 이들 행동 각각에 대하여 해 본 경험이 있는가를 묻고, 해 본 적이 없다면 앞으로 할 의향이 있는가를 물었다.[6] 따라서 유권자의 가능한 대답은 "해 본 경험 있다", "앞으로 할 의향 있다," 그리고 "절대 안 할 것이다"의 세 가지이다. 이러한 네 가지 행동 각각에 대한 유권자의 응답을 바탕으로 어려운 정치참여 지수를 만들었다. 각각의 정치참여 행동에 대하여 해 본적이 있는 경우는 2점, 해 볼 의향이 있는 경우는 1점, 그리고 절대 안한다는 경우는 0점을 부여하였다. 이 점수를 네 가지 행동에 걸쳐 합산을 하면, 최소 0점에서 최대 8점까지의 점수가 가능하다.

2) 분석 모형 및 분석 결과

다중회귀분석 모형은 어려운 참여를 종속 변수로 하고, 총 7개의 독립 변수를 포함하고 있다. 가장 핵심 변수는 물론 물질주의-탈물질주의 가치 체계이며, 진보적 성향의 유권자일수록 기존 체제에 대한 저항적 성격이 강한 어려운 참여에 가담할 확률이 높다는 면에서 정치이념 변수를 추가하였다. 그리고 정치참여에 영향을 미칠 수 있는 심리적 요인으로서 인지적 동원(cognitive mobilization) 정도를 정치 논의의 빈도로 조작화하여 추가하였

---

[5] 최근 부상하고 있는 시민 주도형 참여(혹은 어려운 참여)의 중요 형태 중의 하나는 인터넷이나 SNS를 통한 정치 의제 설정이다. 아쉽게도 본 분석에서 사용한 설문에는 이 문항이 포함되지 않았다.

[6] 이러한 측정 방법에 대해서 방법론적으로 문제를 제기할 수 있다. 왜냐하면, 실제 행동(해 본 경험), 의도(해 볼 생각 있다), 그리고 행동에 대한 승인(절대 안한다)을 서로 묶어 하나의 지수를 만들었기 때문이다. 그러나 이러한 측정 방법을 고안한 잉글하트(Inglehart, 1990)에 따르면, 이러한 방법이 이론적으로도 문제가 없을 뿐만 아니라(태도나 의도에 의해 어느 정도 행동을 예측할 수 있다는 전제 때문임), 실질적으로 필요하다. 왜냐하면 대부분의 응답자가 이러한 참여 행위를 실제 경험하지 못했기 때문에, 실제 행동만으로는 의미있는 측정이 어렵기 때문이다.

다. 또한 성별, 연령, 교육 수준, 소득 수준 등 모두 4개의 인구통계학적 변수도 일종의 통제변수(control variable)로서 모델에 추가하였다.

회귀 분석 결과는 <표 5-3>에 보고되어 있다. 결과는 기대한 바와 같다. 먼저 인구통계학적 변수 중 성별과 소득 수준은 뚜렷한 영향을 발휘하지 못하고 있다. 물론 남성이 여성에 비해, 그리고 소득 수준이 높은 유권자일수록 참여 지수가 다소 높긴 하지만, 그 영향력은 통계적으로 $p < .1$ 수준에서도 유의미하지 않았다. 반면 연령과 교육 수준은 상대적으로 높은 영향력

〈표 5-3〉 어려운 정치참여에 대한 다중 회귀분석

변수	비표준화계수	표준오차	표준화계수 (베타)	t-value	유의 수준
상수	5.438	.663		8.204	.000
성별 (1:남성, 2:여성)	-.201	.146	-.048	-1.380	.168
연령	-.268	.114	-.090	-2.354	.019
교육수준	.334	.141	.088	2.369	.018
소득수준	.074	.084	.030	.878	.380
정치논의 수준 (1:자주, 2:가끔, 3:전혀안함)	-.708	.126	-.194	-5.626	.000
정치이념 (1:진보, 10:보수)	-.140	.032	-.148	-4.327	.000
가치체계 (0:물질주의, 5:탈물질주의)	.241	.068	.126	3.523	.000

R^2 = .134, 수정된 R^2 = .126, F = 17.255 (유의수준 .000)

자료: 세계가치조사 한국 자료(2001), 김 욱(2005)에서 인용

을 발휘하였는데, 예상대로 연령이 낮을수록, 그리고 교육 수준이 높을수록 어려운 정치참여에 가담할 확률이 높았다. 두 변수의 영향력 모두 $p < .05$ 수준에서 통계적으로 유의미하였다.

인지적 동원을 나타내는 정치논의 수준 변수, 정치이념, 그리고 가치체계 세 주요 변수의 영향력은 매우 강하였으며, 영향력의 방향은 예상한 대로였다. 정치에 대해 논의를 많이 하는 유권자일수록, 진보적 성향의 유권자일수록, 그리고 탈물질주의적 가치체계를 가진 유권자일수록 어려운 정치참여에 가담할 확률도 높았다. 세 변수 모두에서 영향력은 $p < .000$ 수준에서 통계적으로 유의미하였다.

7개 변수의 상대적 중요도를 보여주는 표준화계수의 절대값을 비교해보면, 소득수준(.030)과 성별(.048)이 가장 낮고, 그 다음 낮은 것이 교육수준(.088)과 연령(.090)이었다. 한편 이러한 인구통계학적 변수에 비해 나머지 세 변수의 상대적 중요도는 높은 편이었다. 그중에서도 정치논의 수준(.194)이 가장 높았고, 그 다음으로 정치이념(.148)과 가치체계(.126)의 순서였다.

이러한 회귀 분석 결과가 의미하는 것은 첫째, 다양한 인구통계학적 변수와 인지적 동원 변수 및 정치이념을 통제한 상태에서도 탈물질주의가 어려운 정치참여에 미치는 영향력은 여전히 강하다. 둘째, 인지적 동원을 나타내는 정치적 논의 수준 변수의 영향력은 상당히 크다는 것을 확인할 수 있다. 셋째, 인구통계학적 변수 중 적어도 교육수준과 연령은 다른 중요 변수를 통제한 상태에서도 어려운 정치참여에 일정한 영향력을 행사하고 있다.

2. 탈물질주의와 갈등구조 다변화

탈물질주의의 부상이 초래한 또 다른 정치적 효과는 갈등 구조의 다변화이다. 민주화 이후 한국 정치에서 지역 갈등은 거의 독점적인 위치를 차지하고 있었다. 그런데 2000년대 들어서 지역 갈등이 약화 혹은 변화하면서, 동시에 이념 갈등, 세대 갈등 등의 상대적 중요성이 증가하고 있는 것이다. 그런데 앞에서 언급한 바와 같이 갈등 구조의 다변화라는 최근의 변화의 기저에는 젊은 세대를 중심으로 부상하고 있는 탈물질주의적 가치와 그에 따른 물질주의-탈물질주의 가치 갈등이 자리잡고 있다.

여기서는 최근 갈등구조 다변화라는 현상에 탈물질주의가 미치는 영향력을 경험적으로 보여주는 데 초점을 맞추고 있다. 먼저 주요 갈등 간의 상관관계를 분석함으로써, 물질주의-탈물질주의 가치 갈등이 차지하는 중요성을 보여준다. 다음으로는 주요 갈등들이 미치는 정치적 영향력을 비교한다. 분석에 사용한 자료는 2009년 한국사회과학데이터센터가 실시한 전화설문조사 자료이다.

1) 주요 갈등 간의 상관관계 분석

표면상으로 드러나고 있는 최근 한국 정치사회의 주요 갈등 구조는 지역 갈등, 이념 갈등, 세대 갈등이다. 그리고 이들 간의 관계는 <그림 5-1>과 같다. 세대 갈등의 기저에는 물질주의-탈물질주의 가치 갈등이 깔려 있으며, 이는 세대 갈등과 이념 갈등 양자 간 긴밀한 연관성을 초래한다. 젊은 세대일수록 탈물질주의적 가치를 가질 확률이 높으며, 동시에 진보적 이념 성향을 가질 확률이 높다.

한편 앞에서 언급한 바와 같이, 이념 갈등과 지역 갈등 또한 어느 정도 중첩될 가능성이 높다. 호남 지역 유권자는 영남 지역 유권자에 비해 진보성향을 가질 확률이 상대적으로 높다. 그리고 앞에서 언급한 바와 같이, 세대 갈등과 지역 갈등 양자 간에는 직접적인 연관성이 존재하지 않으며, 따라서 양자는 일종의 경쟁 관계에 있다고 할 수 있다.

여기서 세대 갈등은 연령 변수를 사용했고,[7] 가치 갈등은 잉글하트

---

[7] 세대를 정확하게 구분하기란 어려운 일이다. 따라서 여기서는 생물학적 연령을 기준으로 세대 구분을 하고자 한다. 세대 개념의 애매모호성과 정확한 측정의 어려움에 대한 자세한 논의는 김 욱(2006)을 참조하라.

〈그림 5-1〉 세대 갈등, 이념 갈등, 지역 갈등 간의 연관성

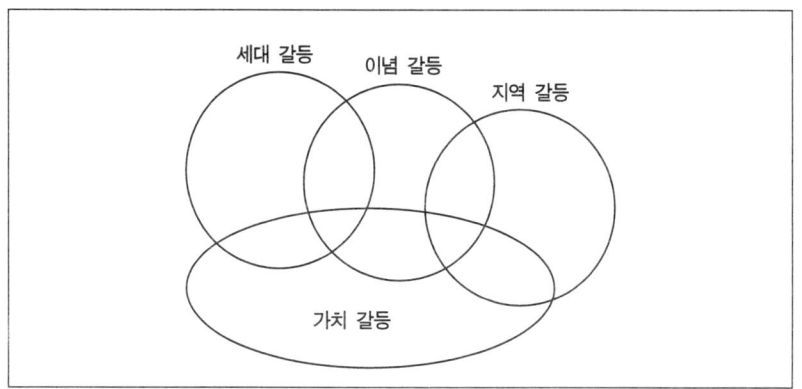

(Inglehart, 1990)가 개발한 탈물질주의 지수를 사용했으며, 이념 갈등은 유권자의 주관적 이념 성향(1은 진보, 2는 중도, 3은 보수)을 사용했으며, 지역 갈등은 영남과 호남 지역 더미 변수를 각각 사용했다.[8]

이들 변수 간의 상관관계를 분석한 결과는 <표 5-4>와 같다. 세대 갈등(연령 변수), 가치 갈등(탈물질주의 지수), 그리고 이념 갈등(이념 성향), 3자 간에는 밀접한 연관성이 존재함을 알 수 있다. 이 세 변수 간 상관계수는 모두 $p < 0.001$ 수준에서 유의하였다. 그리고 세 변수 간의 관계는 모두 예상한 방향대로였는데, 나이가 많을수록 물질주의적 가치를 가질 확률이 높았고, 또한 보수적 이념성향을 가질 확률이 높았다.

지역 갈등(영남 및 호남 더미)과 이념 성향도 일정한 수준에서 연관성을 가지고 있음이 확인되었다. 예상대로, 호남 지역 유권자는 다른 지역 유권자에 비해 상대적으로 진보 성향을, 그리고 영남 지역 유권자는 다른 지역 유권자에 비해 상대적으로 보수 성향을 가지고 있었다. 그러나 그 상관성이 위에서와 같이 강하지는 않았는데, 상관계수의 절대값은 0.1 이하였으며, $p < 0.05$ 수준에서 유의하였다.

---

[8] 주요 변수의 측정 방법에 대한 자세한 논의는 김 욱(2009)을 참조하라.

〈표 5-4〉 주요 갈등 변수 간의 상관계수

		연령	탈물질주의 지수	이념 성향	영남 더미	호남 더미
연령	Pearson 상관계수	1	-.263(**)	.390(**)	.059	.056
	유의확률 (양쪽)		.000	.000	.094	.115
	N	800	759	760	800	800
탈물질주의 지수	Pearson 상관계수	-.263(**)	1	-.298(**)	-.089(*)	.104(**)
	유의확률 (양쪽)	.000		.000	.014	.004
	N	759	759	729	759	759
이념 성향	Pearson 상관계수	.390(**)	-.298(**)	1	.073(*)	-.082(*)
	유의확률 (양쪽)	.000	.000		.044	.023
	N	760	729	760	760	760
영남 더미	Pearson 상관계수	.059	-.089(*)	.073(*)	1	-.196(**)
	유의확률 (양쪽)	.094	.014	.044		.000
	N	800	759	760	800	800
호남 더미	Pearson 상관계수	.056	.104(**)	-.082(*)	-.196(**)	1
	유의확률 (양쪽)	.115	.004	.023	.000	
	N	800	759	760	800	800

** 상관계수는 0.01 수준(양쪽)에서, * 상관계수는 0.05 수준(양쪽)에서 유의함
자료: 한국사회과학데이터센터 설문조사 자료(2009)

2) 주요 갈등의 정치적 영향력 비교

다음에는 동일한 자료를 활용하여, 주요 갈등들이 미치는 정치적 영향력을 다중 회귀분석을 통해 비교해 보고자 한다. 종속 변수는 유권자의 선호 정당이며, 선호 정당이 없는 유권자를 제외하고 선호 정당이 있는 유권자만을 대상으로 한나라당과 기타 정당으로 구분하였다.

독립 변수로는 모두 11개 변수가 포함되었다. 성별, 교육 수준, 소득 수준, 거주지 규모, 종교 유무 등 모두 5개의 사회경제적 변수가 일종의 통제 변수로 포함되었다. 그리고 주요 갈등을 대표하는 6개 변수들이 포함되었는데, 세대 갈등을 대표하여 연령 변수, 이념 갈등을 대표하여 이념 성향 변수, 지역 갈등을 대표하여 호남, 영남, 충청 지역 3개의 더미 변수, 그리고 가치 갈등을 대표하는 탈물질주의 지수가 포함되었다.

<표 5-5>는 회귀분석 결과를 보고하고 있다. 먼저 통제변수로 포함된 5개 변수는 선호 정당에 커다란 영향을 미치지 않고 있다. 거주지 규모와 종교 유무 변수는 거의 영향력이 없다. 반면 성별, 교육 수준, 소득 수준은 일정한 영향력을 행사하지만, 그 영향력이 $p<0.1$ 수준에서 통계적으로 유의미하지 않았다. 영향력의 방향을 보면, 남성보다는 여성 유권자가, 교육 수준이 낮은 유권자일수록, 그리고 소득 수준이 높은 유권자일수록 한나라당을 선호할 확률이 높았다.

지역 갈등을 대표하는 영남, 호남, 충청 더미 변수들도 예상한 대로 상당한 영향력을 행사하고 있다. 영남 유권자는 다른 지역 유권자에 비해 한나라당을 선호할 가능성이 컸으며, 반면 호남과 충청 유권자는 한나라당 외에 다른 정당을 선호할 확률이 높았다. 셋 중에서 호남 지역 변수의 영향력이 가장 컸는데, 이는 호남 지역주의가 다른 지역에 비해 상대적으로 높은 강도를 유지하고 있음을 시사한다. 한편 영남 지역과 충청 지역 변수의 영향력은 엇비슷한 것으로 나타났는데, 이는 최근 들어 충청 지역 유권자들이 한나라당에 대해 상당히 높은 반감을 갖고 있음을 반영하는 결과이다.

가치 갈등을 대표하는 탈물질주의 변수 또한 매우 큰 영향력을 행사하고 있다. 예상대로 탈물질주의적 가치를 가진 유권자는 물질주의적 가치를 가

<표 5-5> 다양한 갈등이 선호 정당에 미치는 영향(다중 회귀분석)

변수	비표준화계수	표준오차	표준화계수 (베타)	t-value	유의 수준
상수	1.657	.238		6.971	.000
성별	-.065	.047	-.067	-1.371	.171
교육 수준	-.055	.039	-.084	-1.423	.156
소득 수준	.044	.029	.077	1.506	.133
거주지 규모	.006	.036	.008	.165	.869
종교 유무	-.007	.050	-.007	-.143	.886
세대 갈등 (연령)	-.006	.002	-.202	-3.377	.001
이념 갈등 (이념 성향)	-.057	.033	-.090	-1.715	.087
지역 갈등 (영남 더미)	-.109	.053	-.103	-2.065	.040
지역 갈등 (호남 더미)	.480	.083	.288	5.757	.000
지역 갈등 (충청 더미)	.172	.079	.108	2.161	.032
가치 갈등 (탈물질주의)	.168	.025	.333	6.707	.000

R^2 = .333, 수정된 R^2 = .309, F = 13.956 (유의수준 .000)

자료: 한국사회과학데이터센터 설문조사 자료(2009), 김 욱(2009)에서 인용

진 유권자에 비해 한나라당 외에 다른 정당을 선호할 확률이 높았으며, 그 영향력은 p<0.01 수준에서 통계적으로 유의미하였다.

예상했던 대로, 한국 정치사회의 주요 갈등이라고 할 수 있는 세대 갈등, 이념 갈등, 지역 갈등, 가치 갈등 등 네 가지 갈등 모두 선호 정당에 일정한

영향력을 행사하고 있다. 여기서 이들 갈등을 대표하는 변수들의 상대적 중요도를 표준화 계수의 절대값을 통해 비교해 보면, 연령 변수 0.202, 이념 성향 변수 0.090, 영남, 호남, 충청 지역 더미 변수가 각각 0.103, 0.288, 0.108이며, 탈물질주의 변수는 0.333으로 가장 높은 수치를 기록하고 있다.9)

탈물질주의 변수로 대변되는 가치 갈등이 세대 갈등의 원천이라는 점을 감안할 때, 그리고 세대 갈등과 이념 갈등이 밀접한 연관성을 갖고 있다는 점을 감안할 때, 가치 갈등이 한국 유권자의 정치적 선택에 미치는 영향력은 상당하다고 할 수 있다. 적어도 통계적 수치상으로만 볼 때는, 지역 갈등의 영향력을 넘어섰다고 할 수도 있다. 물론 이러한 통계적 결과에 지나친 의미를 부여할 필요는 없다. 그러나 세대 갈등과 그 원천인 가치 갈등이 기존의 지역 갈등이 갖는 정치적 중요성을 상대적으로 약화시켰음은 분명하다.

V. 시사점 및 논의

본 연구에서는 탈물질주의의 부상이 한국 정치의 변동에 미치는 영향을 이론적으로, 그리고 경험적으로 살펴보았다. 앞에서도 언급한 바와 같이, 정치문화는 정치 체계를 지탱하고 있는 기본 바탕과 같다. 따라서 탈물질주의의 부상이라는 정치문화의 변동이 초래하는 한국 정치의 변화가 피상적이고 단기적인 것이 아니라, 근본적이고 장기적인 것임은 너무도 당연하다.

본 연구에서 주목하고 있는 한 가지 한국 정치의 변화는 정치참여에 있어

---

9) 지역 갈등의 영향력을 추정함에 있어서 영남, 호남, 충청 세 지역 더미변수의 값을 모두 합해야 한다는 주장도 가능하며, 그럴 경우 지역 갈등이 가치 갈등보다 여전히 더 중요하다는 해석도 가능하다. 그러나 필자의 관점으로는 세 지역 더미변수의 영향력을 합하는 것보다는 평균적으로 생각하는 것이 더욱 적절하다고 본다.

서 투표 참여 외에 보다 적극적인 형태의 참여(시민 주도형 참여, 어려운 참여)의 중요성 증대이다. 경험 분석에 따르면, 탈물질주의적 가치를 가진 유권자일수록 시위, 농성 등과 같은 정치참여에 가담할 확률이 높았다. 비슷한 맥락에서, 2000년대 들어 발생하고 있는 촛불 시위에 탈물질주의가 일정 부분 영향력을 행사하고 있으며, 더 나아가 시위 문화의 변화(과거의 투쟁적 시위와 구별되는 즐기는 시위)에도 영향을 미치고 있는 것으로 보인다(김욱, 2010).

비록 경험 분석에 사용된 설문에는 포함되지 않았지만, 인터넷이나 SNS를 통한 의제 설정이라는 최근 젊은 유권자를 중심으로 급증하고 있는 정치참여에도 탈물질주의가 일정한 영향을 미치고 있는 것으로 추정할 수 있다. 그리고 이러한 변화가 단순히 통신기술의 발달에 의한 것일 뿐만 아니라 유권자의 가치 변화에 기인하는 것이라면, 이는 향후 한국 정치의 발전 방향에 중요한 시사점을 주는 것이다.

탈물질주의의 부상이 초래하는 또 다른 주요 정치적 변화는 갈등 구조의 다변화이다. 최근 들어 기존의 지역 갈등 외에 세대 갈등과 이념 갈등이 새롭게 부상하고 있는데, 이러한 새로운 갈등의 기저에는 가치 갈등이 존재하고 있는 것이다. 비록 세대 갈등은 연령 혹은 세대라는 사회경제적 요인으로 표출되고 있지만, 실제로 세대 갈등의 원천은 문화적(물질주의-탈물질주의 가치) 갈등이다. 그리고 이러한 문화적 갈등은 탈근대화라는 사회의 근본적인 변화에 따른 정치문화의 변동 과정에서 발생하고 있으며, 그에 따라 최근 이념 갈등의 강화에도 큰 영향을 미치고 있다.

그렇다면 탈물질주의의 부상으로 인한 최근 한국 정치사회의 갈등 구조 다변화는 바람직한 현상인가? 이는 기본적으로 규범적인 문제로서, 이에 대해 객관적이고 명확한 답을 제시하기는 어렵다. 그러나 적어도 지역주의와 지역 갈등의 완화라는 관점에서 본다면, 이것이 긍정적인 변화임에 틀림없다. 민주화 이후 지역주의가 폭발적으로 나타난 원인 중의 하나는 "경제발전 대 민주화"라는 정치적 갈등이 사라졌기 때문이었다. 또한 지역주의의 가장 큰 폐해 중의 하나는 우리 사회의 다른 갈등을 모두 잠식할 정도로 그 강도가 높았다는 것이다. 따라서 최근 지역 갈등 외에 새로운 갈등이 부상하고 있음은 지역주의가 약화되고 그 폐해가 줄어 들 가능성을 시사하는 것이다.

특히 이러한 세대 갈등의 부상으로 대표되는 갈등 구조의 다변화라는 현상의 기저에 정치문화의 변동이 존재하고 있다면, 이는 매우 장기적이고 근본적인 정치 변화를 의미하는 것이다. 단기적인 입장에서 보면, 세대간 갈등이 과거에 비해 두드러지고, 진보-보수 간 이념 대립이 강화되는 것이 결코 유쾌한 일이 아닐 수도 있다. 그러나 보다 장기적인 관점에서 본다면, 이러한 정치문화의 변동과 그에 따른 갈등 구조의 다변화는 오히려 사회 갈등을 조정하고 통합할 수 있는 우리의 정치적 능력을 더욱 증대시켜 줄 것이다.

결론적으로, 탈물질주의의 부상이라는 정치문화의 변동은 한국 정치의 근본적인 변화를 초래하고 있다. 그런데 이러한 변화는 불안정성을 수반하며, 또한 단기적으로 여러 가지 부작용도 발생할 수 있다. 촛불 시위에서 일부 나타났던 감성에 치우친 정치참여, 인터넷과 SNS를 이용한 정치참여가 가져오는 각종 부작용에 대한 우려, 그리고 세대 갈등과 이념 갈등의 부상에 따른 정당정치의 불안정성 등이 그 사례이다. 그러나 보다 장기적인 관점에서 보면, 탈물질주의의 부상과 확산은 바람직한 방향으로의 정치문화의 변동이며, 이는 궁극적으로 한국 민주정치의 공고화에 긍정적으로 작용할 것으로 기대할 수 있다.

【참고 문헌】

강원택. 2004. "탄핵 정국과 17대 총선." 한국정치학회 총선분석특별학술회의 『17대 총선 분석: 대통령 탄핵과 향후 정국의 전망』(2004. 4. 22. 서울 프레스센터).
김경미. 2004. "진보와 보수, 좌파와 우파에 대한 이론적 고찰." 『충청국제정치학회 춘계학술대회 발표자료집』(2004. 9. 24. 대전 목원대학교).
김용호. 1998. "97년 대선에 대한 종합적인 분석." 이남영 (편). 『한국의 선거 II』. 서울: 푸른길.
김 욱. 2004. "한국 지역주의의 지역별 특성과 변화 가능성: 대전 충청 지역을 중심으로." 『21세기정치학회보』 14집 1호.
_____. 2005. 『정치참여와 탈물질주의』. 서울: 집문당.
_____. 2006. "16대 대선에서 세대, 이념, 그리고 가치의 영향력." 어수영 편저. 『한국의 선거 5』. 서울: 오름.
_____. 2009. "정치문화의 변동과 가치갈등: 탈물질주의를 중심으로." 『21세기정치학회보』 19집 3호.
_____. 2010. "촛불시위와 한국 시위문화의 변동." 『한국정당학회보』 9권 2호.
김 욱·김영태. 2006. "쉬운 참여와 어려운 참여: 대전과 목포 지역 젊은이의 가치정향과 정치참여." 『정치·정보연구』 9권 1호: 179-202.
김 욱·이이범. 2006. "탈물질주의와 민주주의: 한국과 일본의 정치문화변동 비교." 『한국정당학회보』 5권 2호: 89-124.
마인섭·장훈·김재한. 1997. "한국에서의 탈물질주의적 가치관의 등장과 사회적 균열구조의 변화." 『한국과 국제정치』 27: 29-52.
박종민. 1994. "한국에서의 비선거적 정치참여." 『한국정치학회보』 28집 1호: 164-82.
어수영. 1999. "한국인의 가치변화와 지속성, 그리고 민주화." 『한국정치학회보』 33집 3호.
_____. 2004. "가치변화와 민주주의 공고화: 1990-2001년간의 변화 비교연구." 『한국정치학회보』 38집 1호.
이갑윤. 1998. 『한국의 선거와 지역주의』. 서울: 오름.
이명석 외. 2001. "한국민주주의 공고화와 시민의 정치의식." 『의정연구』 7권 1호.
이현우. 2004. "민주화와 시민참여의 변화: 1987년과 2002년 비교." 『한국정당학회보』 3권 2호.
정진민. 1994. "정치세대와 제14대 국회의원선거." 『한국정치학회보』 28집 1호: 257-274.

조중빈, 2003. "16대 대통령 선거와 세대." 한국정치학회 춘계학술회의. 『2002년 대선평가와 차기행정부의 과제』. (2003. 2. 6. 서울 프레스센터).

Abramson, Paul, and Ronald Inglehart. 1995. *Value Change in Global Perspective*. Ann Arbor: University of Michigan Press.

Almond, Gabriel, and Sidney Verba (eds.). 1990. *The Civic Culture Revisited*. Boston: Little, Brown.

Burns, Nancy, Kay L. Scholzman, and Sidney Verba. 2001. *The Private Roots of Public Action: Gender, Equality and Political Participation*. Cambridge: Harvard University Press.

Downs, Anthony. 1957. *An Economic Theory of Democracy*. New York: Harper and Low.

Fiorina, Morris P. 1997. "Voting Behavior." In Dennis C. Mueller, ed. *Perspectives on Public Choice*. Cambridge: Cambridge University Press.

Flanagan, Scott C. 1980. "Value Change and Partisan Change in Japan: The Silent Revolution Revisited." *Comparative Politics* 11: 253-78.

_____. 1987. "Changing Values in Industrial Societies Revisited: Towards a Resolution of the Values Debate." *American Political Science Review* 81: 1303-19.

Inglehart, Ronald. 1977. *The Silent Revolution: Changing Values and Political Styles among Western Publics*. Princeton. NJ: Princeton University Press.

_____. 1990. *Culture Shift in Advanced Industrial Society*. Princeton. NJ: Princeton University Press.

_____. 1995. "Modernization and Postmodernization: Changing Korean Society in Global Perspective." A paper presented at the International Symposium on "Korean Culture in Global Perspective: Phenomenology and Human Studies in Korea." organized by the Institute of Social Sciences, Seoul National University, on June 7-10, 1995, Seoul, Korea.

_____. 1997. *Modernization and Postmodernization: Cultural, Economic, and Political Change in 43 Societies*. Princeton, NJ: Princeton University Press.

Inglehart, Ronald, and Pippa Norris. 2003. *Rising Tide: Gender Equality and Cultural Change around the World*. Cambridge: Cambridge University Press.

Kim, Youngtae, and Wook Kim. 2012. "The Stability and Volatility of Partisan Support among Korean Voters." A paper presented at the 2012 AES International Conference held on Feb 5, 2012 in Tokyo, Japan.

Putnam, Robret D. 2000. *Bowling Alone: The Collapse and Revival of American Community*. New York: Simon and Schuster.

Rokeach, Milton. 1968. *Beliefs, Attitudes, and Values*. San Francisco: Jossey-Bass.

Rosenstone, Steven J., and John Mark Hansen. 2003. *Mobilization, Participation, and Democracy in America*. New York: Longman.

Sniderman, Paul M. Richard A. Brody, and Philip E. Tetlock. 1991. *Reasoning and Choice: Explorations in Political Psychology*. Cambridge: Cambridge University Press.

Verba, Sidney, Kay L. Scholzman, and Henry E. Brady. 1995. *Voice and Equality: Civic Voluntarism in American Politics*. Cambridge: Harvard University Press.

제6장

한국 사회운동의 변화와 탈물질주의

강수택

I. 사회운동과 탈물질주의론

현대 한국 사회의 변화양상을 살피는 데 있어서 사회운동은 매우 중요한 주제다. 특히 한국 사회에서 (탈)물질주의 가치의 변화양상을 추적하려면 세대, 직업, 문화 등의 변화와 함께 사회운동의 변화를 추적하는 것이 필수적이다. 왜냐하면 (탈)물질주의 가치의 실현을 위한 집합적 의지는 정치적 행위로 표현되기 마련인데 시민들의 정치적 의사표현 통로가 제한된 사회에서는 정치적 행위가 사회운동의 형태를 띠게 되는 경우가 많기 때문이다.

이런 맥락에서 탈물질주의론의 대표적인 인물인 잉글하트(Inglehart, 1983) 역시 정치적 행위양식의 변화 및 이와 관련된 사회운동의 변화에 관한 분석 결과를 많이 제공한 바 있다. 물론 정치적 행위양식과 사회운동에 관한 그의 논의는 대부분 서구사회의 맥락에서 이루어졌다.

그에 의하면 서구사회에서는 시민들 사이에 탈물질주의 가치가 확산되면서 중요한 정치적 의사결정에 시민들이 보다 적극적으로 참여하기 위해 종래의 투표와 같은 인습적인 형태의 정치적 행위를 넘어 새로운 능동적인 정치행위에 참여하는 경향이 1960년대 이후에 뚜렷이 증가해왔다(Inglehart, 1983: 349).

그리고 이러한 새로운 능동주의는 노동운동으로 대표되던 종래의 사회운동과 구별되는 새로운 사회운동들, 예컨대 생태운동, 반핵운동, 평화운동의 등장을 가능하게 했다는 것이 그의 설명이다. 물론 서구사회에서 새로운 사회운동이 출현한 데에는 계급구조의 변화, 환경의 악화, 전쟁의 위험성 증대 등 여러 요인이 함께 작용하였다. 그럼에도 불구하고 20세기 후반에 서구사회에서 새로운 사회운동이 급성장하게 된 배경에는 시민들의 탈물질주의적 동기가 다른 어떤 요인보다 핵심적인 역할을 하였다는 점을 그는 경험적 자료를 통해 입증하려고 하였다(Inglehart, 1996: 98).

그가 새로운 사회운동의 탈물질주의적 속성으로 특별히 주목하였던 점은 목표와 동기, 구성원, 스타일 등이다. 새로운 사회운동의 동기와 목표는 환경운동의 예에서 보듯이 생존이나 경제적·물질적 안전성보다는 자기표현과 삶의 질에 최고의 우위성을 두는 탈물질주의적 가치와 밀접히 관련되어 있다. 주된 참여자들은 하층계급이 아니고 높은 수준의 교육을 받고 비교적 경제적인 안정을 누리는 시민들이다. 새로운 사회운동의 스타일은 종래의 정치적 행위양식보다 더욱 적극적이며 때로는 급진적인 특징을 보인다는 것이다(Inglehart, 1996: 73 이하; 2003: 184).

새로운 사회운동이 적극적이며 때로 급진적인 형태를 띠는 것은 탈물질주의자들의 정치적 관심이 큰데 비해 기존 정당이나 정치체계에 대한 신뢰가 약한 것과 관련 있다. 뿐만 아니라 이들은 사회경제적으로 비교적 유리한 조건에서 자랐기 때문에 생존을 당연시하고, 그 대신 투표와 같은 인습적인 정치행위에 비해 시간과 노력이 더 요구되는 비인습적 정치행위나 보다 추상적인 정치활동에 시간과 노력을 투자하려는 성향이 크기 때문이다(Inglehart, 1997: 308 이하).

이처럼 탈물질주의 가치가 새로운 사회운동의 중요한 토대라는 점은 잉글하트 외에도 많은 다른 학자들이 경험적인 연구나 이론적인 연구를 통해 지지하여 왔으나 이러한 견해에 동의하지 않는 학자들도 있다. 오페(Offe, 1993)가 그 예로서, 그는 "새로운 사회운동이 '반근대주의적'이거나 '탈물질주의적' 운동이라기보다는 근대화에 대한 '근대적' 비판이라고 할 수 있다"는 관점을 취한다. 그리고 이런 관점에서 그는 새로운 사회운동에서 가치와 관련하여 주목할 점이 "'가치의 변화'가 아니라, 근대적 가치들 내의 분열과 부분적인 양립 불가능성에 대한 인식"이라고 본다. 즉, 새로운 사회운동은 기술적 진보와 인간의 욕구충족, 사유재산과 자율성, 소득과 정체성 같은 가치들 사이의 논리적 연관성이 해체되고 충돌하는 것을 인식하고 이들 가운데서 몇몇 근대적 가치를 선택적으로 강조하는 것이지 가치의 변화를 표현하는 것이 아니라는 주장이다(Offe, 1993: 111-112).

그렇다면 한국 사회에서 그동안 이루어져온 사회운동의 변화는 탈물질주의 가치와 어떤 관련이 있는가? 이를 위해 무엇보다 먼저 살펴보아야 할 점은 한국의 사회운동에서 그동안 이루어진 가장 뚜렷한 형태의 변화인 민중운동에서 시민운동으로의 변화의 성격을 정확하게 파악하는 것이다. 그런데 이 변화의 성격을 두고 그동안 국내 학자들 사이에서는 서구의 옛 사회운동에서 새로운 사회운동으로의 변화와 동일시하거나 유사하게 보는 시각과 이를 거부하는 시각이 대립해 왔다.

유사성을 주장하는 입장은 대체로 양자가 공히 환경, 평화, 여성, 소수자 등을 운동의 목표나 쟁점으로 삼는다는 점을 강조하거나 고학력 중간계급 구성원들이 주된 참여자라는 점을 강조하는 경향이 있다. 반면에, 차이점을 주장하는 입장은 사회운동이 등장하게 된 역사적·사회적 맥락의 차이와 사회운동 방식의 차이를 강조하는 경향이 있다(임현진·공석기, 2001: 117; 정수복, 2002: 341; 송호근, 2001: 251; 정태석, 2006: 133 이하).

그런데 오늘날 한국의 사회운동이 지향하는 가치에 대해 체계적으로 분석한 작업을 발견하기는 어렵고 대부분 잉글하트가 서구의 신사회운동의 특징으로 제시한 탈물질주의 가치를 시민운동에도 그대로 적용해온 경향이 있다. 물론 이와 달리 정태석처럼 탈물질주의 가치가 서구의 신사회운동에는 적용되지만 한국의 시민운동에는 적용되기 어렵다고 지적한 글도 있다. 하지만 여기서는 시민운동의 쟁점이 탈물질주의적인 것뿐만 아니라 경제정의 같은 물질주의적인 것도 포함하고 있기 때문에 시민운동을 탈물질주의적이라고 보기 어렵다는 정도로 단순하게 다룰 뿐이지 더 이상 자세히 분석한 것을 찾기 어렵다(정태석, 2006: 138-139).

그래서 필자들은 한국 사회운동의 성격을 가치의 측면에서 살펴보기 위해 그동안 서구 신사회운동의 가치 토대로서 빈번히 지적되어온 탈물질주의 가치와의 연관성을 경험적인 자료를 통해 체계적으로 분석해보고자 한다. 이 분석을 통해서 한국의 사회운동과 탈물질주의 가치 사이의 연관성이 해명되면 무엇보다도 한국 사회운동의 성격을 이해하는 데 큰 도움이 될 것이지만, 이를 통해 한국의 사회운동과 서구의 신사회운동 사이의 관계를 심층적으로 파악하는 데에도 도움이 될 것이다.

필자들이 분석을 위해 사용한 경험적인 자료는 두 가지이다. 하나는 잉글하트의 주도로 1980년대 초 이래 실시해온 세계가치조사의 일환으로 한국에서 행해진 조사의 결과이며, 다른 하나는 시민의신문사가 한국민간단체총람을 펴내기 위해 전국의 비정부·비영리 민간단체를 대상으로 2005년에 실시한 조사의 결과다(시민의신문, 2006: 570 이하).

한국 사회운동의 가치를 분석하기 위한 영역으로 사회운동의 쟁점, 참여자, 방법의 세 영역을 선택하였다. 이 세 영역은 사회운동의 성격의 변화를 연구하는 많은 학자들이 비록 조금씩 다른 표현을 사용하기는 하지만 공통적으로 주목하는 영역이다. 예를 들어, 오페는 전통적 패러다임과 새로운 패러다임을 비교하기 위해 이슈, 행위자, 행위수단, 가치의 네 차원을 제시하고 이에 따라 분석한 바 있다. 여기서 필자들이 살펴보려는 가치를 제외한 나머지 세 영역이 필자들이 선택한 세 영역과 거의 일치한다. 국내에서는 정태석이 민중운동과 시민운동을 비교하기 위해 쟁점, 목표, 주체, 노선, 방식의 다섯 범주를 사용하였는데 쟁점과 목표는 함께 묶을 수 있으며 이념을 뜻하는 노선은 가치에 해당하므로 이 범주들도 필자들의 세 영역과 흡사하다(Offe, 1993: 94; 정태석, 2006: 138).

이 세 영역 가운데 사회운동의 쟁점은 한국의 민간단체에 관한 자료를 통해서, 그리고 사회운동의 참여자와 방법은 세계가치조사 자료를 통해서 각각 분석하였다. 그런데 필자들은 이들 세 영역 모두에서 공시적인 분석과 변화추이를 살펴보는 통시적인 분석을 함께 시도하였으나 지면 관계상 전자보다 오히려 후자에 더욱 큰 비중을 두고 살펴보았다. 그리고 한국의 사회운동을 민중운동과 시민운동으로 나누어 살펴보지 않았으나 아무래도 1980년대에는 민중운동이 그리고 1990년대 이후에는 시민운동이 각각 큰 비중을 차지할 것이다.

II. 한국의 사회운동 쟁점의 변화와 탈물질주의: 시민사회단체의 설립 추이를 중심으로

한국의 비정부·비영리 민간단체에 관한 가장 포괄적인 조사 자료를 바탕으로 작성된 통계자료를 수록하고 있는 『한국 시민사회 연감 2006』은 각 분야별 시민사회단체가 설립된 추이를 연도별로 제시하고 있는데 이것을 간단한 형태로 정리하여 그래프로 표시하면 <그림 6-1>과 같다.[1] 이 그림을 보면 전체 시민사회단체의 설립은 1970년대 이후 급격히 증가해온 것을 알 수 있다. 하지만 여기에는 온라인 시민사회단체도 포함되어 있는데, 오프라인 시민사회단체만 본다면 신설된 단체 수가 1990년대 후반에 정점을 이루었다가 2000년대에 들어서면서 오히려 감소한 것으로 나타났다.[2]

---

[1] 이 조사는 시민의신문사가 한국의 민간단체 23,017개의 정보를 수록한 『한국민간단체총람 2006』을 출간하기 위해 시민운동정보센터를 통해 2005년 6월부터 약 6개월 간 우편, 팩스, 이메일, 방문조사 등의 방법으로 실시한 것인데 질문항목에 따라 다르지만 응답수가 많은 질문의 경우에는 3,500개가 넘는 민간단체가 조사에 응답하였다(시민의신문, 2006; 시민의신문·시민운동정보센터, 2006).

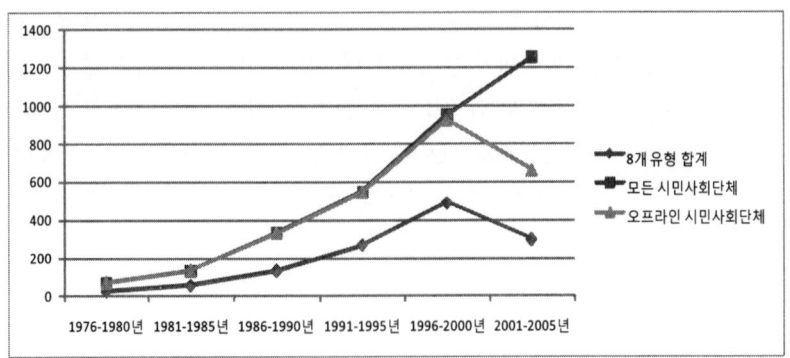

〈그림 6-1〉 시민사회단체 설립 추이

(단위: 개)

필자들은 이 자료에서 나타난 시민사회단체의 성격을 비교하기 위하여 특별히 여덟 가지 유형의 시민사회단체의 신설 추이를 살펴보았다. 여기에는 환경단체, 인권/추모단체, 지역자치단체, 여성단체, 사회복지단체, 노동단체, 농어민단체, 빈민단체가 속하는데 이들 여덟 가지 유형 전체의 신설추이는 <그림 6-1>에서 보듯이 오프라인 시민사회단체의 신설 추이와 비슷한 형태를 보인다.3) 즉, 신설단체 수가 꾸준히 증가하다가 1990년대 후반을 정점으로 감소하는 형태다.

<그림 6-2>는 8개 유형 각각의 신설 추이를 그래프로 나타낸 것인데, 이

---

2) 조사 시기가 2005년 하반기였기 때문에 그 무렵 설립된 시민사회단체 일부가 포함되지 않았을 수 있다. 하지만 단순 계산하여 2001~2005년 전체 기간의 약 1/10에 해당하는 이 기간에 설립된 단체가 설혹 모두 빠졌다고 하더라도 1996~2000년보다 약 30% 감소한 오프라인 시민사회단체나 약 40% 감소한 8개 유형의 감소추세에 별로 큰 영향을 끼치지는 못하였을 것이다.

3) 전체 시민사회단체 가운데서 이 8개 유형에 속하지 않으면서 비교적 큰 비중을 차지하는 것으로는 교육/학술단체, 문화단체, 평화/통일/민족단체 등과 따로 분류하기 어려운 기타 시민사회단체가 있다. 그리고 이들 유형 외에 가정, 경제, 과학기술/정보통신, 교통, 국제연대/협력, 법/행정/정치, 청년/학생 등 다양한 쟁점을 전문적으로 다루는 단체들이 전체 시민사회단체에 포함되어 있다.

〈그림 6-2〉 분야별 연도별 시민사회단체 설립수의 변화

(단위: 개)

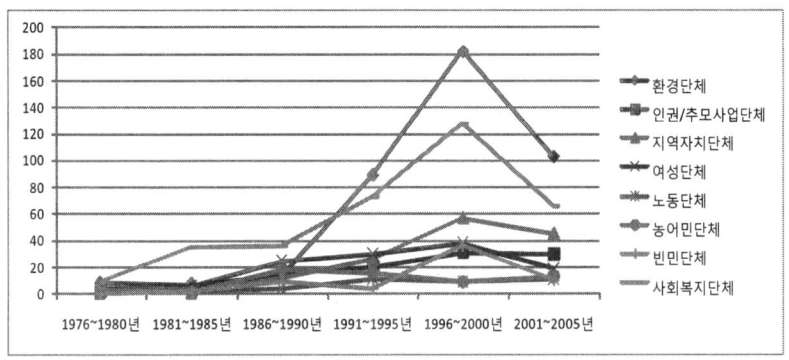

그림을 보면 농어민단체와 노동단체를 제외한 나머지 단체에서는 비록 정도의 차이가 있지만 신설 추이가 크게 보아 유사한 형태를 보인다는 것을 알 수 있다. 그리고 여덟 가지 유형의 단체 가운데 특히 환경단체와 사회복지단체의 신설이 1990년대 말까지는 가장 두드러지게 증가하였으며 이어서 지역자치단체의 신설이 그 다음으로 빠르게 증가한 것을 볼 수 있다.

이러한 다양한 유형의 시민사회단체는 이들 단체가 다루는 쟁점의 성격에 따라 물질주의 가치를 추구하는 단체, 탈물질주의 가치를 추구하는 단체, 그리고 혼합형 단체로 나눌 수 있다.[4] 물론 대부분의 시민사회단체가 인간의 일차적 욕구에서 이차적 욕구까지의 폭넓은 욕구를 충족시키는데 관심을 갖기 때문에 물질주의와 탈물질주의 중 어느 한 유형으로 단정해서 규정하기는 어렵다. 하지만 이들 단체가 실제로 다루는 일차적인 쟁점 가운데는 물질주의 가치와 탈물질주의 가치의 어느 한쪽에 더욱 근접한 경우도 적지 않다.

---

[4] 여기서 물질주의 가치와 탈물질주의 가치는 잉글하트의 개념을 따라 육체적 생존과 안전이라는 인간의 기본욕구 혹은 일차적 욕구 충족을 추구하는 가치와 이차적 욕구충족을 추구하는 가치에 각각 해당한다.

예를 들어 <그림 6-2>에 제시된 유형의 단체 가운데 환경단체, 인권/추모 사업 단체, 지역자치단체는 물질주의 가치보다는 탈물질주의 가치에 더욱 가까운 쟁점을 취급하는 유형인데 반해, 노동단체, 농어민단체, 빈민단체는 대개 물질주의 가치에 더욱 가까운 쟁점을 일차적으로 취급하는 유형이다. 이에 비해 여성의 권리향상을 추구하는 여성단체는 평등권, 참정권 등 탈물질주의 가치에 가까운 쟁점들을 보다 많이 다루지만 성폭력 문제, 노동권 같은 물질적 가치에 가까운 쟁점들도 중요하게 다룬다. 이와 달리 사회복지 단체는 저소득층, 실업자, 노인, 아동, 장애인 등 사회적 약자들의 생존문제에 일차적인 관심을 갖지만 예컨대 장애인의 교육권이나 참정권 실현 등 포괄적인 권리향상에도 큰 관심을 기울인다. 이런 점에서 여성단체와 사회복지단체는 혼합형 단체로 분류할 수 있지만 보다 단순하게 각각 탈물질주의와 물질주의 유형에 넣을 수도 있을 것이다.

물론 이들 유형에 속하지 않은 단체 가운데도 물질주의 유형과 탈물질주의 유형으로 각각 분류할 수 있는 단체들이 많다. 그래서 필자들은 노동단체, 농어민단체, 빈민단체 외에 경제적 쟁점, 소비자 문제, 평화/통일/민족 문제를 다루는 시민사회단체들을 물질주의 유형으로 분류하고, 탈물질주의 유형에는 환경단체, 지역자치단체, 인권/추모단체 외에 자원봉사/구호, 교육/학술, 과학기술/정보통신, 문화와 같은 쟁점을 다루는 시민사회단체들을 포함시켜 이들의 신설 추이를 비교해 보았다.

<그림 6-3>은, (I) 앞에서 열거한 8개 유형 가운데 여성단체와 사회복지단체를 제외한 여섯 유형을 물질주의 단체와 탈물질주의 단체로 나누어 비교한 그래프, (II) 8개 유형에 속하지 않은 시민사회단체들 가운데 물질주의 유형과 탈물질주의 유형에 가까운 단체들을 각각 추가하여 비교한 그래프, (III) 그리고 두 번째 유형에 사회복지단체와 여성단체를 포함시킨 그래프로 이루어져 있다. 이들 세 그래프는 각각 (탈)물질주의 단체 I, II, III으로 이름 붙인 유형들에 대한 것들로서, 그 분류 내용을 간단하게 정리하여 제시하면 <표 6-1>과 같다.

<그림 6-3>을 보면 물질주의 단체와 탈물질주의 단체를 어떤 식으로 분

〈그림 6-3〉 (탈)물질주의 단체 I, 단체 II, 단체 III의 신설추이

(단위: 개)

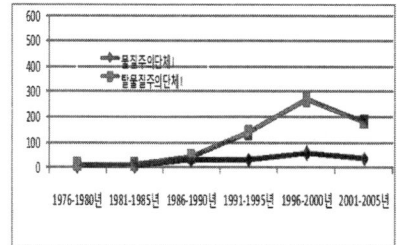
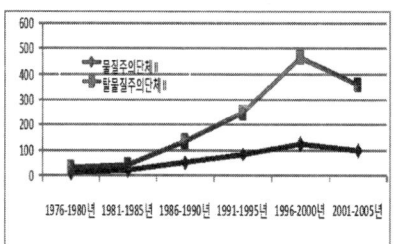
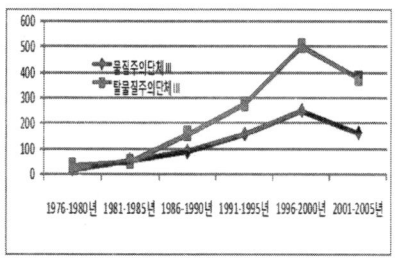

류하든지 두 유형의 신설 추이가 비교적 유사한 형태를 보인다는 것을 알 수 있다. 즉, 두 유형 모두에서 단체의 신설이 1990년대 말까지 증가하다가 2000년대 들어서 감소하는 추세를 세 그림이 공통적으로 보여주고 있다. 또한 물질주의적 사회단체가 신설된 수는 완만하게 증가한데 비해 탈물질주의적 사회단체의 신설은 1980년대 후반부터 가파르게 증가한 것도 세 그림에서 공통적으로 발견할 수 있다.

이를 통해서 알 수 있는 사실은 첫째, 한국 사회에서 물질주의적인 쟁점이든지 탈물질주의적 쟁점이든지 간에 이들 쟁점을 다루기 위한 시민사회단체들은 신군부 권위주의 정권의 강압정책이 부분적으로 완화되기 시작하고 또한 민주화 대투쟁이 전개된 1980년대 중엽부터 본격적으로 증가하기 시작하였다는 점이다.

둘째, 이러한 증가가 1990년대의 10년 동안 지속되었는데 그것은 한편으로 1980년대에서 1990년대 전반까지 이어진 중산층의 급성장으로 인해 시

〈표 6-1〉 물질주의 단체와 탈물질주의 단체의 분류

단체유형	포함된 시민사회단체 종류
물질주의단체 I 탈물질주의단체 I	노동, 농어민, 빈민 단체 환경, 인권/추모, 지방자치 단체
물질주의단체 II 탈물질주의단체 II	질주의단체 I +경제, 소비자, 평화/통일/민족 단체 탈물질주의단체 I +자원봉사/구호, 교육/학술/과학기술 정보통신/문화 단체
물질주의단체 III 탈물질주의단체 III	물질주의단체 II +사회복지 단체 탈물질주의단체 II +여성 단체

민사회단체 설립의 경제적, 인적 여건이 좋아졌기 때문이다.5) 그리고 다른 한 편으로는 1993년 문민정권이 출범하면서 시민사회단체 설립의 정치적, 행정적 여건이 좋아졌기 때문이다. 예컨대 문민정권은 시민사회단체를 개혁의 파트너로 삼아 지원하기 시작하였으며 사회단체 설립을 규제하기 위해 1961년 제정된 사회단체등록에 관한 법률을 완화하는 방향으로 1994년 사회단체신고에 관한 법률로 개정하였다가 이마저도 1997년 폐지함으로써 행정기관에 등록 혹은 신고하지 않아도 시민사회단체를 자유롭게 설립할 수 있게 된 것이다. 1990년대 후반에 시민사회단체의 폭발이 이루어진 것은 바로 이러한 배경과 깊은 관련이 있었다.

셋째, 1990년대 동안 빠르게 이루어진 새로운 시민사회단체의 설립을 사회단체 유형에 따라 나누어 살펴보면, 비록 쟁점에 따라 약간의 차이가 있지만 전반적으로 볼 때 물질주의적인 사회단체들에 비해 탈물질주의적인 사회단체들의 신설 속도가 훨씬 빠르다는 것을 알 수 있다.

---

5) 경제기획원과 통계청 자료에 의하면 자신이 중간층에 속한다고 여기는 사람이 1980년에는 41%에 불과하였으나 1991년과 1994년 조사에서는 모두 60%를 상회하는 정도까지 증가하였다. 그러나 그 후 이 비율은 지속적으로 감소하여 1999년 조사에서는 54.9% 그리고 2006년 조사에서는 53.4%로 감소하였다(경제기획원, 1985: 73; 통계청, 1995: 237; 2006: 598).

<그림 6-2>에서 볼 수 있듯이 이 시기에 탈물질주의 단체의 증가추세를 주도한 것은 환경단체다. 하지만 <그림 6-3>의 세 자료 모두에서 환경단체를 빼더라도, 비록 탈물질주의 유형과 물질주의 유형 사이의 거리는 많이 좁혀지지만, 탈물질주의 유형의 증가속도가 물질주의 유형의 그것보다 더욱 크게 나타난다는 점에서는 변화가 없다. 요컨대 이 시기에 지속적으로 이루어진 시민사회단체의 증가는 물질주의 성향의 단체보다는 환경단체를 포함한 탈물질주의 성향의 단체들의 주도로 이루어진 것이다.

그 이유는 무엇보다 이 시기에 급증한 중산층이 환경, 교육, 문화, 인권 같은 탈물질주의적 쟁점에 매우 큰 관심을 가진 집단이었다는 점과 관련 있다. 그리고 중산층이 이러한 관심을 사회적으로 표출하는 것을 다소 제약하던 이전 시기의 사회적 분위기가 1990년대 들어서는 크게 약화되었을 뿐 아니라 오히려 이를 고취시키는 방향으로 빠르게 변하였다. 게다가 앞에서 지적하였듯이 이 시기에 사회단체의 설립이 비교적 자유로워지면서 이들이 자신들의 이러한 관심을 실현하기 위해 다양한 사회단체들을 결성하게 됨으로써 탈물질주의적인 사회단체의 신설이 급속하게 증가한 것이다.

넷째, 1990년대를 통해 지속적으로 증가해온 시민사회단체의 설립수가 2000년대 전반에는 감소세로 돌아섰으며, 증가 속도가 더 빨랐던 탈물질주의적인 사회단체의 증가 추이가 물질주의적인 사회단체의 증가 추이보다 더 빨리 약화되는 모습을 보였다.

물론 정확하게 표현하면 2000년대 전반에 감소세로 돌아선 것은 오프라인 사회단체이며 온라인 사회단체를 포함하면 설립수가 여전히 빠르게 증가하였다. 이 의미는 이 시기에 여전히 시민사회단체의 설립 증가세가 지속되었으나 주로 온라인 사회단체의 폭발적인 설립증가에 힘입었으며, 오프라인 사회단체의 설립증가 추세는 꺾였다는 것이다.

오프라인 사회단체의 설립증가 추세가 반전된 배경으로는 정치적인 상황이 매우 중요하다. 이 시기에 시민사회단체에 대한 시민들의 신뢰도가 현저히 감소하였는데 그 이유가 여러 가지 있겠지만 특히 주요 언론매체의 영향력이 컸다.[6] 주요 신문사들이 김대중 정부 및 노무현 정부와 심각한 갈등관계에 놓였을 때 이들 정부의 편에서 자신들을 비판한 진보적 시민사회단체를 중심으로 한 시민사회 일반에 대해 신문사들은 매우 비판적인 보도를 지속함으로써 시민들에게 부정적인 이미지를 심어주었던 것이다.

물론 주요 언론매체의 비판적 보도는 정부와의 갈등 때문만은 아니었다. 보수적 시민사회와 진보적 시민사회가 어느 정도 균형을 이루었던 1990년대 후반과 달리 이 시기의 시민사회는 진보적 시민사회단체들에 의해 주도되었는데 이 점도 보수적인 주요 언론매체들이 유독 이 시기에 와서 시민사회를 신랄하게 비판하게 된 배경이었다.

게다가 외환위기를 거치면서 중산층 붕괴가 가속화됨으로써 시민사회단체를 설립하기 위한 경제적 여건이 악화된 것도 설립증가 추세가 반전된 중요한 배경이 되었다. 이 같은 경제여건으로 인해 이미 설립된 단체의 활동가들이 경제적으로 열악한 활동여건에서 벗어나기가 어려웠는데 이런 점도 오프라인 단체의 신설을 가로막은 배경이 되었다.

한편 온라인 단체는 경제적인 부담의 면에서 오프라인 단체보다 훨씬 자유롭다. 게다가 참여자를 확보하기도 상대적으로 쉬우며 단체의 조직도 당시에 자주 문제가 되던 오프라인 단체의 관료조직과 달리 훨씬 분권적인 특징을 갖는다. 이런 점들 때문에 이 시기에 온라인 단체는 시민사회단체의 대안적 형태로 새롭게 주목을 받으면서 빠르게 증가하였던 것이다(강양구·전홍기혜, 2004).

그렇다면 탈물질주의적인 사회단체의 증가추이가 물질주의적인 사회단체의 그것보다 더 빨리 약화된 이유는 무엇인가? 그것은 무엇보다 탈물질주의 가치 소유자가 물질주의 가치 소유자보다 이 시기에 더 빠르게 감소한 때문이다. 이에 대해서는 다음 절에서 보다 집중적으로 다루게 될 것이다. 물론

---

6) 2003년부터 정기적으로 실시한 한국종합사회조사 결과에 의하면 시민운동단체 지도층을 매우 신뢰한 응답자 비율이 2003년 23.2%에서 매년 감소하여 2005년 19.3%로 나타난 반면에 불신한 비율은 18.9%에서 매년 증가하여 20.6%로 되었다. 노조 지도층에 대한 신뢰도는 훨씬 낮아서 이들을 매우 신뢰한 비율은 대략 6% 전후를 오갔으며 불신한 비율은 약 37.5% 전후를 오갔다(김상욱 외, 2006: 165, 177).

탈물질주의와 물질주의의 혼합형 가치 소유자가 이 시기에 비교적 크게 증가하였기 때문에 사회 전체적으로 탈물질주의 가치를 중시하는 경향은 이전보다 더욱 강화되었다고 볼 수 있다. 하지만 사회단체에 단순히 참여하는 것이 아니고 이를 설립하려는 사람들은 혼합형 가치 대신에 순수한 탈물질주의 가치 소유자일 가능성이 크다. 이런 점에서 볼 때 탈물질주의자가 물질주의자보다 더 빠르게 감소한 것은 탈물질주의 단체의 설립증가가 물질주의 단체의 그것보다 더 빠르게 위축되는데 중요한 영향을 끼쳤을 것으로 보인다.

또한, 한국 사회에서 탈물질주의 단체를 주도적으로 설립해온 집단은 고학력 중산층 출신이다.[7] 이들 고학력 집단은 저학력 집단에 비해 언론에 훨씬 많이 노출되는 경향이 있는데 이 시기에 시민사회에 대한 비판적 보도가 많이 이루어졌던 활자매체 언론에의 노출이 특히 심하여 시민사회단체의 설립에 부정적인 영향을 받았을 것으로 여겨진다. 게다가 외환위기를 거치면서 이 시기에 자신을 하층으로 간주하는 집단은 증가하였는데 비해 중산층으로 간주하는 집단은 오히려 일부 감소함으로써 적어도 계층의식 수준에서 중산층의 약화 경향이 나타났다.[8] 이 점은 탈물질주의 사회단체를 설립하기 위한 경제적 여건에 부정적인 영향을 끼쳤을 것으로 보인다. 그리고 언론매체가 비판해온 기존 시민사회단체의 한계를 극복하는데 유리하면서도 경제적인 부담이 상대적으로 덜하다고 여겨진 온라인 사회단체를 설립하는 방향으로 노력을 전환시키는 배경이 되었다.

---

7) 2005년에 세계가치조사의 일환으로 한국에서 실시된 조사의 결과로는 고학력과 탈물질주의 가치 사이에 높은 상관관계가 있는 것으로 나타났으나 소득과 탈물질주의 가치 사이에는 유의미한 상관관계가 없었다. 하지만 시민사회단체, 특히 탈물질주의적 시민사회단체를 설립하여 활동하기 위해서는 어느 정도의 경제적인 여유가 요구되며, 개혁을 추구하는 사회운동은 경제적으로 여유 있는 집단 가운데서도 상층보다 중간층 구성원에 의해서 이루어질 가능성이 크다. 이런 점에서 본다면, 탈물질주의 사회단체의 설립경향을 파악하는데 있어서 고학력 중산층의 상황을 이해하는 것이 필요하다.
8) 통계청 자료에 의하면, 하층 귀속의식 소유자가 1999년 44.0%에서 2006년 45.2%로 일부 증가한데 비해 중산층 귀속의식 소유자는 1999년 54.9%에서 2006년 53.4%로 감소하였다(통계청, 2006: 598).

III. 사회운동 참여자의 변화와 탈물질주의

1. 탈물질주의자의 감소와 혼합형 가치 소유자의 급속한 증대

잉글하트는 1980년대 초에 실시한 첫 번째 세계가치조사에서 물질주의 가치와 탈물질주의 가치를 측정하기 위해 ①국가의 질서유지, ②물가 억제, ③정부의 중요한 정책결정에서 국민의 발언권 확대, ④언론의 자유 보호의 네 항목 가운데 가장 중요한 것이 무엇이라고 생각하는지를 조사하였다. 그러다가 1990년을 전후하여 실시한 두 번째 조사 때부터는 지표를 더욱 보완하여 12항목 가운데서 향후 10년의 국가목표로서 가장 중요하다고 생각되는 것이 무엇인지 선택한 내용을 토대로 물질주의 가치와 탈물질주의 가치를 측정하는 방법을 병행하였다. 4항목 지표와 12항목 지표를 비교하여 제시하면 <표 6-2>와 같다.9)

그는 두 가지 지표 모두에서 순수한 물질주의 가치 유형과 탈물질주의 가치 유형 사이에 혼합형을 둠으로써 각각 세 유형의 가치를 측정하였다. 이들 두 가지 지표 가운데 4항목 지표는 1980년대 초의 첫 번째 조사 때부터 사용되었기 때문에 1980년대 초부터 최근까지의 장기적인 가치변화를 측정하는데 유용하다. 하지만 (탈)물질주의 가치를 더욱 적절하게 측정하기 위해 개발된 지표가 12항목 지표이기 때문에 비록 1980년대 초의 조사결과와는 비교할 수 없지만 1990년 이후부터 최근까지의 가치변화를 보다 적절히 측정하기 위해서는 12항목 지표가 더욱 유용하다. 따라서 이 글에서는 12항목 지표를 활용하여 (탈)물질주의 가치의 변화 추이를 살펴볼 것이다.

<그림 6-4>는 한국 사회의 (탈)물질주의 가치를 12항목 지표로 측정한

---

9) 세계가치조사는 그동안 다섯 차례 이루어졌으며 현재 여섯 번째 조사가 진행 중이다. 한국에서는 세계가치조사의 일환으로 1981년, 1990년, 1996년, 2001년, 2005년, 그리고 2010년에 각각 조사가 실시되었는데 이 중에서 2010년 조사결과는 아직 공개되지 않은 상태다.

제6장_ 한국 사회운동의 변화와 탈물질주의 | 171

〈표 6-2〉 물질주의 가치와 탈물질주의 가치 측정을 위한 4항목 지표와 12항목 지표

가치유형	4항목 지표	12항목 지표
물질주의	①국가의 질서 유지 ②물가 억제	①국가의 질서 유지　②강한 군사력 유지 ③범죄 소탕　　　　④물가 억제 ⑤고도의 경제성장률 유지　⑥안정적인 경제 유지
탈물질주의	③언론의 자유 보호 ④정부정책결정에 　대한 국민참여 확대	⑦언론의 자유 보호 ⑧돈보다 생각이 중요한 사회로의 발전 ⑨도시와 농촌의 환경을 아름답게 하는 일 ⑩정부정책결정에 대한 국민참여 확대 ⑪직장과 사회에서의 참여증대 ⑫더욱 인간적인 사회로의 발전

후 그 변화추이를 그래프로 나타낸 것이다. 1990년 조사에서는 물질주의 가치와 탈물질주의 가치를 가진 사람이 각각 응답자의 40.3%와 9.7%로 나와서 물질주의자가 탈물질주의자의 4배가 넘는 것을 알 수 있다. 그 이후에 2005년까지 세 차례의 조사를 더 실시하였는데 물질주의자와 탈물질주의자가 모두 꾸준히 감소한 반면에 혼합형만이 증가한 것으로 나왔다. 탈물질주의 성향을 보여주기 위해 탈물질주의자 비율에서 물질주의자 비율을 뺀 값

〈그림 6-4〉 한국 사회 (탈)물질주의 가치의 변화 추이

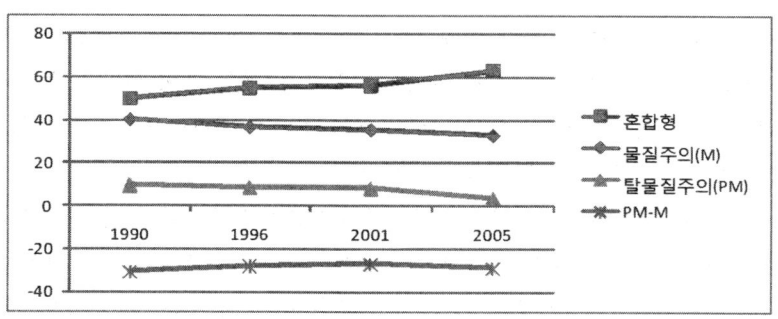

은 음의 영역에 있는데 -30% 가까운 값을 거의 비슷하게 유지하였다.

이 그림에서 특별히 흥미로운 점은 물질주의자와 탈물질주의자의 비율이 함께 지속적으로 감소해온 가운데 탈물질주의자 비율이 2001년에서 2005년 사이에 두드러지게 감소하였다는 점이다. 한국에서 외환위기로 인한 경제위기가 발생한 것은 1997년 말이며 이를 극복하기 위한 구조조정이 급격히 진행되기 시작한 것은 1990년대 말이다. 따라서 1990년대 후반에 탈물질주의자가 감소한 것은 일부 이런 상황을 반영한 것이라고 할 수 있겠으나 이 시기보다 오히려 2000년대 전반에 탈물질주의자가 훨씬 더 뚜렷이 감소하였다는 점이다.

그러나 같은 시기에 탈물질주의자의 감소가 물질주의자의 증가가 아닌 혼합형의 증가를 초래하였다는 사실은 탈물질주의 가치를 중시하는 사람들이 이 시기에 물질주의 가치도 함께 중시하게 되었음을 가리킨다. 실제로 1997년 발생한 외환위기는 2001년 종결되었으나 위기극복 방안으로 채택된 구조조정 정책 및 노동시장 유연화 정책 같은 신자유주의적인 정책은 그 이후에도 지속되면서 일자리 불안을 심화시키고 경제에 대한 관심을 증대시켰다.

게다가 이 시기에 국가안보에 대한 국민들의 관심을 크게 불러일으키는 상황들이 발생하였는데 2002년에 발생한 제2차 북핵위기와 제2연평해전 등이 그것이다. 1998년 김대중 정권이 세워지면서 남북 간의 긴장이 어느 정도 완화되기 시작하였으며 2000년에는 역사적인 남북 정상회담까지 이루어짐으로써 국가 안보에 대한 국민들의 염려가 과거 어느 때보다 감소하였다. 이런 상황에서 벌어진 제2연평해전과 특히 이를 뒤이어 발생한 제2차 북핵위기는 국방에 대한 국민들의 염려를 다시 고조시켰는데 이 상황이 종식되지 못한 채 이어지면서 경제뿐 아니라 국방에 대한 국민들의 물질주의적인 관심이 전반적으로 크게 증가한 것이다.

그럼에도 불구하고 이 시기에 물질주의자 대신에 혼합형 가치 소유자가 2001년 56.4%에서 2005년 63.2%로 크게 증가한 것은 탈물질주의 가치를 중시하는 경향도 함께 증가하였기 때문이다. 권위주의 정권을 종식시키고

1993년 등장한 김영삼 정권 이래 김대중 정권과 노무현 정권을 거치면서 언론의 자유 같은 민주주의를 위한 국민의 기본권은 더욱 강조되었다. 그리고 지식정보사회의 도래와 환경보호 가치의 중요성에 대한 인식도 전반적으로 증대하였으며, 경제위기를 거치면서는 복지제도의 필요성에 대한 국민들의 인식도 훨씬 커졌다. 게다가 특히 2003년 노무현 정권이 집권하면서 참여민주주의 가치를 특별히 강조하였기 때문에 이런 현실이 국민들로 하여금 탈물질주의 가치를 물질주의 가치와 함께 중시하게 만든 배경이 되었던 것이다.

2. 사회운동 참여자의 변화 추이와 탈물질주의: 노동조합과 환경단체를 중심으로

세계가치조사는 몇몇 사회단체에 대한 응답자들의 소속여부, 단체에의 참여정도 및 참여방식, 단체에 대한 신뢰도 등을 묻는 질문항목들을 포함하고 있다. 하지만 질문항목에 포함된 사회단체의 종류가 조사 때마다 일치하는 것은 아니며 질문내용도 항상 정확하게 일치하지 않는다. 그런 가운데 노동조합과 환경단체는 매번 조사대상으로 포함되었으며, 사회단체에의 소속여부와 신뢰도를 묻는 질문항목도 매번 포함되었다. 그래서 여기서는 전통적인 물질주의 가치를 추구하는 대표적인 단체인 노조와 새로운 탈물질주의 가치 실현을 추구하는 대표적인 단체인 환경단체를 중심으로 참여자들의 성격 변화를 서로 비교하면서 살펴보고자 한다.

<그림 6-5>는 노동조합원과 환경단체 회원의 변화 추이를 보여준다. 응답자에게 적극적 회원, 소극적 회원, 비회원 가운데 어디에 해당되는지 응답하게 한 다른 해의 조사와 달리 2001년 조사에서는 응답자가 단체에 소속되었는지 체크하게 하였다. 이와 같은 질문방식의 차이 때문인지 2001년 조사에서의 소속비율이 전보다 두드러지게 낮게 나왔다. 이를 감안해서 살펴볼 때, 이 두 그림에서 발견할 수 있는 사실은, 첫째, 1981년부터 1996년까지

〈그림 6-5〉 노동조합원 및 환경단체 회원의 변화 추이

(단위: %)

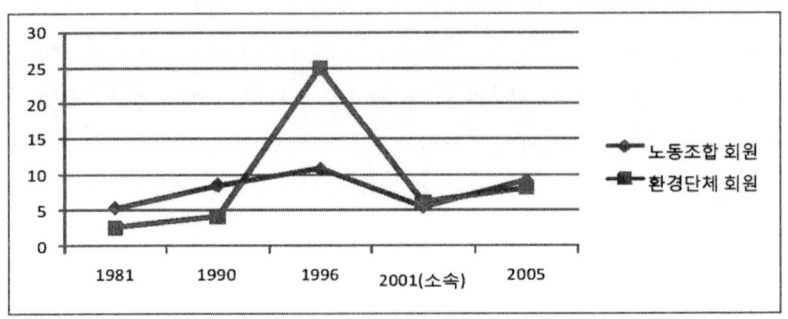

두 단체의 회원은 증가하였으나 2001년과 2005년 조사에서는 1996년보다 회원 수가 감소한 것으로 나타났다. 둘째, 1981년에서 1990년까지는 환경단체 회원이 노조회원보다 적었으나 그 이후에 환경단체 회원이 급증하여 1996년에는 노조회원보다 두 배 이상 될 정도로 많아졌다가 2005년에는 다시 비슷한 수준으로 감소하였다.

그런데 이 그림에서 특이한 사실은 1990년대 전반에 노동조합원이 증가한 것으로 나타났다는 점이다. 고용노동부의 노동조합 조직현황 통계자료에 의하면 <그림 6-6>에서 보듯이 노동조합 조직 대상이 되는 근로자 수는 지속적으로 증가하였으나, 조합원 수는 1980년대에 특히 1980년대 후반에 크게 증가하였다가 1990년대와 2000년대에는 지속적으로 감소하였다. 그리고 이에 따라 노조 조직률은 1980년대 후반을 제외하고는 지속적으로 감소하였다. 그러므로 세계가치조사 응답자 가운데 스스로를 노동조합원이라고 밝힌 사람의 수가 1990년대 전반에 증가한 것은 한국 사회에서 조합원이 실제로는 감소한 추세와 불일치하는 것임을 알 수 있다.

이런 점을 고려하면서 노동조합원과 환경단체 회원으로 참여한 사람들의 특성의 변화를 간략히 살펴보고자 한다. <그림 6-7>은 노동조합원과 환경단체 회원의 (탈)물질주의 가치유형에 따른 구성비의 변화 추이를 보여준다.

〈그림 6-6〉 노동조합원 수 및 노동조합 조직률의 변화 추이

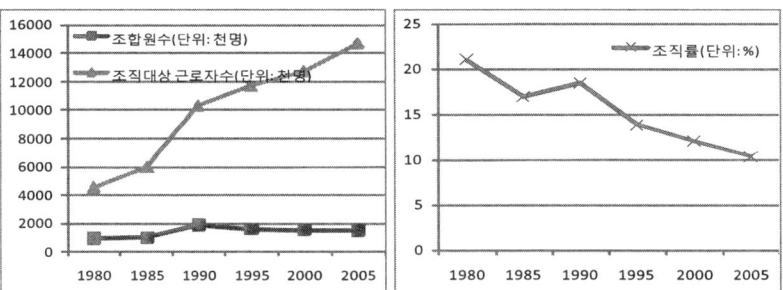

이에 의하면, 전체 조사응답자들과 마찬가지로 이 두 단체의 회원들에게서도 물질주의자 비율이 혼합형 비율보다는 낮지만 탈물질주의자 비율보다 훨씬 높다. 그러나 두 단체의 물질주의자 비율은 1990년부터 15년 동안 전반적으로 감소해왔는데 비해 탈물질주의자의 비율은 노조원의 경우에는 1996년을 그리고 환경단체 회원의 경우에는 2001년을 각각 정점으로 그 전에는 증가하다가 감소하는 형태를 보인다. 그럼에도 불구하고 두 단체 회원 가운데서 탈물질주의자의 비율은 지난 15년 동안 공통적으로 약간 증가하였는데 이것은 물질주의자 비율이 뚜렷이 감소한 것과 대조된다. 그 결과 두 가치유형 사이의 비율 차이가 두 단체에서 모두 뚜렷이 감소하였는데 환경단체에서는 1990년 39.2%나 되던 물질주의자와 탈물질주의자 간의 구성비 차이가 2001년에는 8.1%까지 좁혀지기도 하였다.[10]

이처럼 노조와 환경단체 사이에는 약간의 차이가 없지 않지만 전반적인 추이에서는 공통점이 존재하는 것을 알 수 있다. 이러한 공통점은 세계가치조사 전체 응답자와 비교하면 더욱 뚜렷이 나타난다. 물론 이 두 단체 회원들도 전체 응답자의 가치유형 구성비와 그 변화추이로부터 전적으로 독립된

---

10) 〈그림 6-7〉은 1990년~2005년 기간 동안 한국 사회에서는 물질주의 단체와 탈물질주의 단체에서 공히 물질주의적 구성원이 탈물질주의적 구성원보다 더 많았다는 점과 구성원들의 탈물질주의 성향이 15년 동안 강화되어 왔다는 점을 암시한다.

〈그림 6-7〉 노조원 및 환경단체 회원의 가치유형 구성비 변화 추이

(단위: %)

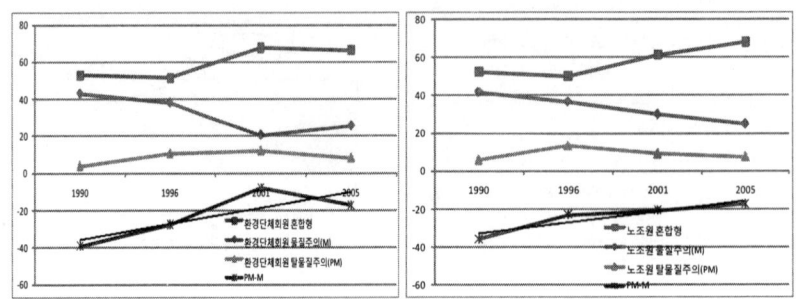

특성을 보이는 것은 아니다. 하지만 <그림 6-8>에서 보듯이 두 단체에서 물질주의자들의 감소추세는 전체 응답자보다 훨씬 뚜렷하여 2000년대에는 두 단체의 물질주의자 비율이 전체응답자 중의 물질주의자 비율보다 훨씬 낮아졌다. 한편 탈물질주의자들의 경우는 전체응답자 가운데서 차지한 구성비가 지난 15년 동안 지속적으로 감소하였으나 두 단체의 탈물질주의자 비율은 등락이 있었지만 그동안 오히려 증가하는 공통된 특징을 보여준다.

〈그림 6-8〉 전체응답자, 노조원, 그리고 환경단체 회원의 구성비 변화 추이 비교

(단위: %)

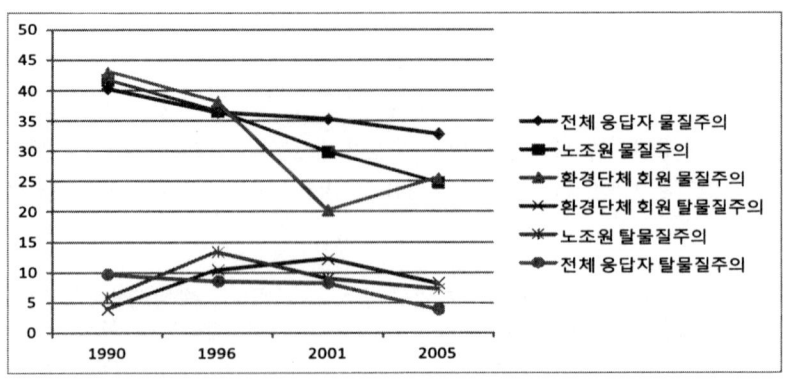

이처럼 유사한 경향을 보이는 노조원 및 환경단체 회원의 가치유형에 따른 구성비 변화추이에 관한 세계가치조사 자료는 또 다른 흥미로운 결과를 보여준다. 그것은 물질주의자 가운데서 이 두 단체의 소속원과 비소속원이 각각 차지하는 비율과 탈물질주의자 가운데서 이들의 비율에 관한 자료이다.

<그림 6-9>는 물질주의자 및 탈물질주의자 가운데서 노조원 비율의 변화 추이와 환경단체 회원 비율의 변화추이를 보여준다. 이 그림에 의하면, 1990년에는 물질주의자들 가운데 노조와 환경단체 회원의 비율이 탈물질주의자의 경우보다 높았지만 그 이후에는 계속해서 탈물질주의자들 가운데 회원으로 가입한 비율이 더 높은 상태를 유지해왔다. 게다가 비록 등락을 보여주고는 있지만 탈물질주의자들 가운데 회원으로 가입한 비율은 전반적으로 증가하는 추세를 보이는데 반해, 물질주의자 가운데 단체 회원의 비율은 전반적으로 감소하는 추세를 보이고 있다. 이러한 전반적인 양상은 노조와 환경단체에서 유사하게 발견된다.

결국, 노조와 환경단체 회원의 가치변화 추이를 보면, 1990년부터 15년 동안 가치조사 전체 응답자 중의 물질주의자와 탈물질주의자 비율이 모두 감소해온 가운데, 이 두 단체의 물질주의자들은 이러한 감소추세보다 더욱 급속히 감소해온 반면에 탈물질주의자들은 오히려 증가함으로써 회원들의

〈그림 6-9〉 가치유형에 따른 노조원 및 환경단체 회원 비율의 변화 추이

(단위: %)

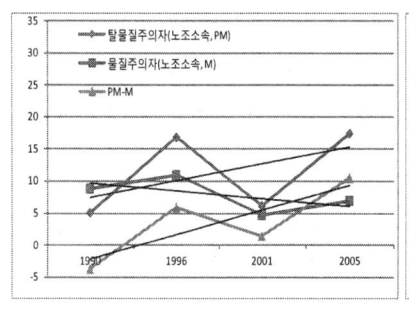
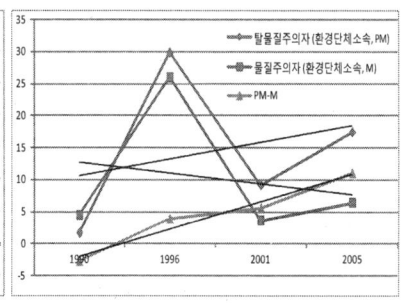

탈물질주의 가치 성향이 전반적으로 크게 강화되어 왔다고 말할 수 있다. 그리고 이러한 탈물질주의 가치성향의 강화 속도는 노조보다 환경단체에서 더 빠른 것을 알 수 있는데, <그림 6-7>은 환경단체 회원의 탈물질주의자 비율로부터 물질주의자 비율을 뺀 값의 변화추이를 나타내는 그래프의 일차함수 추세선의 기울기가 8.53으로서 노조원의 추세선 기울기 5.75보다 훨씬 더 가파르다는 것을 보여준다.11)

IV. 사회운동 방법의 변화와 탈물질주의

    탈물질주의 연구자들은 탈물질주의 가치가 확산됨에 따라서 정치적 의사 표현방식이 기존의 관례적 방식에서 저항적 방식으로 보다 적극적으로 변한다는 점에 특별히 주목해왔다. 그래서 세계가치조사 항목에는 투표와 같은 전통적인 정치행위가 아닌 몇 가지 새로운 저항적 정치행위들에 응답자들이 참여한 경험이나 참여할 의사를 묻는 질문들이 포함되었을 뿐 아니라 그동안 다섯 차례 행해진 조사에서 빠짐없이 이 질문들이 사용되었다. 질문에 포함된 저항적 정치행위로는 진정서에 대한 서명, 보이콧, 시위, 파업, 점거 농성 등이 있는데 그동안 한국에서 실시된 세계가치조사의 질문에 포함된 저항적 정치행위 유형을 정리하여 제시하면 <표 6-3>과 같다.
    세계가치조사는 응답자들에게 이들 새로운 유형의 저항적 정치행위에 참여한 적이 있는지, 앞으로 참여할 의사가 있는지, 아니면 참여한 경험도 참여할 의사도 모두 없는지를 묻는 질문항목을 통하여 이들 유형의 새로운

---

11) 또한 <그림 6-9>는 노조나 환경단체에 소속하는 비율이 공히 물질주의자에 비해 탈물질주의자에게서 점점 더 높아지지만 노조보다 환경단체의 경우에 더욱 꾸준히 그리고 빠르게 높아지는 것을 보여준다.

〈표 6-3〉 세계가치조사(한국) 질문에 포함된 저항적 정치행위 유형

	1981	1990	1996	2001	2005
서명	O	O	O	O	O
보이콧	O	O	O	O	O
시위	O	O	O	O	O
파업	O	X	O	O	X
점거농성	O	O	O	X	X
기타	X	X	X	X	O

정치행위에 대한 응답자들의 참여태도를 파악하려고 하였다. 잉글하트는 이 조사결과를 바탕으로 이들 정치행위에 대한 참여지수를 측정하는 방법을 개발하였는데 먼저, 이들 행위에 참여한 경험에 2, 참여할 의사에 1, 경험과 의사 없음에 0점을 각각 부여하여 합산하는 방식이다(김 욱, 2005: 112).

필자들은 우선 각각의 정치행위 유형에 대한 전체 응답자들의 참여지수 평균값의 변화추이를 살펴보았다. 그리고 다섯 차례의 조사에서 빠짐없이 질문항목에 포함된 세 유형, 즉, 청원서 서명, 보이콧, 그리고 시위에의 참여지수의 평균값의 변화추이와 각각의 조사에서 포함된 모든 유형의 정치행위에 대한 참여지수 전체 평균값의 변화추이도 함께 살펴보았는데 이들을 함께 그래프로 나타낸 것이 <그림 6-10>이다.

이 그림을 보면 전체 응답자의 참여지수가 가장 높은 유형은 서명이며 그 다음으로 보이콧과 시위가 엎치락뒤치락 하며 비슷한 수준임을 알 수 있다. 하지만 서명의 경우는 참여지수가 1981년을 제외하고는 참여의사에 해당하는 1을 넘고 심지어 2001년에는 1.4도 상회할 만큼 높은 수준인데 비해, 나머지 모든 유형은 1과 0 사이에 위치해 있음을 알 수 있다. 그리고 대부분의 유형이 조사 때마다 등락을 거듭하는 형태를 보이지만 서명, 보이

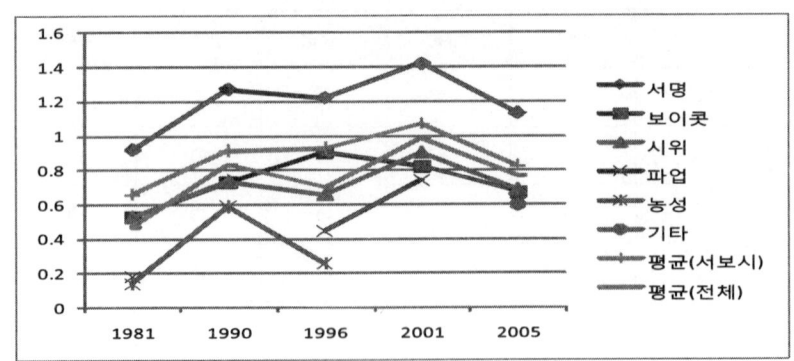

〈그림 6-10〉 저항적 정치행위 참여지수 평균값 변화 추이

콧, 시위의 세 유형의 참여지수 평균값이나 전체유형의 평균값 모두가 비록 등락을 거듭하면서도 1981년부터 24년 동안 전반적으로 증가하는 추세를 보여 왔다.[12]

다음으로 이들 저항적 정치유형에의 참여와 (탈)물질주의 가치와의 관계를 살펴보기 위하여 각각의 정치유형에의 참여지수 평균값을 물질주의자와 탈물질주의자 사이에서 비교해보았다. 그런데 앞에서 밝힌 바 있듯이 보다 정교한 (탈)물질주의 가치측정 지표인 12항목 지표를 이용하기 위해서는 불가피하게 1981년 조사결과는 배제할 수밖에 없다. 그래서 1990년 이후 네 차례 조사한 자료를 바탕으로 각 정치행위 유형에의 참여지수 평균값을 물질주의자와 탈물질주의자로 나누어 계산하여 제시한 것이 <표 6-4>이다.

이 표를 보면 우선 조사된 모든 저항적 정치행위 유형에서 그리고 네 차례의 조사에서 언제나 탈물질주의자들의 정치행위 참여지수 평균값이 물질

---

12) 이와 달리, 관례적인 정치의사 표현방식인 대통령 선거와 국회의원 선거에서의 시민들의 투표 참여율은 이 시기에 뚜렷이 하락하는 경향을 보였다. 대통령 선거의 투표율은 제13대(1987) 89.2%에서 제14대 81.9%, 제15대 80.7%, 제16대 70.8%, 그리고 제17대 63.0%로 꾸준히 낮아졌으며, 국회의원 선거의 투표율도 제11대(1981) 77.7%와 제12대 84.6%에서 제17대(2004) 60.6%와 제18대(2008) 46.1%로 크게 낮아졌다 (중앙선거관리위원회 역대선거정보시스템 자료).

〈표 6-4〉 정치행위 유형에의 참여지수 평균값의 변화 추이와 가치유형

정치행위 유형	가치유형	1990	1996	2001	2005
서명	물질주의자	1.1524	1.0022	1.3288	1.0356
	탈물질주의자	1.6348	1.4579	1.5851	1.2826
보이콧	물질주의자	0.5501	0.7428	0.7093	0.6361
	탈물질주의자	1.1835	1.1682	1.0617	0.8696
시위	물질주의자	0.4496	0.4699	0.8112	0.6132
	탈물질주의자	1.4	1.028	1.191	1.087
파업	물질주의자		0.3125	0.6707	
	탈물질주의자		0.7103	0.9294	
농성	물질주의자	0.3642	0.1808		
	탈물질주의자	1.1239	0.4953		
기타	물질주의자				0.5394
	탈물질주의자				0.7391

주의자들의 그것보다 높다는 것을 알 수 있다. 또한 탈물질주의자나 물질주의자 모두 서명에의 참여지수 평균값이 가장 높지만 탈물질주의자의 경우에는 보이콧보다 시위 참여지수가 그리고 물질주의자의 경우에는 그 반대로 보이콧 참여지수가 각각 더 높은 경향을 보인다. 파업, 농성, 기타 유형에의 참여지수는 모두 탈물질주의자와 물질주의자에게서 공통적으로 서명, 보이콧, 시위보다 낮다.

이들 저항적 정치행위 유형에 대한 참여 경향의 변화추이가 탈물질주의자와 물질주의자 사이에서 어떤 차이를 보이는지 전반적으로 살펴보기 위해서 개별 정치행위 유형들 대신에 이들 전체의 참여지수 평균값을 가치유형에 따라 구별하여 계산한 후 이를 비교해 보았다. 이 때 <그림 6-10>에서처럼 서명, 보이콧, 시위의 세 유형의 평균값과 이들을 포함한 모든 행위유형

〈그림 6-11〉 가치유형에 따른 세 정치행위 유형 참여지수 평균값 변화 추이

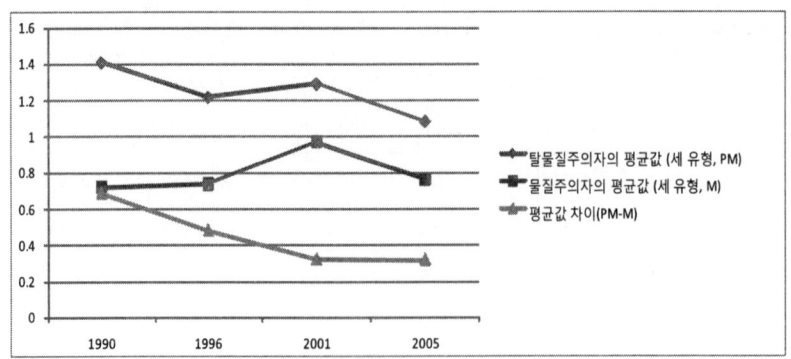

의 평균값의 두 가지 방식으로 계산하여 살펴보았는데 이 가운데 세 유형의 평균값의 변화추이를 물질주의자와 탈물질주의자로 나누어 그래프로 제시한 것이 <그림 6-11>이다.

<그림 6-11>은 1990년 이후 15년 동안 탈물질주의자들의 참여지수 평균값이 언제나 물질주의자들의 그것보다 높았을 뿐 아니라 참여의사에 해당하는 1을 상회해왔음을 보여준다. 이에 비해 물질주의자들의 참여지수 평균값은 2001년에 1에 근접한 적이 있었지만 언제나 1에 못 미치는 수준으로 머물러 있었다. 하지만 여기서 특별히 눈에 띄는 점은 물질주의자들의 참여지수 평균값이 1990년 이후 비록 매우 완만하지만 증가해온 추세인데 반해 탈물질주의자들의 평균값은 뚜렷이 감소해왔다는 사실이다. 이에 따라 탈물질주의자와 물질주의자의 참여지수 평균값의 차이(PM-M)도 지난 15년 동안 뚜렷이 감소해왔다. 이러한 경향은 서명, 보이콧, 시위뿐 아니라 파업, 농성, 기타유형을 포함한 모든 정치유형의 참여지수 평균값을 계산하여 보더라도 다르지 않게 나타났다.

어쨌든 탈물질주의자들에게서 발견되는 정치행위 참여지수의 이러한 뚜렷한 감소추세는 <그림 6-10>의 전체응답자를 대상으로 한 평균값의 변화 추이와도 비교된다. 1981년부터의 변화 추이를 보여주는 <그림 6-10>을 보

면 평균값이 등락하는 가운데 전반적으로 증가해 왔음을 알 수 있다. 여기서 1980년대를 제외하고 1990년부터만 보더라도 지난 15년 동안 전체 응답자의 평균값은 전반적으로 비슷한 수준을 유지해왔음에 비하여 탈물질주의자들의 참여지수는 그동안 뚜렷이 감소해온 것이다.

저항적 정치행위에의 참여지수가 유독 탈물질주의자에게서 뚜렷이 감소해온 것은 시기별로 나누어 살펴볼 필요가 있다. 뚜렷한 감소는 1990년~1996년 사이와 2001년~2005년 사이에서 이루어진 반면에 1996년~2001년 사이에는 오히려 참여지수가 증가하였다.

먼저 1990년~1996년에 감소한 것은 이 시기가 권위주의적인 군부정권으로부터 민주화된 민간정권으로 정권교체가 이루어진 시기였다는 점과 관련 있다. 즉, 민주적 문민정권의 등장으로 적어도 정치영역에서는 절차적 민주주의 틀이 확립되었다. 이로써 권위주의 정권 시기에 불가피한 것으로 여겨졌던 저항적 정치행위의 필요성에 대한 인식이 약화되고 관행적 정치행위에 대한 기대가 커졌는데 이런 경향은 특별히 탈물질주의자들에게서 더욱 뚜렷하였던 것으로 보인다. 왜냐하면 이 시기의 민주화는 기본적으로 정치민주화에 국한된 것이어서 저항적 정치행위의 또 다른 주요 발생영역인 노동현장을 비롯한 경제영역에서는 비민주적이며 불합리한 노사관계로 인해 저항적 정치행위의 필요성이 여전하였기 때문이다.

그런데 1996년~2001년 사이에는 시민사회단체의 폭발적인 증가와 함께 실질적인 민주주의에 대한 요구가 매우 거세졌다. 게다가 1997년 말에 외환위기를 겪게 되자 정부는 이를 극복하기 위해 구조조정 정책과 신자유주의적인 노동시장 유연화 정책을 적극 추진함으로써 대량실업이 발생하고 일자리 불안정이 심화되었다. 그 결과 노동계를 중심으로 이러한 정책에 대한 시민사회의 저항적 투쟁의 열기가 고조되었는데 이러한 현실상황이 배경이 되어 <그림 6-11>에서 보듯이 물질주의자와 탈물질주의자 모두의 저항적 정치행위 참여지수가 상승하였으며 특히 물질주의자들의 참여지수가 뚜렷이 상승하였던 것이다.

하지만 2001년~2005년 사이의 상황은 다른 상황이었다. 비록 경제적인 어려움이 여전히 남아 있었지만 외환위기는 극복되었다. 그리고 신자유주의적인 경제정책에 대한 국민들의 저항은 계속되었지만 국민의 정부에서 참여정부로 민주적인 정권이 이어지면서 정부정책에 대한 사회세력의 저항운동이 현저히 약화되었다. 게다가 앞에서 지적하였듯이 보수적인 언론매체들은 시민사회를 중심으로 한 저항적 정치행위에 대해 이전 시기보다 훨씬 비판적으로 보도하였다. 이 시기에 물질주의자와 탈물질주의자 모두에게서 저항적 정치행위에의 참여 태도가 약화된 것은 이러한 상황과 관련 있는 것으로 보인다.

V. 맺음말: 함의와 과제

앞에서 이루어진 분석결과를 간략히 요약하면 다음과 같다. 첫째, 사회운동의 주요 행위자인 시민사회단체들의 증가가 1980년대 중엽부터 본격적으로 시작되고 1990년대에 지속되었는데 이를 가치유형에 따라 나누어 보면 물질주의적인 사회단체에 비해 탈물질주의적인 사회단체의 신설속도가 훨씬 빨라서 1990년대의 시민사회단체 증가가 탈물질주의 성향의 단체들의 주도로 이루어진 것임을 알 수 있다. 이런 증가추세는 2000년대에 들어서도 계속되었지만 2000년대 전반의 증가는 주로 온라인 사회단체의 폭발적인 설립증가에 힘입은 것으로서 오프라인 단체만 보면 오히려 감소세로 돌아섰다. 이 감소추세는 물질주의 단체와 탈물질주의 단체 모두에게서 발견되지만 이전에 더 빠르게 증가했던 탈물질주의적 사회단체의 증가 추이가 이제는 물질주의적 사회단체의 그것보다 더 빨리 약화되는 양상을 보였다.

둘째, 1990년부터 15년 동안 가치조사 전체 응답자 중에서 물질주의자와 탈물질주의자의 비율이 모두 감소하였다. 이에 비해 대표적인 사회단체인 노조와 환경단체의 회원을 보면, 물질주의자들의 감소추세가 전체 응답자에게서보다 더 뚜렷한 반면에 탈물질주의자들의 경우는 오히려 증가한 것으로 나타나서 이들 단체 회원들의 탈물질주의 가치 성향이 크게 강화된 것을 알 수 있다. 그리고 이런 탈물질주의 가치성향의 강화 속도는 노조보다 환경단체에서 더 빨랐다는 것을 알 수 있다.

셋째, 가치조사 전체 응답자들이 저항적 정치행위에 참여하는 정도는 1981년 이후 전반적으로 증가해왔으며, 1990년 이후만 보면 비록 등락이 있었지만 전반적으로 비슷한 수준을 유지하였다. 그런데 이를 응답자들의 가치유형에 따라 나누어 보면 탈물질주의자들은 저항적 정치행위에 참여할 의사가 있음을 나타내는 수준인 평균 참여지수 1 이상을 늘 유지해옴으로써 참여할 의사가 없음을 나나내는 수준인 참여지수 1 이하에 항상 머물러 온 물질주의자들과 대조적인 모습을 보여 왔다. 그렇지만 물질주의자들의 평균 참여지수는 그동안 전반적으로 증가해왔는데 비해 탈물질주의자들의 지수는 뚜렷이 감소해옴으로써 참여지수의 탈물질주의 성향도 지난 15년 동안 뚜렷이 약화되어 왔다.

이러한 변화추세들의 배경과 이유에 대한 설명과 해석은 본문에서 비록 충분하지는 않지만 어느 정도 제시되었기 때문에 여기서는 결론적으로 이러한 변화추세들이 제시하는 함의에 대해 간략히 언급하고자 한다. 먼저 시민사회단체의 신설 추이, 구성원의 가치성향 변화 추이, 그리고 가치유형에 따른 저항적 정치행위에의 참여 성향을 분석한 결과 1990년대 이후에 한국의 사회운동이 크게 활성화되는 과정에서 탈물질주의 가치가 큰 영향을 끼쳤음을 알 수 있다. 우선은 1990년대에 시민사회단체의 증가를 주도한 것이 탈물질주의 성향의 단체였다는 점이 이를 뒷받침해준다. 그리고 이 시기의 대표적인 탈물질주의 사회단체와 물질주의 사회단체 구성원들의 가치성향을 보면 공통적으로 탈물질주의 성향이 뚜렷이 강화되어 왔을 뿐 아니라 이들 탈물질주의 가치 소유자들이 물질주의 가치 소유자에 비해 저항적 정치행위에 훨씬 더 적극적인 태도를 가졌다는 점이 또 다른 근거다.

하지만 2000년대에 들면서 부분적인 변화의 조짐이 나타났다. 오프라인 사회단체 가운데 탈물질주의 성향의 단체가 물질주의 성향의 단체보다 더 빠르게 위축되었으며 탈물질주의 성향의 환경단체 회원 가운데 물질주의자는 증가한 반면에 탈물질주의자는 오히려 감소하였다. 게다가 저항적 정치 행위에 대한 탈물질주의자의 태도가 물질주의자와 함께 적극적으로 변했던 1990년대 후반과 달리 2000년대에 들어서는 소극적인 방향으로 전환되었다. 이처럼 2000년대 전반에는 한국 사회 전체 시민들 가운데 탈물질주의자의 비율이 이전보다 더 뚜렷이 감소한 가운데 사회운동에서도 탈물질주의 성향과 탈물질주의자들의 적극적인 정치행위 참여성향이 모두 부분적으로 약화되는 경향이 나타났다는 점이다.[13]

2000년대 후반의 상황을 보여주는 자료는 아직 제공되지 않아서 이러한 추세가 2000년대 후반에 어떻게 전개되었는지 정확하게 알 수가 없다. 하지만 시민들의 탈물질주의 성향이 약화되거나 적극적인 정치행위에의 참여도가 약화되는 경향이 2000년대 후반에도 계속되었다면 시민사회운동의 위축세를 심화시키는 결과를 낳았을 것이다. 그리고 시민사회운동도 저항적 정치행위에 기반을 둔 주창적 운동 중심의 형태로부터 벗어나 사회서비스 운동 같은 비주창적 운동이 널리 확산되는 양상의 변화를 초래하였을 것이다.

그런데 실제로 2000년대 중엽 이후로 사회운동에 대한 위기담론과 위기의식이 빠르게 확산되었으며 시민운동단체 지도층에 대한 신뢰가 지속적으로 하락하였다.[14] 이것은 오프라인 시민사회단체 중심의 기존 사회운동이

---

13) 2000년대 전반에 한국 사회 전반적으로나 사회운동에서 탈물질주의 성향이 위축된 것은 경제 및 국가안보에 대한 우려가 매우 커진 당시의 현실상황과 관련이 있다. 그리고 저항적 정치행위에의 참여도가 낮아진 것은 정치적 민주주의 질서의 공고화와 급성장한 시민사회운동의 한계 노출과 관련이 있다.

14) 시민사회운동에 대한 비판적 반성은 1990년대 전반에도 발견되지만 시민사회운동 혹은 사회운동의 위기에 관한 담론은 2000년대 들어 조금씩 제기되다가 2005년 사회운동 영역 내부에서 본격적으로 제기된 이후 2000년대 후반에 널리 확산되었다(정영일, 2006: 8; 조희연·김정훈, 2006: 51). 2007년에는 한겨레신문이 전국 시민단체 상근 활동가 114명을 대상으로 설문조사를 실시한 결과 48.6%가 현 상황을 시민운동의 위기로 여긴데 반해 위기가 아니라고 답한 활동가는 24.3%에 그쳤다(전진식 외, 2007). 그리고 한국종합사회조사 결과에 의하면 시민운동단체 지도층을 매우 신뢰한

안팎으로 어려운 상황을 맞게 되었음을 의미한다. 이런 상황에서 기존의 사회운동을 비판적으로 성찰하는 사람들에 의해 주창적 사회운동의 의미와 더불어 한계에 대한 인식이 확산되는 경향도 발견된다(정영일, 2006: 9; 하승수, 2009: 11).

물론 2000년대 초부터 급증한 온라인 사회운동은 2000년대 후반을 지나면서 새로운 정보통신기술의 발전과 접목되어 더욱 활성화되고 새로운 형태로 발전하였다. 2008년 미국 쇠고기 수입 문제를 둘러싼 논쟁과정에서 이루어진 대규모 촛불시위는 이처럼 새롭게 발전된 온라인 사회운동이 오프라인 사회운동과 결합하여 폭발적인 영향력을 발휘한 대표적인 사례였다. 이러한 온라인 사회운동의 발전과정에서 탈물질주의 가치가 어떤 영향을 끼쳤으며 이로 인해 오프라인 사회운동은 어떤 영향을 받았는지 하는 문제는 추후에 다루어져야 할 연구과제로 남겨져 있다.

끝으로 한국의 사회운동이 1980년대부터 1990년대를 거치면서 폭발적으로 성장하는 과정에서 적어도 1990년대부터는 탈물질주의 가치에 의해 큰 영향을 받았는데, 환경운동 같은 시민운동 혹은 서구식의 신사회운동뿐만 아니라 노동운동 같은 민중운동 혹은 서구식의 구사회운동 역시 영향을 받았다. 비록 영향을 받은 정도는 후자에 비해 전자가 훨씬 컸지만 어쨌든 두 가지 유형의 사회운동 모두에 탈물질주의 가치가 큰 영향을 끼쳤다.

이처럼 두 유형의 사회운동 모두에서 탈물질주의 성향이 증가해왔지만 한국 사회 전체 시민 가운데서는 물질주의자가 탈물질주의자보다 압도적으로 많은 현실이 반영되어 두 유형의 사회운동 모두에서 물질주의 가치를 지닌 구성원이 탈물질주의자보다 훨씬 많은 상태가 1990년 이후 지금까지 지속되어 왔다.

이런 점에서 본다면 서구에서 구사회운동으로부터 신사회운동으로의 전환이 물질주의로부터 탈물질주의로의 가치변화에 기초한 것이라는 잉글하

응답자 비율이 2006년 19.4%에서 2009년 16.1%로 감소한 반면에 불신한 비율은 23.0%에서 24.5%로 증가하였다(김상욱 외, 2006: 126; 한국사회과학자료원, 2010: 5).

트의 설명이 한국 사회에서는 부분적으로만 적용된다고 할 수 있다. 즉, 한국 사회에서 탈물질주의적 쟁점을 다루는 사회운동이 폭발적으로 증가한 데에는 탈물질주의자들의 적극적인 참여가 중요한 역할을 한 것이 사실이다. 하지만 이들보다 더 많은 물질주의자들의 참여와 역할을 통해서 이러한 운동이 성장할 수 있었다는 점을 고려하면, 탈물질주의자든 물질주의자든 그리고 민중운동 혹은 구사회운동이든 시민운동 혹은 신사회운동이든 간에 오페가 지적하였듯이 사회현실에 대한 비판의식과 근대적 가치에 대한 비판적 반성이 1990년대 이후에 한국 사회운동이 폭발적으로 성장하는데 원동력이 되었던 것이 아닌가 생각된다.

【참고 문헌】

강양구·전홍기혜. 2004. "[대화]<3> 김동춘 vs 하승창, '시민운동의 미래'(상)."『프레시안』(2004. 6. 19).
경제기획원. 1985.『한국의 사회지표 1985』. 서울: 경제기획원.
김상욱 외. 2006.『한국종합사회조사 2005』. 서울: 성균관대학교출판부.
김 욱. 2005.『정치참여와 탈물질주의: 한국과 스웨덴의 비교』. 서울: 집문당.
송호근. 2001. "신사회운동 참여자 분석." 권태환 외 엮음.『신사회운동의 사회학』. 서울: 서울대학교출판부. pp.223-254.
시민의신문. 2006.『한국 시민사회 연감 2006』. 서울: 시민의신문사.
시민의신문·시민운동정보센터. 2006.『한국민간단체총람 2006 상』. 서울: 시민의신문사.
임현진·공석기. 2001. "한국사회와 신사회운동." 권태환 외 엮음.『신사회운동의 사회학』. 서울: 서울대학교출판부. pp.87-119.
전진식 외. 2007. "'시민 가까이' 외치지만 발걸음이 무거워졌다."『한겨레신문』. (2007. 3. 22).
정수복. 2002.『시민의식과 시민참여』. 서울: 아르케.
정영일. 2006. "시민운동 위기론 출발은 '중앙집중형'."『시민의신문』. (2006. 4. 10).
정태석. 2006. "시민사회와 사회운동의 역사에서 유럽과 한국의 유사성과 차이: 유럽의 신사회운동과 한국의 시민운동을 중심으로."『경제와 사회』 2006년 겨울호(통권 제72호): 125-147.
조희연·김정훈. 2006. "새로운 도전 속의 한국 사회운동. 사라지지 않은 과거와 뿌리내리지 못하는 미래."『한국 시민사회 연감 2006』. 서울: 시민의신문사. pp.47-61.
중앙선거관리위원회 역대선거정보시스템 자료. http://www.nec.go.kr/sinfo/index.html.
통계청. 1995.『한국의 사회지표 1995』. 서울: 통계청.
_____. 2006.『한국의 사회지표 2006』. 서울: 통계청.
하승수. 2009. "시민운동 제언(2): 사회변화 성취형 시민운동을."『시민사회신문』. (2009. 2. 23).
한국사회과학자료원. 2010.『한국종합사회조사 2009 CODE BOOK』. 서울: 한국사회과학자료원.

Inglehart, R. 1983. 정성호 옮김.『조용한 혁명』. 서울: 종로서적. (*The Silent*

Revolution: Changing Values and Political Styles among Western Publics. R. Inglehart. 1977).

_____. 1996. 박형신·한상필 옮김. "새로운 사회운동의 가치, 이데올로기, 그리고 인지적 동원." 달턴·퀴흘러 엮음.『새로운 사회운동의 도전』. 서울: 한울아카데미. pp.71-99. (_Challenging the Political Order: New Social and Political Movements in Western Democracies._ R. L. Dalton & M. Kuechler (ed.). 1990).

_____. 1997. _Modernization and Postmodernization: Cultural, Economic, and Political Change in 43 Societies._ Princeton: Princeton University Press.

_____. 2003. 윤도현 옮김. "포스트모던 사회." 퐁스 엮음.『당신은 어떤 세계에 살고 있는가? 2』. 서울: 한울. pp.157-185 (_In welcher Gesellschaft leben wir eigentlich?: Gesellschaftskonzepte im Vergleich._ Bd. 2. A. Pongs (Hrsg.). 2000).

Offe. C. 저. 1993. 정수복 옮김. "새로운 사회운동: 제도정치의 한계에 대한 도전." 정수복 편역.『새로운 사회운동과 참여민주주의』. 서울: 문학과 지성사. pp.78-129.

World Values Survey Association. 2009. WORLD VALUES SURVEY 1981-2008 OFFICIAL AGGREGATE v.20090901. Aggregate File Producer: ASEP/JDS, Madrid. (www.worldvaluessurvey.org).

부록

⟨부록 1⟩ 롤란드 베네딕터 논문의 영문본
　Global Change and the Shift in Post-materialist Values:
　The Current 'Twilight' Phase of Post-materialism and
　the Potential Effects

⟨부록 2⟩ 첸 루훼이·첸 잉난 논문의 영문본
　Post-materialism and Political Support in Taiwan and China

부록 1 롤란드 베네딕터 논문의 영문본

Global Change and the Shift in Post-materialist Values:
The Current "Twilight" Phase of Post-materialism and the Potential Effects

Roland Benedikter

> More than ever before, we need a new generation of leaders who understand different dimensions of society and the economy, and its implications for governance and public policy.
>
> Kofi Annan, former Secretary-General of the United Nations, at the inauguration of Oxford's Blavatnik School, 2011

I. 7-dimensional, multi- and transdisciplinary method to understand contemporary change: System action theory

If we want to investigate the current global systemic shift in order to identify its basic patterns with regard to the current state, implications and perspectives of post-materialism as a specific cluster of value-driven social activism characteristic of highly developed societies since the 1970s, a seven-dimensional method of reconstruction, analysis and foresight can be chosen. This method—called system-action theory—consists in the experimental inclusion of six basic discourse systems—or, in other terms, six macro-societal rationality types —, which are those of 1) economics (rationality type: objectivation), 2) politics (interrelation), 3) culture (intersubjectivity, value of "the other"), 4) religion (last legitimatory values, 5) technology (functionality, metaphysics) and 6) demography (metahumanity), into a multidisciplinary, complexely interwoven picture.

All six dimensions have to be considered as dialectically structured in themselves; as permanently shifting against each other; as continuously exchanging the lead role among themselves according to different constellations, situations and historic symptomatologies; and as to a certain extent competing against each other for supremacy. We depart from the assumption that every phenomenon of importance for the present, "fourth" or "post-empire" phase of globalization is increasingly centered not only in one or two dimensions (i.e. in the classical view, in the economic-political complex), but participatory of much more multidimensional structural logics rooted — in principle — synchronically in the more of the six dimensions, the more important the phenomenon is (cf. competing with the discourses of economics and politics, the rise of culture to a dominant global political factor, the global return of religion, the growing impact of technology and demography in times of soft power and global migration).

As a consequence, global phenomena of change are increasingly characterized by a) hyper-complexity and b) "deep ambiguity" in the interplay between the six dimensions. In fact, the inner law that connects the six systemic dimensions of today as a processual (and not static) whole is the paradox of functioning as a "structural equivalence while constituting — and being based on — a functional hierarchy".

The overall process of what is happening as global change today can then be considered as the seventh, overarching dimension which is more than the sum of its parts. It can't thus be reduced to any of its constituent dimensions, nor to their specific differences (including their specific inner dialectics and conflicts), but has rather to be understood as their mutual penetration and interference. In analyzing the interweavement of the six basic logics of contemporary change by applying them to "symptomatic"cases, including shifts in values and ideologies, questions about the mechanisms and potential laws at work behind the curtains of the current phase of globalization can be posited.

II. What does it mean: To investigate contemporary global change?

That means that in the most basic sense, "global systemic shift" is the interrelation between the six dimensions of global change in our time — conceived not as a static relationship, but as a fully "fluid" process, and the specifics of the resulting chameleonic constellations. The overall "stratified image" resulting from the respective micro-, meso- and macro-shifts is not anymore temporarily, but permanently changing ("shrinking present" theory). Thus the hypothetical seven-dimensionality denotes the systemic pattern only of the present global shift — not of that of all times, and neither of the whole 20th century, nor even of its second half, but more specifically of the "post-ideological" phase of complexity. It is first of all an image for the constellation that has been developing since the attacks on the World Trade Center in New York on 9/11. And this constellation is embedded in the greater pattern that developed since the fall of the Berlin wall in 1989 and the collapse of communism in 1991. Third, it comprises the "post-empire"-depression of the West since the financial and economic crises of 2007-11 and the Western debt crises since 2011 (French prime minister Francois Fillon in November 2011: "These crises have definitely consecrated the global power shift from the West to the East"), and more generally since the start of the era Barack Obama which has induced the USA to shift the center of their strategic future foresight and the center of the global supremacy strategy of open, democratic societies against illiberal and autocratic societies — which will be most certainly the great battle of the 21st century — from the Atlantic into the Pacific, for the first time in history (Obama: "I am the first Pacific — instead of European —

American president").

Summing up, as a research approach, system action theory investigating the "global systemic shift" is conceived as an experimental, multidimensional, inter- and transdisciplinary, typology-based and integrative approach that wants to understand the complex "stratified picture" of contemporary change through the comprehension of a) systemic, b) structural and c) discourse elements, rationality and order patterns which may be supposedly active behind the current phenomenological curtains. Together, these three types of elements are the expression of, and at the same time co-constitute a highly complex, overarching "system rationality", which is composed by a variety of sub-rationalities and expresses itself — and, more than that, seems to be (more or less literally) "embodied" — in specific, timely discourses. These discourses are usually "mixed", i.e. they include mainstreams and traces of different societal rationalities in increasingly trans-national and trans-cultural ways, including elements of globalized contextual politics and histories of ideas within a rising global culture of "competing modernities", and modernizations. And to make the overall attempt towards a "multiversal" in-depth understanding even more complex, challenging and (fortunately) also more adventurous, as an effect of the latest macro-shifts all the six basic dimensions and discourse patterns seem to be highly instable, non-linear and vulnerable within themselves and in their interplay, as far as the available empirical evidence shows.

III. Basic patterns of the current "global systemic shift": The three ends of our time

Overall seen, worldwide development since 1989 (and even more intensely, since September 11, 2001) does not depend any more of traditional notions of economics and politics alone; it is increasingly co-shaped by the so-called "cultural turn" of civilizations and by the global "renaissance of religions". Therefore, we can currently speak of a structurally six-fold systemic shift: a change in the basics of the organizational and paradigmatic patterns of world wide order structures, which seems to be occurring exactly in the interplay between the six typological macro-spheres of economics, politics, culture, religion, technology and demography on a worldwide scale.

This "global systemic shift" departs from three epochal crises which seem to characterize our epoch:

1. The crisis of the lead discourse of "neoliberalism" (in the sphere of economics);

2. the crisis of the lead discourse of the "new world order" (in the sphere of politics); and

3. the crisis of the lead discourse of (deconstructive) "postmodernism" (in the sphere of culture).

Many assert that these three crises are inducing three respective ends of paradigm leadership. Be them crises or ends, they are accompanied by

4. the global "renaissance of religions" (in the sphere of religion);

5. the rise of technology to an universal substitute for traditional (national) cultures (which thus are step by step becoming the by trend weakest of the six basic dimensions, being increasingly replaced by globalized technological culture); and

6. the growing dependency of power shifts on demography (the biggest hope of the West today is that China will become a democracy, because democracies don't engage in wars against each other; the biggest fear of the West today is that China will become a democracy, because in this case, the demographic factor will become decisive, given that today in the USA you have 300 million citizens all free to be creative, while in illiberal China you have 40-50 million who can be creative,

and all others are artificially kept below their potentials).

All six developments are increasingly acting on each other and influencing the process as a whole.

While the crisis of "neoliberalism" gives way to a variety of reform, social and alternative economic and financial models, the crisis of the "new world order" witnesses the birth of a multipolar global order, where developing countries like the so-called BASIC nations as well as new geopolitical alliances like in South East Asia are constituting a world with many centers, complexly interwoven and in many ways less foreseeable, and where the new frontiers is less between cultures and traditions, and more between democratic and illiberal alliances (see for example the latest joint manoeuvres of China and Russia against the USA and the Phillippines in the South China Sea in April-June 2012). And while the crisis of "postmodernism" as the Western secular lead paradigm of radical and one-sided nominalism as a effect of Central European history of the 20th century and the delusional end of the 1960s and 1970 liberal "revolutions" is inducing a vast and contradictory variety of new idealisms, realisms and essentialism not always of paradigmatic quality and often short-lived, the global "return of religions" is increasingly influencing the paradigms of the nation state (like with Confucianism-Taoism in China, used a.o. as a medium of Han-assimilation or with Hinduism in India which is becoming partly militant, but also in the USA with the new fundamentalism among the Republican candidates and right-wing populist movements like the Tea Party, and in Europe, with the "new evangelization of Europe" programme proclaimed by Catholic pope Joseph Ratzinger, or the split within the Anglo-Protestant church, where, in clear contrast to the U.K. growing isolation from Continental Europe under David Cameron, large parts of the believers favour a re-unification with Catholicism, a development which would trigger unprecedented political effects on the greater European and Atlantic "post-empire" constellation). Last but not least, the rise of technology to the dominating force of globalization both economically and politically, and increasingly also culturally (not least through icons like Steve Jobs) is partly replacing proven identity patterns and in the process of creating the "technological human being", the kind of future cyborg which many leading scientists and philosophers envision as the next stage of the human existence in the form of "transhumanism" (Nick Bostrom, Future of Humanity Institute at the James Martin 21st Century School of the University of Oxford). Eventually, the rapidly growing number of humans living on earth — with 7 billion reached in October 2011, and counting — becomes a growing center of political foresight, including the fight for resources in Africa and on the northern hemisphere (Canada, Russia, China, USA, Northern European countries).

Whereas all these elements are more or less well known in the different specialized sciences, their analysis remains widely isolated, since they have not yet been integrated satisfyingly into a unifying macro-picture — or into a "coherent unity" — by "synthetic work" (Nick Bostrom). However, it can be assumed that the possibilities to anticipate the outcomes of the overall process and to handle it appropriately will depend strongly of the possibility to develop a synthetic macro-picture which must identify the core developments behind the very different single phenomena.

What a sound theory of contemporary globalization (which in principle does not yet exist on a sufficient level of complexity adequacy, but is widely in the making) has thus to do is to identify some of these core elements by investigating the — very different, but coalescing — roots and streams of the "global systemic shift" within the increasing interweavement between economic, political, cultural, religious, technological and demographic discourse patterns and symptoms. The investigation must include all six dimensions of change in the view of the basic methodological mantra "functional hierarchy with structural equivalence", which means

    1. that — not dissimilar to the desire (need) pyramid of Maslow — the six dimensions build on each other and can't exist without each other, being economy the most basic dimension, politics the one that builds upon it, culture the one that builds on both others, religion the highest (i.e. most complex, but also quantitatively, as the top of the basic pyramid, the tightest), and technology and demography "out of hierarchy" or "free floating" dimensions ("functional hierarchy");

2. that nevertheless for any sound investigation and for a "good", i.e. differentiated social development, all six have in principle to be regarded as "structurally equivalent," especially if an open, multidimensional, liberal and multifaceted, pluri-discoursive and pluri-rational society is to be established (issue of democratization).

IV. The effects: Has post-materialism reached its "age of twilight"?

Recent historical symptomatology has shown that contemporary change is characterized by one unique feature: that changes in all six dimensions of typological global development are occurring at the same time, i.e. simultaneously — maybe for the first time in modern history in such a broad and synchronic way. This characteristic of simultaneous, profound change induces fear and instability in many parts of the world, including the USA and Europe — being fear the traditional enemy of post-materialism. Be it the proliferating financial and economic crises of the recent years (in the field of economy), the growing political instability due to increasing imbalances and rifts between the liberal and illiberal societies, the decline of the "lonely superpower" and the rise of new lead countries like China and India, as well as the spread of weapons of mass destruction (in the field of politics), the deep crisis of secular-nominalistic "postmodernism" as cultural lead paradigm of the West (in the field of culture) or the "global return of religion" which is increasingly taking hold not any longer only in the lesser developed countries, but also in the rationality driven, open societies of the West: All these developments in the interplay unfold a growing impact on the state, the phenomenologies, the symptomatology and the perspectives of post-materialism as we knew it.

There are two main considerations to take into account here:

1. Without any doubt, post-materialism is passing through a critical,

if not crucial phase of its history, being influenced and co-shaped by all six dimensions which in many ways battle for its center; and being deeply embedded and effected by the "three ends" of our time.

2. There seems to be a growing divide between the forms of Eastern and Western post-materialism, which is in many ways self-explaining, but still surprising. Being post-materialism the "ideology of the wealthy in times of prosperity" and thus expression of a very high level of need in terms of the Maslow pyramid (at least the cultural level, if not the level of civil religion), the crises of the West have deeply harmed, and thus modified its potentials in the democracies of the West. On the other hand, they have created "twilight" phenomena, which are increasingly dominating the reality of post-materialist movements and efforts: phenomena, where post-materialism is mixed with anti-economic and even anti-democratic tendencies potential regressive nature. In the West, we seem to live through the age of "twilight post-materialism", where the movements and their value clusters are as productive and progressive as they are deeply ambiguous and instable within themselves.

Examples include the new anarchist movements in Italy which increasingly switch into open guerrilla mode against the establishment and its defense of the existing economic and political system regarded as deeply antiquated and unjust; the Occupy Wall Street and 99% movements in the USA, which are leading to a broad awakening about the imbalances of the existing American system by the US-middle class never experienced in such a depth in US history; and ironically, the right-wing "Tea Party" movements which fight for the return of "primordial values" into the public sphere. All of them are, paradoxically, directly related to post-materialist roots and intentions, but with deeply ambivalent and torn aims, goals and perspectives. The most important aspect is that all these movements, including the classical "post-materialists" (including their side streams in movements like the global "Threefolding" movements led by Alternative Nobel Laureates) know explicitly or implicitly about their inner rifts, contradictions and are thus on their way to become on the one hand more fundamentalist (fear), on the other hand less ideological. Western post-materialism today presents a tendency towards being non-ideological and fundamentalist at the same time — a rare paradox in its history still to fully understand in its potentially widely ramified consequences on society and on post-materialism itself.

V. Effects on Asia: The example of Korea's social change

In this constellation, the development patterns of East and West seem to be quite different. While the East is growing, the West is in the midst of a deep "post-empire" depression. Postmaterialism is reacting accordingly quite differently in the West and the East. In the West, as one consequence of the multiplicity of recent crises, post-materialism is in the process of dramatically widening its conceptual radius, integrating movements and parts of movements of rather radical stance both on the left and on the right. On the other hand, the believe in the "purity" of post-materialism seems still to widely unbroken and "purely" conceived in most rising nations of the East — quite natural in times of growth, wealth and a widespread principal confidence in the future, and with a middle class rising fast in most developing countries.

Second, we have to take into consideration the different concepts of postmaterialism in East and West. In the East, post-materialism has often assumed social revolutionary dimensions of rather holistic traits, while in the West it was much more restricted to specific issues of social development like sustainability, justice, participation or "saving the planet", most of them embedded in the greater grassroots democracy issue and differentiated in specialized sub-movements.

If we try to look at one Asian example, the example of Korea, and the respective implications for and its ongoing social change, there are different aspects to consider.

First, one difference between Korean and European post-materialism has always been the difference of "purity" connected with its basic concept. While in Korea, post-materialism before the midst of the 1990s has been an explicit political revolutionary concept of the wealthier, rising young and educated parts of the population, it widely was conceived as "immaculate": expression of a better life, a better society, a better tomorrow. Purity leads to revolutionary impetus - and to a dominant leftist interpretation of post-materialism in the public debate (which in Korea was the case in the 1990s).

Such a stand post-materialism in the West rarely ever had. First, because of its history, being post-materialism in the West born out of the disillusions of the 1960s and 1970s. Second, the past years have shown that while Western post-materialism is brought forward mostly by its "classical" actors, i.e. the wealthy and educated, there is an increasing part of it that "turns back to history" in the form of integrating parts of the new proletariats, i.e. the lower and uneducated classes that are fast growing in the framework of the so-called "decline of the West" (which in the end is nothing else than the globalization of the West). The overall image shows: while the West is developing post-materialism from a "pure" towards a "deeply ambiguous" or "twilight" dialectically structured mindset or paradigm, the East is still attached to it in terms of societal confidence, revolution towards a better society and to a rather "pure" concept of it.

Korea today seems to be on the middle ground between both tendencies, mainly due to its recent social development. This is the second aspect to consider. As we know, post-materialist values were widely spread in Korea during and particularly as an effect of its economic boom — both in its conservative and leftist interpretations and socio-political fractions. But as recent research has shown, the massive difference in income, shifts in the political equilibrium and the not to underestimate generation gap have contributed to a growing divide in Korean society. All these three fields of change seem to be interacting simultaneously in today's Korean society, contributing to rather diminish the influence of traditional "Inglehartian" post-materialist mindsets and movements in times of transition. As a report by the Korea Labor and Social Institute has shown in 2012, the gap in earned income in Korea in 2012 was the second highest among all OECD members; and Korea's re-distribution of income ability through the two classical tools of taxation and fiscal spending was roughly half of that in the USA, the UK and not even a fourth of most European countries. The origins of this development lie mostly in the harsh austerity politics and measures of economic restructuring that Korea adopted after the Asian economic (and later currency) crisis of 1997-98, combined with the domination of "neoliberal" policies on a global level. Ironically, exactly such measures are taken today in many European crisis countries like in Mario Monti's Italy, leading to a growing social unrest and political change not only in Italy, but all over Europe (with the exception of Germany and the Northern countries).

The growing income inequality is certainly not a good sign for post-materialism in Korea, at least not for a peaceful one. It will further split society and re-radicalize parts of the post-materialist substratum on the left, and parts of its ideologically neutral spectrum towards the left — which is bad news for post-materialism as a balanced, pondered movement that we need in the age of hyper-complexity and deep ambiguity.

There are two additional questions that have to be added here with regard to the future of post-materialism in the globalized East, both with equally far-reaching implications and consequences.

First, one problem in many Eastern countries seems rather to be that post-materialism as we knew is unthinkable without the concept of freedom, individuality, and, most important, democracy. But that the rise of the imminent giant China is in principle all against post-materialist values, given that China is no democracy and disencourages in every given occasion grassroots democracy, participation, Western values and government "from below", i.e. most basic aspirations of classical post-materialism. On the other hand, it is also true that China itself presents a growing population of post-materialists due to its own change and breathtaking pace of development and wealth-creation, and that these parts of the population may be the hatchery of a slow drift of China towards democracy, regarded as the most desirable and potentially most important development for the world of the 21st century by many. In which direction, and whereto, will the still widely confident Eastern post-materialism develop under the growing influence of illiberal, autocratic neighbours - and in which direction can it possibly transform itself by assimilating to the new global and regional realities? In which ways will it be itself a factor in the greater Eastern game of social and political change?

Second, probably more important: if the Korean society is becoming more divided following, in many ways, the American model of ideological polarization between conservatives and leftist (which in the USA are liberals, in Korea leftists in the more traditional, Marxist etc. sense), than the great task ahead of both Korea and the USA may be to find a sound political, social and, not least, ideological balance between both parties and affiliations. The great question ahead of post-materialism in general for the coming decades, but maybe with particular importance of Asian and Korean post-materialism may be: how to integrate "rightist" (conservative) and "leftist" (liberal) interpretations of its core values?

As we know, post-materialist values can be interpreted by both groups and made their own with equal rights and legitimation, though in the past both were formed rather by middle class people and thus rather by thus who usually are rather "liberal" oriented (if not stemming from value conservative realities). The coming years will show that post-materialism will rarely have a broader and constructive social role without becoming able to reconcile and unify its leftist and rightist (or, speaking for America, its liberals and conservative) wings, which in times of growing social disparity are rapidly drifting apart form each other and entering fights against each other that threaten to undermine the concept as such.

VI. Is the age of post-materialism tending towards its end because of the dawn of the age of "competing modernities"?

Overall seen, there is a comparatively broad agreement in the inter- and transdisciplinary social and political sciences today that we are living through a deep reaching change in global culture that involves all known fields of societies both in the West and in other parts of the world, though in different ways. What is arising on a global scale is an epoch of "competing modernities", where different societies will be similarily evolved technologically and with regard to their access to information, but will interpret the notions of what a "good life" and what a progressive society should be in very different ways, not necessarily tied to the Western notions of democracy, open society or human rights anymore. Connected with this trajectory towards the maybe first real pluralism of modernization concepts in human history are large-scale demographic and technical shifts which will increasingly shape the overall future of all dimensions involved.

Post-materialism will not remain untouched by these developments. Post-materialism has been concieved, traced, and put into a positive programme of development by scholars and researchers embedded into the democratic cultures first of the West, than of the world. But if the modernity of the open societies is not the primordial model in globalization anymore, the question is if post-materialism as such can, and will survive the age of competing modernities. When the values of open societies should possibly not be on the forefront of global development anymore — what will happen with the values of post-materialism: participation, individual responsibility, sustainability? Maybe nothing. But are we sure?

VII. Post-materialism within the current phase of the "global systemic shift": Questions to address

In this complex and contradictory overall constellation, there seem to be three central questions that the present passage of global change posits to the future of post-materialism:

1. How is post-materialism composed by, and in between the six (seven) given dimensions, social subsystems, typological rationality types or discourse patterns today?

2. Which ones of these dimensions have taken supremacy over it — obviously or hiddenly? Since when? And with which perspectives? Where are the inner shifts, those existing and those foreseeable, in the discourse of contemporary post-materialism?

3. Which of the six dimensions will likely take over the center of gravity of post-ideological post-materialism? And: will, and has the post-materialism of the coming years to be "pure" or "twilight"? And what will it be, realistically speaking?

Given that social and individual values are not independent from social change, but evolve within it though often in ambiguous, contradictory and unconscious ways, my first hypothesis is that post-materialism — as an ideology of mostly burgeouois origin, i. e. as "the way of the wealthy and the educated" — is currently evolving within and through all the basic six rationality types and discourse systems at work today in shaping the "global systemic shift".

To be more precise, my observation — meant so far only as a starting point for further investigations — is that what we are witnessing at the present moment of this global transition is a broad revival of post-materialist values throughout all the six

a) typological systemic order dimensions (or social subfields),
b) the respective development of public rationality types and their interaction, as well as of
c) the corresponding discourse patterns of modern, open and globalized societies (and so far mainly only within them, not in the authoritarian and illiberal ones, although time seems to be starting to press there also).

Nevertheless, it is important to notice once again that it is a revival that is characterized by

a) hypercomplexity,
b) principle dialectics, and
c) deep ambiguity.

That brings with itself its own constellation of how the term "post-materialism" is conceived and practiced today.

My second hypothesis is that while most parts of Asian, including

Korean, post-materialism variants conceive themselves still as "pure" and thus as "revolutionary" in the classical (partly still also ideological) sense, there will be no "pure" post-materialism anymore in the age of hyper-complexity and (speaking for liberal societies only) post-ideology. I expect post-materialism to be not necessarily westernized, but "twilighted" around the world in the coming years. With insecure, but the more intriguing and open outcomes.

In the end, the revolutionary use of post-materialist convictions may become, ironically, a remnant of absolutistic ideology alive in some neighbourhoods of rising illiberal and autocratic giants.

But will all forms of post-materialism become "twilight", as a consequence? Or will post-materialism, as we knew it, simply disappear and give way to other forms of progressive mindsets, not necessarily tied to democracy anymore?

I don't hope so, since I firmly believe in democracy as the best (though not perfect) form of societal organization. But the perspective has to be seen.

VIII. Selected implications and potential perspectives

Summing up, the contemporary shift of post-materialist values consists in the fact of post-materialism evolving from a "pure" to a "twilight" concept: "twilight" between new trends towards the left (inequality) and trends towards the re-assurance of traditional values and identity patterns in time of "deep" change (new conservativism). The twilight of current post-materialism is also a twilight between West and East, and it is positioned at the interface of the coming conflict of the 21st century, i.e. the global dialectics between democratic and non-democratic societies in the age of "competing modernities."

As a consequence, our age is the age of "twilight" of post-materialism — with all pros and cons involved. The pros include the need to re-balance the ideologies within post-materialism, and to reconcile its leftist and rightist trends and sub-movements. The cons consist in the growing ambiguity of the concept of post-materialism which is in the meantime claimed but such different groups like the Sustainability movement, the Occupy Wall Street movement, parts of the Tea Party movement and stripes of the radically-religious US-Republicans.

There are many implications and potential perspectives of this development for the future of post-materialism. And there are at least as many for the future of its conceptual self-renewal. I can mention only a few here.

First, what has been said here can only be the very frist step towards a timely renewal, rethinking and social repositioning of post-materialism in a fast changing world. While the different specialized sciences have produced noticeable knowledge about the overall process in their single disciplinary areas, we are still missing a reasonably balanced framework of how to read the ongoings in a multidisciplinary and integrative manner, capable of bridging theory and application, and how to exactly use such a more complexity oriented framework to positively affect post-materialism. The ways how this can be happen will obviously strongly depend on the underlying, paradigmatic pre-formal and pre-normative definitions of post-materialism, which are today probably more disparate, diversified, different and embattled between rightist and leftist approaches than ever in its short history. Post-materialism, torn as it is within the contemporary Western framework and between Western and Eastern approaches, has entered the age of hyper-complexity, twilight and deep ambiguity. It therefore needs, more than many applied field approaches on the various micro-levels, a grand systemic impulse of anamnesis and analysis based renewal.

Despite some usually well founded scepticisms against "grand systemic approaches" sometimes called "world systems analysis" (foremost in the UK and in parts of the German speaking areas) and culpable of not seeing the tree because of the wood, it is time now to seek for an integration of the valuable contributions of a.o. contextual political analysis, political economy, political sociology and cultural analysis, all of them used in a decisively multi- and transdiscplinary trajectory able to trace the rapidly growing mutual interference and penetration of what the single disciplines depict, but can — as isolated single disciplines

— not lany longer grasp in its complexity. In the light of the comparatively many recent crises, it is time to integrate crucial insights of both political and economical sciences, and to consider the effect of cultural and religious change, as well as the interdepencendy of all parts of the system as a whole onto the question of what future may the post-materialist impulse have, now after roughly 40 years approaching its mature age. This is also necessary due to the fact that the "global systemic shift" will most probably not remain an "event" isolated in history, but will rather become a permanent "state of things" because of the increasing speed of global transformation, the impact of the so-called "risk modernity" and its "fluidification" of order patterns (Zygmunt Bauman) as well as the "shrinking of the present" (Hermann Lübbe) as a general civilizational phenomenon of mechanization and global labour division.

In short, the attempt must be made to integrate elements delivered by system theory with elements from action theory with regard to a new qualitative analysis of post-materialism; and this should be undertaken also despite the fact, that such an endeavour might be too big to be realized in a consistent manner by the existing small groups of researchers dedicated to it, and being conscious that it will be in any case only a very first — and so far small — step towards an integrative analysis of a globalization appropriate post-materialism. All this will be particularly needed with regard not primarily to the past, but rather to the difficult, time-consuming, but eventually unavoidable and necessary renewal of both theory and practice of post-materialism for the realities of the coming years.

Second, we need renewal and a new consciousness in the opposite direction as well, i.e. with regard to analysing the current "global systemic shift" through post-materialist eyes. Post-materialist theory, and be it as complexity-capable as possible, cannot remain a purely theoretical, academic, educational or speculative idealistic endeavour anymore, as it was in large parts the case with the follow-ups of the original Inglehart project. In times of an unprecedented synchronic variety of pressing decisions of "deep ambivalence" to be taken, post-materialism as a serious academic endeavour must lead to practice-oriented policy advice, including a catalogue of strategy recommendations for global leaders on all levels — potentially through the channels of and together with leading transnational civil society organizations like the Club of Rome, the Assembly of the Alternative Nobel Awards, the ILO, the UNESCO, the Global Alliances for Social Banking and Finance or the Global Alliances for Sustainability (Ernst Ulrich von Weizsäcker). The post-materialism that is needed in the present passage of history has to transform from an idealistic prophecy of the wealthy and educated to the production of a concentrated, inter- and transdisciplinary understanding of the current world development for leaders, to share in appropriate forms with the broader public through conferences, broadcasts and networking efforts. It seems to be highly probable that only as such an renewed endeavour, post-materialism as we knew it will reach the second half of this century. It must give serious contributions to safety and sustainability in a mid and long term perspective.

부록 2 첸 루훼이·첸 잉난 논문의 영문본

Post-materialism and Political Support in Taiwan and China*

Lu-huei Chen·Ying-nan Chen

> In this study, we examine how people's post-material values might affect their political support in Taiwan and China. Based on Inglehart's post-materialism thesis and Easton's political support analyzing framework, we hypothesize that people with post-material values are less likely to support institutions and post-materialists tend not to be proud of being Chinese/Taiwanese. We employ World Values Survey (WVS) data sets conducted during 2005-2007 to examine how post-materialism might affect people's political trust in Taiwan and China. Surprisingly, levels of political support among post-materialists are not significantly lower than materialists, but people with mixed values are reluctant to provide political support in Taiwan. In China, post-materialism are significantly lower on political support than those materialism. It indicates that after rapid economic growth for more than one decade in China, those post-materialists might become more critical toward regimes and political community in China. Whether values change might bring silent revolution to China will be another important research topic in the near future.

Introduction

Political support is one critical component for the survival of any

---

* This research is partially supported by National Chengchi University's Top University Project.

regime. The paper aims to evaluate levels of political support in Taiwan and China, and we also bring Inglehart's post-materialism thesis to see the level of political support among post-materialists in Taiwan and China. Employing 2006-2007 World Values Survey data, this study tries to analyze citizens' political support and to unravel origins of political support in China and Taiwan. China and Taiwan have been considered as most similar cases in comparative politics, but a major dissimilarity exists in their political systems — authoritarian China versus democratic Taiwan. Our major hypothesis is to examine how postmaterial values might affect people's political support in Taiwan and China.

Political support and post-materialism

Political support of the mass public plays crucial role on the stability and legitimacy of regimes. In democracies, when citizens support their constitutional order and political system, even though incumbents' performance do not meet they expectation, they may either give officials chances to get improvement or throw them out of office in next election through constitutional rules of game. Even under authoritarian regimes, without support from mass public, it is not easy for political authorities to govern its people. Therefore, it is important to explore the nature of political support either under democratic regime or authoritarian regime.

The concept of political support is first proposed by Easton (1957). Easton (1965: 159) uses actions to define overt support and attitudes to represent covert support. He (1965: 163) argues that "the numbers belonging to organizations; the regularity of open hostility···, and expression of preferences··· through emigration or separatist activities," can be considered as measures of "overt support." As to covert support, Easton (1965: 163) claims that it can be measured on an ordinal scale ranging from low to high. Therefore, at the high end, attitudes such as blind faith, unquestioning loyalty, and uncritical patriotism, can be considered as positive support. Those extremely negative attitudes, such as hostility toward a system, are at the low end. Easton (1965: 165) also presents three objects of support, i. e. the authorities, regime, and political community. Easton refers political community as "a political system that consists of its members seen as a group of persons bound together by a political division of labor." As to the regime, Easton (1965: 191, 193) defines it as "constitutional order" and it can "be broken down into three components: values ···, norms, and structure of authority." Easton (1965: 212) uses the concept of "authorities" to identify these occupant engaging in the daily affairs of a political system and have "responsibility for these matters." Most importantly, "their actions must be accepted as bounding most of the time by most of the members as long as they act within the limits of their roles."

Easton (1965: ch.17) also classifies political support into diffuse and specific support. Specific support "flows from the favorable attitudes and predisposition stimulated by output that are perceived by members to meet their demands as they arise or in anticipation" (Easton, 1965: 273). Therefore, "specific support lies in its relationship to the satisfactions that members of a system feel they obtain from the perceived outputs and performance of the political authorities. This kind of support is object-specific in two senses. It assumes that people are or can become aware of the political authorities. ··· It is directed to the perceived decisions, policies, actions, utterances or the general style of these authorities" (Easton, 1975: 437). Diffuse support "forms a reservoir of favorable attitudes or good will that helps members to accept or tolerate outputs to which they are opposed to the effect of which they see as damaging to their wants" (Easton, 1965: 263). Easton (1975: 444-6) argues that diffuse support is more durable, and it is a support that underlines the regime as a whole and the community so it can be considered basic in a special sense. Diffuse support arises from childhood to adult socialization, and it also comes from direct experience. Easton (1975: 447) argues that "[d]iffuse support for the political authorities and regime will typically express itself two forms: first, in trust as against cynicism ··· and, second, in belief in the legitimacy of political objects." According to Gamson (1968: 54), trust can be defined as "the probability ··· that the political system ··· will produce preferred outcomes even if left untended. In other words, it is the probability of getting preferred outcomes without the group doing anything to bring them about. They or other may do things to influence this probability." Therefore, people believe that their interest should be attended even though they do not supervise the authorities. As to legitimacy, it "is a kind of supportive sentiment that may be directed to any one of the three political objects" (Easton, 1975: 451).

Muller (1970: 1149) considered political support "by viewing representation as a type of support linkage between members of political system and the authorities." He (1970: 1149) considered "[r]epresentation is a matter of linkage ···. [There] are linkages which involve member's satisfaction-dissatisfaction with the behavior of the political authorities. ··· [M]embers' perceptions of representational linkage depend on their affective responses to outputs, encompassing not only instrumental performance satisfactions, but ··· symbolic performance satisfaction as well." Therefore, according to Muller's definition, he puts his emphasis on government performance and also included symbolic performance satisfaction into his analysis. Lipset (1981: 64) argues that the "stability of any given democracy depends not only on economic development but also upon the effectiveness and the legitimacy of its political system. Effectiveness means actual performance. ··· Legitimacy involves the capacity of the system to engender and maintain the belief that the existing political institutions are the most appropriate ones for the society." Therefore, the performance of the authorities and the public's support for democracy play major roles on the duration of democracies.

Dalton (2004: ch.2) follows Easton's seminar work to define political support by classifying into three levels with two dimensions. His three levels of political support included: political community, regime, and authorities. In addition, Dalton adds two dimensions, i. e. evaluations and affective orientations, to his analysis. In this study, we employ people's national pride and institutional trust as the measures of political support, and we aim to explain whether different factors will influence people's political support in Taiwan and China.

Based on the typology presented by Dalton (2004), we employ institutional trust as people's support for the regimes. Luhiste (2006) defines "institutional confidence" as citizens' confidence that political institutions would not misuse their power. We select institutional confidence as our main concept to probe into political support for two reasons. First, since institutions are large, impersonal and broadly based, they are less fluctuated by particular events than incumbent-based trust (Newton, 2007: 344). Second, in traditional Chinese culture, incumbent-based trust is consistently lower than regime-based trust. Peasants are more willing to oppose individual official rather than the empire in its meaning of abstract symbol. Therefore, if we find a huge decline of institutional trust, we may assume coming of political crisis (Chen and Shi, 2001: 97). As to national pride, Dalton defines it as support for political community, so we use national pride as our measure of support for political community.

Norris (1999: 217) presents theories of cultural values, government performance, and political institutions to explain different level of political support cross nations. Theories of cultural values explaining that cross-national differences on regime support are caused by social and political values in each nation. Therefore, processes of political socialization by family, peer groups, and formal education in impressive years play vital role on transforming core values into next generation. As to theories of government performance emphasized how regime support is related to public evaluations of government performance, especially on the economic evaluations. Therefore, the fluctuation of political support reflects the peoples' evaluations on how the administration handles national economy. Norris prefers institutional theories and she explains the public's political support within a broader constitutional context. She argues (1999: 219) that "the pattern of winners and losers from the political system is structured by the constitutional arrangements, meaning the core institutions of state and the rules of games. ··· [W]e feel that the rule of game allow the party we endorse to be elected to power, we are more likely to feel that representative institutions are responsive to our needs so that we can trust the political systems." When we make some comparative studies across different nations, we can apply this theoretic framework presented by Norris. In this study, we employ political socialization theories and institutional theory to explain political support in Taiwan and China. We employ Inglehart's post-materialism thesis as part of socialization theory to explain different level of political support in Taiwan and China, and we also take different institutional arrangements into consideration to see the differences of political support in Taiwan and China.

Measuring political support in China and Taiwan

We use the 2005-2007 World Values Survey data to test our hypothesis. The part of China is conduced by Research Center for Contemporary China at Peking University in 2007. The survey conductor in Taiwan is Center for Survey Research, Academia Sinica in 2006. In following discussion, we will discuss political support of the case of China, with Taiwan providing a point of comparison.

We select following questions referring to institutional trust in World Values Survey: "How much do you trust the following groups or organization? Please respond with very much, somewhat, a little, or not at all." The score is 1 to 4. "1" means "none of trust at all", and "4" means "a great deal of trust". Respondents are asked for their trust in 5 institutions: the police, the courts, the central government, political parties, and national congress. As to their national pride, we employ "How proud are you to be Taiwanese/Chinese," as our measure of national pride. We will present frequencies distributions of both countries first, and then apply multivariate analysis to explore how post-materialism might affect people's political support in Taiwan and China.

The post-materialism values index is based on Inglehart's 4 items battery questions. Respondents are forced to choose the most important and second important items among the following four items: A high level of economic growth, making sure this country has strong defense forces, seeing that people have more say about, and trying to make our cities and countryside more beautiful. The first two items relates to material values and other two times are post-materialism. If a respondent chooses first two items, he/she will be classified as materialist. When a respondent picks up last two items as his/her top two priorities, he/she will be considered as a post-materialist. If he/she chooses one from first two items and the other priority from last two items, he/she will be classified as holding mixed values.

In the following section, we will present frequencies distributions of our major variables, and then we will present two multivariate models to examine how post-material values might affect people's institutional trust and national pride.

Explore relations between political support and post-materialism

As shown in Table 1, we can find that people in Taiwan are more likely to have materialism than people in China in 2005. More than 4 out of 5 people pick up material values as their first choice and 2 out of 5 do for their second choice in Taiwan. However, we can find around 2 thirds have materialism as first choice, and around one half have for their second choice. We employ Inglehart's definition to define people's post-material values in both countries.

We can find from Table 2 that there are only 5% of Taiwanese

⟨Table 1⟩ Distributions of Post-material values in Taiwan and China, 2005

	Taiwan		China	
	1st Choice	2nd Choice	1st Choice	2nd Choice
Economic Growth	70.0	18.3	45.3	26.0
Strong Defense	10.1	22.7	22.7	26.3
More Say	4.3	13.0	8.1	15.6
Beautiful Countryside	15.5	46.0	23.9	32.1
	(1,222)	(1,214)	(1,562)	(1,545)

Sources: World Values Survey, 2005-2007.
Note: Entries are column percentage (case numbers are in parenthesis).

⟨Table 2⟩ Distributions of Values Orientation in Taiwan and China, 2005

	Taiwan	China	Total
Materialism	26.7	27.8	27.3
Mixed	68.1	64.8	66.2
Post-materialism	5.2	7.4	6.5
(N)	(1,214)	(1,544)	(2,758)
Chi-square: 6.83; df=2; p<0.05			

Sources: World Values Survey, 2005-2007.
Note: Entries are column percentage (case numbers are in parenthesis).

have post-material values, more than 2 thirds with mixed values, and around one quarter of materialists. People in China have significant higher level of post-materialism than Taiwanese. There are 7.4% of Chinese with post-material values and less than two thirds of mix- value holders. Chinese also have higher proportion of materialists than Taiwanese.

Chang and Chen (2011) demonstrated that people under authoritarian regime tend to have higher level of political trust than under democratic regime. We employed 5 items to construct support for institutions scales ranged from 5 to 20. From Table 3, we can find both scales work well in Taiwan and China with more than 0.8 Cronbach's alpha in both countries. Not surprisingly, people in Taiwan have significantly lower level of institutional trust than people in China. The median point of this scale is around 12.5, so a mean of institutional trust of Taiwanese with 10.11 is significantly below the median score. However, the mean of Chinese is 15.95 and is significantly higher than the median point. It is shown that the difference between Taiwanese and Chinese on institutional trust is 5.84 and it indicates from t-test that there is a significant difference between two countries.

The other measure of political support is national pride. We can find from Table 4 that over 75% of Chinese are proud of being Chinese, but there are only 60% of Taiwanese being proud as Taiwanese. There

⟨Table 3⟩ Institutional Trust in Taiwan and China, 2005

	Taiwan	China	t-test
Mean	10.11	15.95	t=-53.54
Std. dev.	2.95	2.78	df=2,783
(N)	(1,209)	(1,576)	p⟨0.001
Cronbach's alpha	0.842	0.886	

Sources: World Values Survey, 2005-2007.

is significant difference between Taiwanese and Chinese on their national pride. However, when we compare the proportions with most other western democracies, we can find these two Chinese societies still have lower proportions of feeling national pride. (See Dalton, 2004: 45).

We turn to multivariate models to see how level of political support among post-materialists in Taiwan and China. First of all, we examine

⟨Table 4⟩ Distributions of National Pride in Taiwan and China, 2005

	Taiwan	China	Total
Not at all proud	10.4	5.0	7.1
Not very proud	29.5	17.6	22.1
Quite proud	46.0	56.1	52.2
Very proud	14.1	21.3	18.6
(N)	(1,225)	(1,970)	(3,195)

Chi-square: 115.59; df=3; p⟨0.001

Sources: World Values Survey, 2005-2007.
Note: Entries are column percentage (case numbers are in parenthesis).

how people's post-material values affect their trust in institutions. As Table 5 shows, we include people's gender, age, levels of education, post-material values, subjective class identity, subject family income level, and political interest in our model. We can find that people with mixed values, compared with materialists, are significantly less likely to trust in institutions. As to Chinese, post-materialists are significantly less likely to trust in institutions than materialists. As Inglehart (1999) suggests,

⟨Table 5⟩ Multiple Regression Model of Institutional Trust in Taiwan and China

	Taiwan		China	
	Coefficient	(S. E.)	Coefficient	(S. E.)
Constant	9.42	(0.46)***	13.30	(0.45)***
Gender(female=0)				
Male	0.07	(0.18)	-0.42	(0.17)*
Age(20 to 34 year-old=0)				
35 to 49 year-old	-0.21	(0.23)	0.26	(0.21)
50 year-old up	-0.13	(0.26)	0.65	(0.23)**
Education(college=0)				
Elementary	0.46	(0.31)	1.19	(0.31)***
High School	0.30	(0.21)	1.04	(0.29)***
Post-materialism Value (materialism=0)				
Post-materialism	-0.03	(0.42)	-0.75	(0.34)*
Mixed	-0.43	(0.20)*	0.12	(0.19)
Subjective Class Identification (1-5, from low to high)	0.02	(0.12)	0.40	(0.11)**
Subjective Family Income (1-10, from low to high)	0.15	(0.06)*	-0.08	(0.05)
Interest in Politics (Not interested=0)				
Interested	0.42	(0.20)*	1.11	(0.19)***
Model Information				
N	1,148		1,030	
Adj.R^2	0.009		0.083	
S.E.E.	2.922		2.638	

Source: WVS, (2005). Notes: *** : p<0.001,** : p<0.01,* : p<0.05(two-tail test).

post-materialism has libertarian component so post-materialists might question the authorities and has lower level of political support. Dalton (2000) also demonstrates that post-materialists express less confidence

⟨Table 6⟩ Binary Logit Model of National Pride in Taiwan and China

	Taiwan			China		
	Coefficient	(S. E.)	Exp(B)	Coefficient	(S. E.)	Exp(B)
Gender(female=0)						
Male	-0.13	(0.13)	0.87	-0.18	(0.17)	0.84
Age(20 to 34 year-old=0)						
35 to 49 year-old	0.15	(0.16)	1.16	-0.07	(0.21)	0.94
50 year-old up	0.49	(0.18)**	1.63	0.14	(0.23)	1.15
Education(college=0)						
Elementary	0.68	(0.23)**	1.98	-0.28	(0.32)	0.76
High School	0.49	(0.15)**	1.63	0.05	(0.31)	1.05
Post-materialism Value(materialism=0)						
Post-materialism	-0.19	(0.30)	0.83	-0.94	(0.30)**	0.39
Mixed	-0.37	(0.15)*	0.69	-0.45	(0.20)*	0.64
Subjective Class Identification (1-5, from low to high)	0.11	(0.09)	1.11	-0.03	(0.11)	0.97
Subjective Family Income (1-10, from low to high)	0.09	(0.04)*	1.09	0.08	(0.05)	1.08
Interest in Politics (Not interested=0)						
Interested	0.42	(0.14)**	1.52	0.55	(0.17)**	1.73
Constant	-0.61	(0.33)$	0.54	1.60	(0.45)***	4.95
Model Information						
N		1,164			1,189	
(Nagelkerke) R^2		0.072			0.047	
G^2		63.587			33.339	
df		10			10	
p-value		⟨0.001			⟨0.001	

Source: WVS, (2005).
Notes: *** : p⟨0.001,** : p⟨0.01,* : p⟨0.05, $: p⟨0.10 (two-tail test).
Dependent variable: "Pride of being Taiwanese/Chinese": 0 indicates "being not proud" and 1 indicates "being proud."

in most institutions. Our findings support their arguments and we also demonstrate that materialists in both Chinese and Taiwanese tend to trust political institutions. We can also find that people with higher subject family incomes levels and political interest tend to have higher trust in institutions in Taiwan. However, females, senior citizens, people with lower level of education, people with higher subject class identification and political interest have more faith on institutions in China.

As shown in Table 6, we collapse "not at all proud" and "not very proud" into "not proud" and we coded it as "0." We also collapse "quite proud" and "very proud" into "proud" and we code it as "1." We employ logit model to see how post-materialism might affect people's national pride. It is shown from Table 6 that people with mixed values are less likely to be proud of being Taiwanese than those materialists in Taiwan. However, Materialists have higher level of national pride than mix-value holders and post-materialists in China. We can also find that people interested in politics tend to have higher level of national pride in Taiwan and China. Senior citizens and lower educated are more likely to be patriotism in Taiwan.

Conclusion

In this study, we employ 2006-2007 World Values Survey data to examine how post-materialism might affect people's institutional trust and national pride in Taiwan and China. We demonstrate that people in Taiwan have significant few proportions of post-materialists than China. We also find that people in China tend to have higher level of institutional trust and national pride than people in Taiwan.

From our multivariate analysis, we show that people with mixed values are less likely to trust institutions than materialists in Taiwan. People with material values have significant higher proportions of national pride than mix-value holders in Taiwan. However, in China, post-material thesis gains support from our empirical findings. Post-materialists are less likely to trust institutions and they also not so patriotism than materialists in China.

　　As Inglehart (1999: 236) reminds us: "the post-modern phrase of development leads to declining respect for authority among the publics of advances industrial societies — but at the same time, it gives rise to growing for democracy." Although our findings provide mixed evidences for us to understand the effect of post-materialism on political support in Taiwan, because it is a democracy with rapid economic growth after 1990s. As we expected, materialists tend to have higher level of political support than mixed-value holders but there is no significant difference between materialists and post-materialists on their political support in Taiwan. Whether recession and economic downturn during 2000s have some negative effects on people's value orientations is needed for further research. However, we find post-materialists in China have less respect to traditional authorities. One important implication for this finding lies on whether it indicates am emphasis shift from maximizing economic well-being to maximizing subjective well-being. Although we have no enough evidence to support our argument at this point, this development is absolutely an important one for future democratization of China.

【Reference】

Catterberg, G. and Alejandro Moreno. 2006. "The Individual Bases of Political Trust: Trends in New and Established Democracies." *International Journal of Public Opinion Research* 18(1): 31-48. Retrieved June 15, 2011.

Chang, Chun-chih and Lu-huei, Chen. 2011. "Value, Performance, or Social Capital? A Comparison of Institutional Trust in China and Taiwan." paper presented at the annual meeting of the American Political Science Association. September 1st -September 4th. Seattle, WA.

Chen, Jie. 2004. *Popular Political Support in Urban China*. Stanford. Calif.: Stanford University Press Retrieved July 15, 2011. http://books.google.com/books/about/Popular_political_support_in_urban_China.html?id=3Dq1COws78MC.

Chen, Lu-huei. 2002. "Political Trust and Voting Behavior in Taiwan." *Journal of Election Study* 9(2): 65-84. in Chinese.

_____. 2006. "Political Consequences of Political Trust: The Case of 2004 Legislative Elections in Taiwan." *Taiwan Journal of Democracy* 3(2): 39-61.in Chinese

Chen, X. and T. Shi. 2001. "Media effects on political confidence and trust in the People's Republic of China in the post-Tiananmen period." *East Asia* 19(3): 84-118.

Dalton, Russell J. 2004. "Democratic Choices: The Erosion of Political Support in Advanced Industrial Democracies." *Democratic Challenges*. New York: Oxford University Press.

_____. 2000. "Value Change and Democracy." *Disaffected Democracies*. in Susan Pjarr and Robert Putnam (eds.). Princeton: Princeton University Press.

_____. 2005. "The Social Transformation of Trust in Government." *International Review of Sociology* 15(1): 133-154. Retrieved June 4. 2011.

Easton, David. 1957. "An Approach to the Analysis of Political Systems." *World Politics* 9(3): 383-400.

_____. 1965. *A Systems Analysis of Political Life*. Chicago and London: The University of Chicago Press.

_____. 1975. "A Re-Assessment of the Concept of Political Support." *British Journal of Political Science* 5(4): 435-57.

Gamson, William A. 1968. *Power and Discontent*. Homewood. Illinois: The Dorsey Press.

Ho, M. 2006. "Challenging State Corporatism: The Politics of Taiwan's Labor Federation Movement." *The China Journal* (56): 107-127.
Inglehart, Ronald. 1999. "Postmodernization Erodes Respect for Authority, But Increase Support for Democracy." in *Critical Citizens: Global Support for Democratic Governance*. New York, N.Y.: Oxford University Press.
Li, Lianjiang. 2004. "Political Trust in Rural China." *Modern China* 30(2): 228-258. Retrieved June 30, 2011.
_____. 2011. "Distrust in Government Leaders, Demand for Leadership Change, and Preference for Popular Elections in Rural China." *Political Behavior* 33(2): 291-311.
Lipset, Seymour Martin. 1981. *Political Man*. Baltimore. Maryland: The Johns Hopkins University Press.
Luhiste, K. 2006. "Explaining trust in political institutions: Some illustrations from the Baltic states." *Communist and Post-Communist Studies* 39(4): 475-496.
Mishler, W. and R. Rose. 1997. "Trust, distrust and skepticism: popular evaluations of civil and political institutions in post-communist societies." *The Journal of Politics* 59(02): 418-451.
_____. 2001. "What Are the Origins of Political Trust? Testing Institutional and Cultural Theories in Post-communist Societies." *Comparative Political Studies* 34(1): 30-62.
Muller, Edward N. 1970. "The Representation of Citizens by Political Authorities: Consequences for Regime Support." *American Political Science Review* 64(4): 1149-66.
Newton, K. 1999. "Social and political trust in established democracies." in *Critical Citizens: Global Support for Democratic Governance*. New York. N.Y.: Oxford University Press.
_____. 2007. "Social and Political Trust." in *The Oxford Handbook of Political Behavior*. New York. N.Y.: Oxford University Press.
Newton, K. and P. Norris. 2000. "Confidence in public institutions." in *Disaffected Democracies. What's Troubling the Trilateral Countries*. Princeton. New Jersey: Princeton University Press.
Norris, Pippa. 1999. "Introduction: The Growth of Critical Citizens?." in *Critical Citizens: Global Support for Democratic Governance*. New York. N.Y.: Oxford University Press.
_____. 2011. *Democratic Deficit: Critical Citizens Revisited*. New York. N.Y.: Cambridge University Press.
Putnam, Robert D. Robert Leonardi, and Raffaella Nanetti. 1993. *Making Democracy Work: Civic Traditions in Modern Italy*. Princeton. New Jersey: Princeton University Press.
Ren, Liying. 2009. *Surveying Public Opinion in Transitional China: An*

Examination of Survey Response. Pittsburgh. Pittsburgh: Ph.D. Disseration, University of Pittsburgh.
Shi, T. 2001. "Cultural values and political trust: A comparison of the People's republic of China and Taiwan." *Comparative Politics* 33(4): 401-419.
Shi, T. and J. Lu. 2010. "The Shadow of Confucianism." *Journal of Democracy* 21(4): 123-130.
Shyu, Huo-yan. 2010. "Trust in Institutions and the Democratic Consolidation in Taiwan." in *Taiwan's Politics in the 21st Century: Changes and Challenges*. Singapore: World Scientific.
Tang, Wenfang. 2005. *Public opinion and political change in China*. Stanford. Calif.: Stanford University Press.
Turner, F. C. and J. D Martz. 1997. "Institutional confidence and democratic consolidation in Latin America." *Studies in Comparative International Development* (SCID) 32(3): 65-84.
Wang, Jong-tian. 2010. "When Social Trust Meets Political Trust: The Integration and Test of Theories of Political Culture." *Taiwan Journal of Democracy* 7(4): 47-83.
Wang, Zhengxu, Russell Dalton, and Doh Chull Shin. 2006. "Political Trust, Political Performance, and Support for Democracy." in *Citizens, Democracy, and Markets Around the Pacific Rim: Congruence Theory and Political Culture*. New York. N.Y.: Oxford University Press.
Wang, Zhengxu. 2005. "Before the Emergence of Critical Citizens: Economic Development and Political Trust in China." *International Review of Sociology* 15(1): 155-171. Retrieved June 4, 2011.
_____. 2006. "Explaining Regime Strength in China." *China: An International Journal* 4(2): 217-237. Retrieved July 15, 2011.
Warren, Mark E. 1999. *Democracy and Trust*. New York. N.Y.: Cambridge University Press.
Yang, Qing, and Wenfang Tang. 2010. "Exploring the Sources of Institutional Trust in China: Culture, Mobilization, or Performance?." *Asian Politics & Policy* 2(3): 415-436.

색인

/ ㄱ /

가치 갈등 149, 150
갈등 구조의 다변화 128, 133, 146, 153
결핍 가설 92, 130
경쟁하는 근대성들 36, 40
경제자본 52
계급사회 52
계급사회의 권력현상 52
고전적 탈물질주의 35
국내 탈물질주의 연구 94
국민적 자긍심 73, 82
국제노동기구 42
근대화 개념 36
근로소득의 격차 34
글로벌리제이션 24, 29, 42
금욕적 귀족주의 59, 62
기독교적 세계관 49

김대중 정권 168, 172
김영삼 정권 173

/ ㄴ /

낙관적 진화론 47
남북 정상회담 172
노동계급 63
노동계급의 정체성 62
노무현 정권 168, 173
노조 173
노조 조직률 174

/ ㄷ /
대안 노벨상 수상자들 32
대안노벨상모임 42
대의제(代議制) 72
동양의 탈물질주의 35

/ ㄹ /
로마클럽 42

/ ㅁ /
맥락정치분석 41
몸의 해방 55
문화자본 49, 52, 56
문화적 전환 27
물질주의 가치 76, 91, 163, 171
물질주의 가치의 실현 157
물질주의 단체 164, 169
물질주의 유형 164
물질주의적 가치 130
미국 쇠고기 수입 문제 187
민주주의 체제의 안정성 72
민중 문화 56
민중계급 57, 62, 64
민중운동 159, 160, 187

/ ㅂ /
버락 오바마 25
버밍햄학파 57
베이식 국가들(BASIC nations) 28
부르디외의 사회이론 45
북한의 1차 핵 실험 108
북핵위기(1차) 108
분산된 지지 71
분업론 50-52, 55
분화 50
비판이론 45

/ ㅅ /
사치 취향 54
사회발전의 특정 이슈 33
사회운동 157
사회운동 쟁점 161
사회운동의 변화 159
사회운동의 위기 186
사회주의적 리얼리즘 64
사회화 가설 92, 121, 130
삼중의 운동 32
상징 투쟁 이론 45
새로운 사회운동 158, 159
생존 가치 92
세 가지 종말 31
세계가치조사 94, 98, 99, 160, 170, 178
세계무역기구(WTO)체제 116
세계체계분석 41

세대 갈등 146, 150
세대간 가치변화 이론 92, 93
세대교체 129
소득불평등 34
시민사회단체 161, 184
시민사회단체의 성격 162
시민사회운동 186
시민운동 159, 160, 187
시위 문화의 변화 152
신계급 46, 58
신사회운동 159
신세계질서 27
신자유주의 27
신자유주의 경쟁체제 116
신자유주의적인 정책 172
신중간계급 46
신흥 선두국가 31
"신세계질서"의 위기 28
"신자유주의"의 위기 28

/ ㅇ /
아나키스트 운동 32
아시아 경제위기 34
엘리트주의 56
역사징후학 30
연평 해전 117
오프라인 사회운동 187
오프라인 시민사회단체 161
온라인 사회운동 187
온라인 시민사회단체 161

외로운 초강대국 31
외환위기 116, 172
욕구(필요) 피라미드 30
우파-권위주의 63
월스트리트 점령 운동 40
이념 갈등 146, 150
이데올로기 양극화 모델 35
이스턴(D. Easton) 70
인지적 동원 57, 58
잉글하트(Ronald Inglehart) 69, 98
잉글하트의 탈물질주의 연구 45
1차 북핵 위기 108

/ ㅈ /
자기표현 가치 92
자유 취향 54, 55, 59
자유계 62
재귀성(reflexivity) 개념 46, 60, 61
재귀적 방법 60
저항적 정치행위 유형 179
적녹동맹 63, 64
전 지구적 변동 23, 25
전 지구적인 변증법 40
전 지구적인 체계 변화 25, 27, 37, 41, 42
정당성 72
정당정치의 불안정성 128
정치문화 129
정치문화 변동 127, 128
정치세대사회학 91

정치적 갈등 152
정치적 변동 129
정치적 지지 70, 73, 76
정치적 지지 측정 74
정치참여 144
정치참여 유형의 변화 132
제2연평해전 172
제2차 북핵위기 108, 172
제도적 신뢰 73, 74, 79, 82
제도적 신임 73
종교 르네상스 27
좌파-리버테리언 63
중간계급 63
중국의 민주화 83
중산층 붕괴 168
지구적인 변화 현상 24
지식인의 정체성 62
지식인의 정치의식 64
지역 갈등 146, 150
지역주의 152
"정—반—합"의 역사관 49
"정당화된" 지배계급 56

/ ㅊ /

체계행위이론 23, 26
초국가적 시민사회 조직 42
촛불 시위 152, 153, 187

/ ㅋ /

코호트 분석 120
코호트 효과 가설 95
코호트 효과(cohort effect) 개념 93, 111, 112

/ ㅌ /

탈물질적 세계관 61
탈물질주의 31, 37, 82, 103
탈물질주의 가치 53, 59, 63, 64, 69, 76, 91, 99, 108, 120, 130, 140, 163, 171
탈물질주의 가치 지수 75
탈물질주의 가치의 변화 23, 40, 157
탈물질주의 개념 33
탈물질주의 단체 164, 169
탈물질주의 명제 69
탈물질주의 변종들 39
탈물질주의 부상 136
탈물질주의 연구 61, 64
탈물질주의 유형 164
탈물질주의 주장 130
탈물질주의 추세 97
탈물질주의론 157
탈물질주의의 "황혼기" 40
탈물질주의의 부상 132, 151
탈물질주의자 비율 104
탈물질주의적 가치의 부상 128
탈물질주의적 속성 158
탈물질주의적 쟁점 188

트랜스휴머니즘 29
특수한 지지 71
티파티(Tea Party) 운동 32, 40

필요 취향 54, 55
필요의 위계 130
"포스트모더니즘"의 위기 28

/ ㅍ /

포스트모더니즘 27, 31
풀뿌리 민주주의 35
풀뿌리 민주주의 이슈 33
프랑크푸르트학파 57
피지배적 지배계급 46
필연계 62

/ ㅎ /

한국 사회운동의 가치 160
한국 사회의 변화양상 157
한국 정치의 변동 127, 151
한반도 안보지수 108
환경단체 173

필자 소개(원고 게재 순)

❖ 롤란드 베네딕터(Roland Benedikter)

독일 베를린 자유대학교에서 사회학 박사와 정치학 박사를, 그리고 오스트리아 인스브루크대학교에서 교육학 박사를 받았으며, 현재 미국 캘리포니아대학교(산타 바바라 소재) 오팔리 전지구·국제연구센터에서 정치사회학 연구교수로 있다. 주요 관심분야는 전지구적인 체계 변화에 대한 다차원적인 분석에 있다. 저서로는 『유럽으로부터의 전향?』(2012), 『사회적 금융과 사회적 재정』(2011), 『이라크의 지속적인 민주화?』(2008)가 있으며, 『탈물질주의』(6권, 2001~2005), 『문화, 교양, 혹은 정신?』(2004) 등의 편저자이다(rben@stanford.edu).

❖ 정철희(Chulhee Chung)

미국 뉴욕주립대학교(버팔로 소재)에서 <구조, 문화, 동원: 6월 항쟁의 사회적 기능>으로 박사학위를 받았으며, 현재 전북대학교 사회학과 교수로 있다. 주요 관심분야는 사회이론, 시민사회 등이다. 저서로는 『한국시민사회의 궤적』(2003)이 있으며, 공저로 『상징에서 동원으로』(2008)가 있다. 주요 논문으로는 "Mesomobilization and the June Uprising"(2009), "New Political Culture and Political Participation"(2007), "The New Class and Democratic Social Relations in South Korea"(2005) 등이 있다(chulchng@jbnu.ac.kr).

❖ 첸 루훼이·첸 잉난(Lu-Huei Chen·Ying-Nan Chen)

미국 미시건주립대학교에서 <대만 유권자의 정당지지 형성, 1987~1996>으로 정치학 박사학위를 받았으며, 현재 대만 국립정치대학교 선거연구센터 소장으로 있다. 주요 관심분야는 정치행태, 정치사회화, 연구방법, 양안관계 등이다. 최근 논문으로는 "제18차 중국 공산당 정당대회에서 떠오르는 별은 누가 될 것인가?"(2012), "경제적 이해관계와 상징적 태도: 대만 정체성의 역동성 분석"(2012), "대만에서의 대만 독립이라는 쟁점에 대한 이해관계, 정체성, 그리고 국민 선호"(2012) 등이 있다 (chen.luhuei@gmail.com).
* 첸 잉난은 대만 국립정치대학교 정치학과 박사과정 학생임

❖ 박재흥(Jae Heung Park)

미국 뉴욕주립대학교(버팔로 소재)에서 <교환자원이 가정 내 지위, 건강, 적응, 주관적 웰빙에 미치는 효과: 뉴욕 거주 재미교포 노년층 사례 연구>로 사회학 박사학위를 받았으며, 현재 경상대학교 사회학과 교수로 있다. 주요 관심분야는 세대차이와 갈등, 노인문제, 질적 연구방법이다. 저서로는 『한국의 세대문제: 차이와 갈등을 넘어서』(2005)가 있으며, 공저로 『대학 인권지표 개발 연구』(2009), 『한국사회발전연구』(2003), 『근대 사회변동과 양반』(2000), 『디지털혁명과 자본주의의 전망』(2000) 등이 있다(socpark@gnu.ac.kr).

❖ 김 욱(Wook Kim)

미국 아이오와대학교에서 <성장의 정치경제>로 정치학 박사학위를 받았으며, 현재 배재대학교 정치·언론학과 교수로 있다. 주요 관심분야는 선거, 정당, 정치문화, 정치과정이다. 저서로는『정치참여와 탈물질주의: 한국과 스웨덴의 비교』(2005)가 있으며, 공저로『한국의 선거 60년: 이론과 실제』(2011),『18대 총선 현장리포트』(2009),『한국의 선거 5』(2006),『한국의 선거 4』(2002),『한국의 선거 3』(1999),『한국의 선거 2』(1998) 등이 있다(wkim@pcu.ac.kr).

❖ 강수택(Sootaek Kang)

독일 빌레펠트대학교에서 <닫힌 사회에서 열린 사회로의 한국의 발전에서 일 지향적인 과도기 세대의 형성>으로 사회학 박사학위를 받았으며, 현재 경상대학교 사회학과 교수로 있다. 주요 관심분야는 사회이론과 사상, 지식사회학, 문화사회학, 시민사회론이다. 저서로는 『연대주의. 모나디즘 넘어서기』(2012),『시민연대사회』(2007),『다시 지식인을 묻는다』(2001),『일상생활의 패러다임』(1998)이 있으며, 공저로『사회정책과 인권』(2011),『대학 인권지표 개발 연구』(2009) 등이 있다(stkang@gnu.ac.kr).

경상대학교 인권사회발전연구총서 ④

한국의 사회변동과 탈물질주의

인 쇄: 2012년 12월 19일
발 행: 2012년 12월 24일
엮은이: 강수택·박재홍
발행인: 부성옥
발행처: 도서출판 오름
등록번호: 제2-1548호(1993. 5. 11)
주 소: 서울특별시 서초구 서초동 1420-6
전 화: (02) 585-9122, 9123 / 팩 스: (02) 584-7952
E-mail: oruem9123@naver.com
URL: http://www.oruem.co.kr

ISBN 978-89-7778-389-8   93340

*잘못된 책은 교환해 드립니다.
*값은 뒤표지에 있습니다.